余霞●著

社交媒体时代的记忆：
问题、理论与实践

四川大学出版社
SICHUAN UNIVERSITY PRESS

图书在版编目（CIP）数据

社交媒体时代的记忆 ：问题、理论与实践 / 余霞著 .
成都 ：四川大学出版社，2025. 5. -- ISBN 978-7-5690-
7796-4

Ⅰ．G206.2

中国国家版本馆 CIP 数据核字第 2025WR3251 号

书　　名：社交媒体时代的记忆：问题、理论与实践
　　　　　Shejiao Meiti Shidai de Jiyi：Wenti、Lilun yu Shijian
著　　者：余　霞

选题策划：孙明丽
责任编辑：孙明丽
责任校对：周　颖
装帧设计：裴菊红
责任印制：李金兰

出版发行：四川大学出版社有限责任公司
　　　　　地址：成都市一环路南一段 24 号（610065）
　　　　　电话：（028）85408311（发行部）、85400276（总编室）
　　　　　电子邮箱：scupress@vip.163.com
　　　　　网址：https://press.scu.edu.cn
印前制作：四川胜翔数码印务设计有限公司
印刷装订：四川省平轩印务有限公司

成品尺寸：170mm×240mm
印　　张：15.25
字　　数：285 千字

版　　次：2025 年 5 月 第 1 版
印　　次：2025 年 5 月 第 1 次印刷
定　　价：78.00 元

扫码获取数字资源

四川大学出版社
微信公众号

目　　录

第一章　社交媒体时代的
记忆问题和记忆研究

为何提出社交媒体时代的记忆问题？我们将从这个问题出发，讨论当下数字记忆实践的现状及潜在问题，提出本书的基本旨趣。继而转入学术史的梳理，勾勒 21 世纪以来记忆研究的整体情况。之后，将聚焦于新闻传播学领域对记忆的研究——从媒介视角审视记忆，通过回顾该领域的研究历程，力求较为全面地展示媒介与记忆研究的全貌。紧接着，我们将关注本书的核心议题——社交媒体记忆。同样地，本书先回顾社交媒体记忆研究的学术史，然后分析社交媒体作为新的记忆媒介或场域，对记忆及其研究带来的意义。重点分析社交媒体作为记忆媒介的独特属性，进而阐述本研究的理论关注点、问题视域和方法论考量。最后，我们将介绍本书的整体框架和基本思路。

一、问题的提出：遗忘成为例外，记忆成为常态？

对于人类而言，遗忘一直是常态，而记忆才是例外。然而，由于数字技术与全球网络的发展，这种平衡已经被打破了。如今，往事正像刺青一样刻在我们的数字皮肤上，遗忘已经变成了例外，而记忆却成了常态……①

"大数据时代的预言家"维克托·迈尔-舍恩伯格（Viktor Mayer-Schonberger）在对当前时代进行描述时，深刻地表达了对人类丧失遗忘能力的忧虑。他主张，正是遗忘的本能，促进了人类记忆从古至今的演进。然而，数字记忆的兴起彻底改变了这一局面，记忆的保存与检索变得极为便捷，从某

① 维克托·迈尔-舍恩伯格. 删除：大数据取舍之道［M］. 袁杰，译. 杭州：浙江人民出版社，2013：3.

种意义上讲，容量、时间和空间已不再是影响记忆的关键因素。数字化、廉价的存储器、易于提取以及全球性覆盖四种主要的技术驱动力促成这种转变[①]。舍恩伯格基于此提出应对数字化记忆和信息安全的策略，即回归人文主义的视角。他认为人类应摆脱数字化记忆所带来的束缚，重拾遗忘之能力，并发出呼吁："面对即将到来的大数据时代，我们要确保自己依然记得遗忘的美德。"[②]

《删除》一书于 2009 年问世，2013 年被翻译成中文。这一时期恰逢社交媒体迅猛发展与成熟。作者对于数字记忆的忧虑以及对数字记忆风险的探讨，是否已转化为现实？社交媒体作为数字记忆的重要平台和媒介，以何种方式参与其中，并对数字记忆产生何种影响？这些问题构成本书探讨的核心。如果说数字记忆侧重于从技术层面理解记忆，那么社交媒体时代的记忆在关注数字技术的同时，还强调媒体视角，关注社交媒体成为重要组成部分的新媒介生态，以探究记忆实践究竟发生了哪些变化。从实践的角度反思理论，传统记忆理论面临哪些挑战？随后，再从理论回归现实，社交媒体时代的记忆对人类社会产生了何种影响？

沿着这一思路，重新审视数字记忆的遗忘与记忆问题，可能会得出不同的结论。舍恩伯格提出的"遗忘成为例外"，旨在强调大数据环境下数字记忆的两个显著特征。一是任何数据化的实践都会留下痕迹，且在需要时可以被检索；二是数字化存储的容量巨大，与传统记忆媒介相比，无论是人体自身还是大众传播媒介，或是其他衍生媒介，数字化记忆的容量可以说是海量且无限的。然而，他似乎忽视了记忆与记录/存储之间的本质区别，以及功能记忆与文化记忆之间的差异。对于那些雁过留痕式的数字记录，若一概而论地将其视为记忆，确实会给人一种记忆无处不在，而遗忘几乎无迹可寻的印象。

然而，这些记录与人类记忆研究始终坚持的人文关怀，即最终归结于谁在记忆以及记忆什么的问题，并不是一致的。那些仅以记录形式存在的信息，可被视为存储记忆，作为文化记忆而永久保存。海量存在的同时亦意味着海量遗忘，有些信息可能永远无法被唤起、被记忆。当然，若存储超载，确实需考虑如何删除某些信息。本书作者坚持记忆的主体性，关注的是那些真正对当前产生影响的活跃记忆，以及那些未来可能成为功能记忆的文化记忆。

其次，在记录无处不在、记忆超载的背景下，具有实际影响力的功能记忆

---

① 维克托·迈尔－舍恩伯格. 删除：大数据取舍之道 [M]. 袁杰，译. 杭州：浙江人民出版社，2013：72.

② 维克托·迈尔－舍恩伯格. 删除：大数据取舍之道 [M]. 袁杰，译. 杭州：浙江人民出版社，2013：229.

主要体现为交往记忆。在数字媒体时代，社交媒体成为这种记忆得以实现的重要场域。换言之，在错综复杂的信息洪流中，发生在社交媒体及其所处的媒介生态环境中的记忆实践，构成了这个时代记忆力量的核心。

毫无疑问，社交媒体的融入极大地丰富了记忆的载体，记忆在多种媒介间的连接使记忆本身更为错综复杂。记忆不再局限于单一媒介，而是在新媒体与传统媒体、线上与线下之间形成了复杂的互动。这种互动通常发生在复杂多变的国际关系和全球数字化传播网络之中，影响着个体、集体、社会乃至国家层面的记忆。

同时，社交媒体构成了新一代记忆主体重要的数字化生存空间，成为他们记忆实践的主要场域。此背景下，深刻认识和理解社交媒体时代记忆的复杂性，对于塑造共同记忆、凝聚民族共识具有重要意义。

当前，社交媒体已成为个体、集体、社会乃至国家记忆书写的新媒介和新场域，记忆实践相较于传统媒体时代发生了根本性的变化，记忆的社会建构机制亦随之转变。具体而言，社交媒体时代的记忆实践使过去记忆研究的经典问题面临新的挑战，亟待重新审视。因此，本书在基本认同舍恩伯格观点的同时，尝试从社交媒体时代的特征出发，关注社交媒体与传统媒体、线上与线下记忆实践的交织与复杂性，特别是社交媒体如何成为个体、集体、社会乃至国家各个层面记忆主体构建记忆的关键媒介，如何成为竞争与博弈、认知与认同的主要平台。

二、21 世纪记忆研究概述

记忆研究涉及个体机能、群体互动、历史书写、合法性以及身份认同等诸多重要问题，因此，它已成为心理学、社会学、历史学、政治学、新闻传播学等多个学科共同关注的领域。自 21 世纪起，媒介记忆问题在新闻传播学领域中就成了研究的热点，引发了深入而广泛的讨论。除了探讨记忆的基础问题，例如：谁在记忆？记忆的内容是什么？记忆的动机何在？记忆的方式如何？等等。研究者们还特别关注了媒介与记忆之间的关系。尽管相较于其他学科，新闻传播学在记忆研究方面的起步较晚，但其发展迅速，为记忆研究领域贡献了新的视角，并与其他学科就众多重要议题展开了深入的对话。

在现代科学的范畴内，记忆研究最初源自西方现代心理学，主要聚焦于个体记忆的特质。进入 20 世纪初期，传统的个体记忆研究遭遇了挑战。杰弗瑞·K. 奥利克（Jeffrey K Olick）和乔伊斯·罗宾斯（Joyce Robbins）的研究指出，1902 年霍夫曼·斯塔尔（Hofmansthal）首次明确使用"集体记忆"这一术语。与此同时，法国社会学家莫里斯·哈布瓦赫（Morris Halbwachs）在 1925 年发表的《记忆的社会性结构》一文中发展了集体记忆（Collective Memory）的概念①。此后，社会记忆的研究不仅在心理学和社会学领域持续发展，还扩展到历史学、人类学、哲学、传播学等多个学科。自 20 世纪 80 年代起，学术界及公众对集体记忆和社会记忆的关注度显著提升。

每一门学科的进步均象征着对其领域内关键议题的深入探究与讨论。同时，当学科自我意识成为其建立与发展的重要动力时，对学科本身问题的反思势必与学科的进步相伴相生。记忆研究也不例外，21 世纪的记忆研究持续保持着自 20 世纪 80 年代以来的繁荣局面，形成了一系列核心议题。在此进程中，也伴随着对记忆话语危机的深刻反思，以及对未来记忆研究方向的探索。

随着记忆研究逐渐成为一个独立的学术领域，众多学科开始重新审视或发现其在记忆研究中的重要性。大量研究成果得以发表，专门的研究机构纷纷成立，专题学术研讨会频繁举办，专门的学术期刊创立，这些现象共同标志着记忆研究的蓬勃发展，重塑了记忆研究的学术版图。仅 2007 年至 2008 年期间，除了《记忆研究》（Memory Studies）②，还涌现了多部学术著作，例如迈克尔·罗辛顿（Michael Rossington）和安妮·怀海德（Anne Whitehead）合著的《记忆理论读本》，哈维·伍德（Harvey Wood）与拜厄特（Byatt）合著的《记忆》，以及埃尔（Erll）和纽宁（Nünning）合著的《文化记忆研究》。

在学术出版领域，以《记忆研究》杂志为例，自 2008 年创刊至 2022 年第 3 期，共发表了 802 篇文章（包括编者按语）。其中，截至 2014 年第 4 期发表的 304 篇文章中，有记忆理论研究 97 篇，战争与创伤记忆研究 54 篇，数字时代的记忆研究 15 篇，以及地方性记忆研究 64 篇。自 2015 年起，该杂志所涵盖的研究领域进一步拓展，除了记忆理论、战争与创伤记忆、地方记忆、数字记忆等持续作为重点的研究方向外，还涌现了诸多新的研究主题，例如音乐记忆、家庭记忆、影视记忆、改革记忆、暴力记忆、COVID-19 疫情记忆等。具体而言，从 2015 年第 1 期至 2022 年第 3 期的 498 篇文章涉及 12 个主题（见表 1-1）。

---

① 杰弗瑞·奥利克，乔伊斯·罗宾斯. 社会记忆研究：从"集体记忆"到记忆实践的历史社会学[J]. 周云水，译. 思想战线，2011，37（03）：9—16.

② Memory Studies 是一本关于记忆研究的综合性国际期刊，由 SAGE 出版商于 2008 年创刊，该刊已被国际重要权威数据库 SCIE、SSCI 收录。

表 1-1　Memory Studies 研究主题（2015—2022）

		频率	百分比	有效百分比	累积百分比
有效	记忆理论	129	25.9	25.9	25.9
	战争与创伤	67	13.5	13.5	39.4
	媒介与记忆	45	9.0	9.0	48.4
	地方记忆	136	27.3	27.3	75.7
	家庭记忆	22	4.4	4.4	80.1
	新冠记忆	8	1.6	1.6	81.7
	暴力记忆	4	0.8	0.8	82.5
	音乐记忆	4	0.8	0.8	83.3
	快乐记忆	7	1.4	1.4	84.7
	旅游与场景记忆	7	1.4	1.4	86.1
	改革记忆	5	1.0	1.0	87.1
	其他	64	12.9	12.9	100.0
	合计	498	100.0	100.0	100.00

　　需要明确的是，鉴于网络记忆、社交媒体记忆等数字记忆，以及影视记忆、书籍记忆均属于媒介与记忆研究的范畴，统计中将这些内容统一归入媒介与记忆研究的主题之下，而未将数字记忆单独划分。照片记忆既包括通过数字传播渠道传播的照片，也包括传统的纸质照片，根据具体情况，分别将相关研究归类于媒介记忆或其他类别。综合分析 498 篇文章的统计数据，我们可以发现记忆研究的两个特点：（1）记忆研究愈发受到广泛关注，吸引越来越多的研究人员投身其中，研究成果日益丰硕，一个明显的例证是，自 2019 年起，《记忆研究》由季刊变为双月刊；（2）就研究主题而言，记忆研究的主题相对聚焦，同时也展现出多元化的发展态势，在维持其稳定性的同时，不断开辟新的研究领域。

　　自创刊以来，记忆理论研究、战争与创伤记忆、地方性记忆、媒介记忆始终是研究的焦点。记忆理论研究涵盖四个核心领域：记忆的基础理论；记忆与政治的关联；跨学科的记忆研究；以及对记忆研究本身的反思。其中，记忆的类型和记忆与政治的关系研究尤为突出。战争与创伤记忆研究主要聚焦于"第一次世界大战"和"第二次世界大战"。这两次世界大战对世界格局产生了根本性的影响，奠定了当代国际秩序的基础，因此，关于它们的研究始终是记忆研究的核心议题。该领域的研究既包括对特定战争事件和创伤（尤其是大屠杀、集中营等）的微观研究，也包括从全球的宏观视角审视战争与创伤记忆及其影响。地方性记忆研究则关注特定地点、地区、国家或区域的记忆，可能涉及某段重要历史时期、某个重要事件、重要人物或重要地点的记忆。如前所述，媒介与记忆的关系极为紧密，媒介作为记忆的载体，其发展决定了记忆的可能性，后文将专门探讨媒介与记忆研究的领域。

除上述主题外，记忆研究还不断开辟新的研究领域。例如，家庭记忆作为集体记忆的重要形式，受到了广泛关注；音乐、文学、照片、影视等作为记忆的媒介或载体，已成为普遍关注的研究对象；旅游记忆作为特殊的记忆场所和实践，亦被纳入研究范畴；改革记忆作为社会流动与变迁的重要内容和方式，同样成为研究的焦点。针对社会突发的重大事件也展开了专门的研究。此外，现有研究还涵盖了暴力记忆、宗教记忆、性别记忆、快乐记忆等多个方面。

接下来，本书将主要依据《记忆研究》杂志所发表的文章，结合其他国内外关于记忆研究的专著与学术论文，对当前记忆研究的四个重点主题进行阐述。

（一）有关记忆的基本理论

记忆理论研究的首要任务是明确记忆相关概念及其主要分类。随着研究的深入，记忆领域逐渐衍生出一系列复杂且多样化的概念，如个体记忆、集体记忆、社会记忆、文化记忆；地方性记忆、国家记忆、全球记忆；历史记忆；协作记忆；生态记忆等。这些概念构成了记忆研究的基石，但它们固有的抽象性和模糊性也使得记忆研究面临诸多挑战，学界对此众说纷纭，难以达成共识。研究者不仅致力于界定各个概念，还探讨它们之间的相互关系，例如集体记忆与个体记忆之间的联系，集体记忆与文化记忆的关系，以及集体记忆与历史记忆的界限等问题，但目前尚未形成统一的答案。杰弗瑞·K.奥利克和乔伊斯·罗宾斯指出，社会记忆研究是一个"无范式、跨学科、无中心"的领域，他们致力于解决这一混乱局面，试图超越多元化的现状，重建社会记忆研究的有效传统，明确其未来的研究方向。他们追溯社会记忆研究的起源，审视基本定义上的争议，回顾关于社会记忆的静态和动态社会理论，并在此基础上提出未来记忆研究的方向[①]。皮奥特·M.斯普纳尔（Piotr M Szpunar）和卡尔·

---

① Jeffrey K Olick, Joyce Robbins. Social memory studies: from collective memory to the historical sociology of mnemonic practices [J]. Annual review of Sociology, 1998, 24 (8): 105−140.

K. 斯普纳尔（Karl K Szpunar）则对集体记忆的概念、功能和意义进行深入思考，以洞察集体记忆的未来发展①。

其次，基本记忆理论研究聚焦于记忆的核心议题，涉及记忆的功能、位置、物质基础、时间特性、动态变化以及相互关联性等方面。

巴尼尔（Barnier）、霍斯金·阿曼达（Amanda Hoskins）和安德鲁（Andrew）试图解答记忆到底在脑海，还是在外部。② 林赛·A. 弗里曼（Lindsey A Freeman）、本杰明·尼纳斯（Benjamin Nienass）和雷切尔·丹尼尔（Rachel Daniell）对记忆、物质性和感官性的探讨③，尼尔斯·范·多尔恩（Niels Van Doorn）对记忆的纹理的研究④都提到了记忆的物质性。西蒙娜·贝纳佐（Simone Benazzo）对移动中的记忆的研究⑤，佐尔坦·博尔迪扎尔·西蒙（Zoltán Boldizsár Simon）对现代时间制度的兴衰的研究⑥，史蒂文·詹姆斯（Steven James）对情景记忆和人们关于个人过去的知识的考察⑦，安德里亚·科苏（Andrea Cossu）对日历、叙事与时间的研究⑧，以及玛丽耶·赫里斯托娃（Marije Hristova）、弗朗西斯科·费兰迪斯（Francisco Ferrandiz）和乔安娜·沃尔迈耶（Johanna Vollmeyer）关于记忆如何重塑时间与过去的研究⑨都对记忆的流动性问题进行了深入分析。

记忆与连接问题，包括记忆如何在个体、群体与文化中连接过去与未来⑩，

---

① Piotr M Szpunar, Karl K Szpunar. Collective future thought: Concept, function, and implications for collective memory studies [J]. Memory studies, 2016, 9 (4): 376—389.

② Amanda J Barnier, Andrew Hoskins. Is there memory in the head, in the wild? [J]. Memory studies, 2018, 11 (4): 386—390.

③ Lindsey A Freeman, Benjamin Nienass, Rachel Daniell. Memory | Materiality | Sensuality [J]. Memory Studies, 2016, 9 (1): 3—12.

④ Niels Van Doorn. The fabric of our memories: Leather, kinship, and queer material history [J]. Memory studies, 2016, 9 (1): 85—98.

⑤ Simone Benazzo. Book review: memories on the move: experiencing mobility, rethinking the past [J]. Memory Studies, 2019, 12 (1): 101—103.

⑥ Zoltán Boldizsár Simon. Book review: Is time out of joint? on the rise and fall of the modern time regime [J]. Memory studies, 2021, 14 (6): 1503—1507.

⑦ Steven James. Book review: mental time travel: episodic memory and our knowledge of the personal past [J]. Memory studies, 2017, 10 (3): 365—369.

⑧ Andrea Cossu. From lines to networks: calendars, narrative, and temporality [J]. Memory studies, 2020, 13 (4): 502—518.

⑨ Marije Hristova, Francisco Ferrandiz, Johanna Vollmeyer. Memory worlds: reframing time and the past—An introduction [J]. Memory studies, 2020, 13 (5): 777—791.

⑩ Daniel L Schacter, Michael Welker. Memory and connection: Remembering the past and imagining the future in individuals, groups, and cultures [J]. Memory studies, 2016, 9 (3): 241—244.

如何通过场景记忆过去和想象未来①，记忆－想象系统本身②以及记忆、想象与人类精神间的关系③都得到关注。

此外，在记忆理论研究领域，下面三个主题也得到关注。

1. 记忆与政治的关系

记忆与政治的关系，尤其是记忆的权力与权利问题，以及社会记忆与身份认同问题，是当前记忆研究关注的重点。记忆与政治的关系所涵盖的领域广泛，包括记忆的权力结构、记忆的权利归属、记忆作为政治工具、记忆的性别议题、记忆与正义的关系、记忆与身份认同的构建、移民记忆以及国家或区域记忆等。在现代社会及后现代社会的背景下，人们逐渐意识到记忆作为一种宝贵资源的重要性，因此记忆权力的争夺愈发激烈。米歇尔·福柯（Michel Foucault）指出，记忆是斗争的重要因素之一，谁控制了人们的记忆，谁就控制了人们的兴味的脉络……因此，占有记忆，控制它，管理它，是生死攸关的④。他提出"反记忆"的概念，用以描述那些与主流话语相异且经常对主流话语提出挑战的记忆。福柯的研究揭示了记忆的差异性，以及政治、经济、文化力量之间的相互作用如何决定记忆的走向，这种力量的博弈持续不断地进行。

贝特霍尔德·莫尔登（Berthold Molden）研究了集体记忆的权力关系⑤；苏珊娜·德雷珀（Susana Draper）对反失礼进行研究，通过监狱博物馆考察如何逃离记忆和权力之地⑥；彼得·J. 韦罗夫塞克（Peter J Verovsek）将过去视为政治变革的力量⑦。

---

① Daniel L Schacter, Kevin P Madore. Remembering the past and imagining the future: identifying and enhancing the contribution of episodic memory [J]. Memory studies, 2016, 9 (3): 245－255.

② Martin A Conway, Catherine Loveday, Scott N Cole. The remembering-imagining system [J]. Memory Studies, 2016, 9 (3): 256－265.

③ Michael Welker. Memory, imagination and the human spirit [J]. Memory studies, 2016, 9 (3): 341－347.

④ 米歇尔·福柯. 疯癫与文明 [M]. 刘北成，杨远婴，译. 北京：生活·读书·新知三联书店，2019.

⑤ Berthold Molden. Resistant pasts versus mnemonic hegemony: on the power relations of collective memory [J]. Memory studies, 2016, 9 (2): 125－142.

⑥ Susana Draper. Against depolitization: Prison-museums, escape memories, and the place of rights [J]. Memory studies, 2015, 8 (1): 62－74.

⑦ Peter J Verovsek. Memory, narrative, and rupture: the power of the past as a resource for political change [J]. Memory studies, 2020, 13 (2): 208－222.

作为记忆与政治主题中的关键议题，记忆的性别问题得到了持续关注。曼努埃尔·德·拉·马塔（Manuel L. de la Mata）、玛丽亚·赫苏斯·卡拉（María Jesús Cala）和阿里安娜·萨拉（Arianna Sala）对有关性别和性别取向的主流叙事进行研究，以讨论不平等情况下的女性身份重建①。卡哈尔·麦克劳克林（Cahal McLaughlin）通过分析来自监狱的声音展开对地点、性别与记忆问题的讨论②。妮可·毛兰托尼奥（Nicole Maurantonio）考察了性别、种族问题③。

奥利弗·科茨（Oliver Coates）对生态政治学与后殖民文学和文化中的记忆进行评述④，肖恩·菲尔德（Sean Field）⑤、伍尔夫·坎施泰纳（Wulf Kansteiner）关注了种族和移民记忆问题⑥，沙拉·底布雷斯·麦奎德（Sara Dybris McQuaid）关注跨国记忆政治机构⑦，安德里亚·赫普沃斯（Andrea Hepworth）从空间维度对局部的、区域的、跨区域的和国家的记忆政治进行全面阐述⑧，彼得·范·登·邓根（Peter Van Den Dungen）结合时空维度解读和平与战争中的国家记忆⑨，西奥班·卡塔哥（Siobhan Kattago）讨论了历史、记忆与跨欧洲身份认同问题⑩。

记忆与身份认同的研究涵盖了从个体记忆、群体记忆/集体记忆到民族记

---

① Manuel L de la Mata，María Jesús Cala，Arianna Sala. Facing dominant master narratives on gender and sexuality：identity reconstruction of women in situations of inequality [J]. Memory studies，2022，15（1）：120—138.

② Cahal McLaughlin. Memory，place and gender：Armagh stories：voices from the Gaol [J]. Memory studies，2020，13（4）：677—690.

③ Nicole Maurantonio. Burning Karen's headquarters：gender，race & the united daughters of the Confederacy Headquarters [J]. Memory studies，2021，14（6）：1159—1172.

④ Oliver Coates. Book review：biopolitics and memory in postcolonial literature and culture [J]. Memory studies，2018，11（2）：266—269.

⑤ Sean Field. Book review：Memory，migration and travel [J]. Memory Studies，2020，13（1）：124—126.

⑥ Wulf Kansteiner. Migration，racism，and memory [J]. Memory studies，2019，12（6）：611—616.

⑦ Sara Dybris McQuaid. Book review：agency in transnational memory politics [J]. Memory studies，2021，14（6）：1507—1511.

⑧ Andrea Hepworth. Localised，regional，inter-regional and national memory politics：The case of Spain's La Ranilla prison and Andalusia's mnemonic framework [J]. Memory studies，2021，14（4）：856—876.

⑨ Peter Van Den Dungen. Book review：Postnational memory，peace and war：making pasts beyond borders [J]. Memory studies，2020，13（6）：1355—1357.

⑩ Siobhan Kattago. Book review：history，memory，and trans-European identity：unifying divisions [J]. Memory studies，2015，8（4）：489—492.

忆/国家记忆等多个层面。众多研究者从记忆的社会功能角度出发，探讨社会记忆在身份认同方面的作用。尽管研究者们对社会记忆持有不同的观点，但在其对身份认同的影响上却存在较为统一的认识。个体对记忆的需求源于其对自我持续、稳定、完整认识的追求；而社会对记忆的需求，则源于其建立相对稳定的社会认同的必要性，这是确保社会存续与发展的基础。

南希·M. 温菲尔德（Nancy M Winfield）在《记忆的政治：1945 年到 1948 年间捷克国家认同的建立》一文中指出，二战后捷克斯洛伐克驱逐德国人的过程，同时也是把他们从捷克人意识中清除从而重建集体记忆进行国家认同建立的过程，国家政权和政治精英的操纵在此过程中是重要的影响因素和历史遗产[①]。海伦娜·波兰特－麦考密克（Helena Pohlandt-McCormick）在《我看见了梦魇：暴力和记忆的建构》一文中以南非索韦托起义为例分析了暴力的经历、记忆和历史建构的关系，指出国家所使用的暴力也是影响记忆建构的关键因素[②]。

2. 对不同记忆类型的研究

从分类角度审视，自传体记忆、个体记忆、集体记忆、国家记忆、社会记忆、历史记忆、文化记忆、协作记忆以及生态记忆等均受到学术界的关注。尽管严格意义上看，这些概念的定义存在一定的模糊性，并且彼此间存在重叠，但它们确实反映了各自不同的研究旨趣。同时，这些记忆类型之间的相互关系，尤其是个体记忆、集体记忆与文化记忆之间的联系，以及历史记忆与文化记忆之间的联系，已经成为广泛讨论的课题。

在个体记忆领域，研究主要集中在个体记忆的几个基本问题上，例如，个体记忆的本质、个体记忆与自我之间的联系，以及自传体记忆的相关议题。亚丁·杜代（Yadin Dudai）和弥迦·G. 埃德尔森（Micah G Edelson）对一个核心问题进行了深入探讨：个体记忆是否真正属于个体，以及它是否可以被定义为记忆[③]。丹尼斯·佩兰（Denis Perrin）则对记忆与自我的关系进行了分

---

① Nancy M Winfield. The politics of memory：constructing national identity in the Czech Lands，1945 to 1948 [J]. East european politics and societies，2000，14（2）：246—267.

② Helena Pohlandt-McCormick. I saw a nightmare：violence and the construction of memory [J]. History and theory，2000，39（4）：23—44.

③ Yadin Dudai，Micah G Edelson. Personal memory：Is it personal, is it memory? [J]. Memory studies，2016，9（3）：275—283.

析①。曼努埃尔·L. 德·拉·马塔（Manuel L de la Mata）、安德烈斯·桑塔玛丽亚（Andrés Santamaría）、蒂亚·G·B·汉森（Tia G B Hansen）等②，菲利普·德·布莱嘉德（Felipe De Brigard）③和库尔肯·迈克（Kourken Michaelian）④均对自传体记忆的问题表现出了浓厚的兴趣。

集体记忆始终是记忆研究中最重要的领域。自哈布瓦赫从社会学角度对集体记忆概念进行深入阐释，并细致探讨个体记忆与集体记忆之间的关系后，围绕此话题的讨论与研究便未曾间断。与个体记忆的直观体验不同，尽管可以辨识某个集体中的成员共同经历的过去，但集体是否真的能够作为一个记忆主体存在，这一点仍存在争议。人们能够感知到个体记忆中他人的存在，却难以断言集体记忆是由集体成员体验和展现的共同记忆。若果真如此，那么提出集体记忆概念的意义何在？但经验和直觉依然告诉我们，哈布瓦赫的论断具有强大的说服力，即记忆是一种集体社会行为。现实中的社会组织或群体都拥有其相应的集体记忆，不存在完全脱离他人和集体的纯粹个体记忆。除前面提及的斯普纳尔等对集体记忆的概念、功能和意义进行的探讨外，还有许多研究也围绕集体记忆展开，例如：兑林顿·默克（Clinton Merck）、梅蒙·N. 托普库（Meymune N Topcu）和威廉·赫斯特（William Hirst）的一项研究分析了共享的集体记忆如何为创造共享的未来起作用⑤，艾米·康宁（Amy Corning）和霍华德·舒曼（Howard Schuman）研究了世代与集体记忆。在《世代与集体记忆》一书中，他们利用一系列令人印象深刻的研究，展示几代人如何分享对成长经历的记忆，以及理解这些记忆的形成和变化方式如何帮助我们理解社会和历史⑥。

在社会记忆研究方面，学者们持续致力于探讨社会记忆的基础理论及基本

---

① Denis Perrin. Book review：memory and the self-Phenomenology, science, and autobiography [J]. Memory studies，2019，12（1）：106−109.

② Manuel L de la Mata，Andrés Santamaría，Tia GB Hansen，et al. Earliest autobiographical memories in college students from three countries：towards a situated view de la Mata [J]. Memory studies，2015，8（2）：151−168.

③ Felipe De Brigard. Book review：Involuntary autobiographical memories：An introduction to the unbidden past [J]. Memory studies，2015，8（2）：255−257.

④ Kourken Michaelian. Book review：beyond the archive：memory，narrative，and the autobiographical process [J]. Memory studies，2016，9（3）：363−365.

⑤ Clinton Merck，Meymune N Topcu. William Hirst. Collective mental time travel：creating a shared future through our shared past [J]. Memory studies，2016，9（3）：284−294.

⑥ Amy Corning，Howard Schuman，Generations and collective memory [M]. Chicago：University of Chicago Press，2015.

问题。格尔德·塞巴尔德（Gerd Sebald）与贾廷·瓦格尔（Jatin Wagle）在其论文集《社会记忆理论：概念与语境》中提出，过去二十年间关于社会记忆的公开讨论，涉及我们社会如何记忆、理解，乃至想象和构建我们的集体过去，揭示了宏大叙事的衰落，取而代之的是众多与统一的过去愿景相抗衡的个体故事。在关注社会记忆多元性的同时，这些分散的叙述也映射出记忆理论研究领域的分歧。该选集分为四个主题，重点探讨社会记忆的概念、时间性、功能和语境，旨在弥补当代理论视野中的分歧和断裂①。

社会记忆的建构方式始终是社会记忆研究关注的重点。伊丽莎白·杰林（Elizabeth Jelin）提出，在所有社会，特别是那些遭受过政治暴力的社会中，过去是一个变化和有争议的领域，从来都不是固定的，总是与当今的文化和政治环境交织在一起。其研究围绕二十世纪七十年代以来阿根廷的经验，对记忆的动态社会特征进行了富有新意的探索，分析了人权运动如何影响公共记忆②。

历史记忆，作为一种记忆类型，其概念相对明确，它直接关联个体、群体、社会乃至国家等不同层面的过去、现在与未来。无论是在理解人生意义，还是在阐释社会秩序，以及国家和各种组织的合法性方面，历史记忆都具有不可小觑的影响力，因此，它始终是人们关注的焦点。除了对历史记忆的功能和意义进行思考之外，米哈尔·比列维奇（Michal Bilewicz）、玛尔塔·维克科夫斯卡（Marta Witkowska）和安娜·斯蒂法尼亚克（Anna Stefaniak）等学者谦逊地从非专业历史学家的视角出发阐释族群间行为，旨在深入理解认同与认知结构在民族中心主义历史归因中的作用③。

此外，历史记忆与公共文化的关系④、口述史问题⑤、历史正义与记忆问题等也得到研究者的关注。比如克劳斯·诺依曼（Klaus Neumann）和珍娜·汤普森（Janna Thompson）所编的《历史正义与记忆》一书强调，全球历史

① Gerd Sebald, Jatin Wagle. Theorizing social memories: concepts and contexts ［M］. 1st ed London: Routledge，2015.

② Elizabeth Jelin. The struggle for the past: how we construct social memories ［M］. 1st ed. New York: Berghahn Books，2021.

③ Michal Bilewicz，Marta Witkowska，Anna Stefaniak，et al. The lay historian explains intergroup behavior: examining the role of identification and cognitive structuring in ethnocentric historical attributions ［J］. Memory studies，2017，10 （3）：310−322.

④ Bradford Vivian. Commonplace witnessing: rhetorical invention, historical remembrance, and public culture ［M］. 1st ed. Oxford: Oxford University Press，2017.

⑤ Paul Thompson，Joanna Bornat. The voice of the past: oral history ［M］. 4th ed. Oxford: Oxford University Press，2017.

正义运动——承认和纠正历史错误——是我们这个时代最重要的道德和社会发展之一①。尤其值得一提的是，选择性记忆或者遗忘现象已引起关注，记忆的遗忘问题得到深刻阐述。在历史记忆问题上，查尔斯·B. 斯通（Charles B Stone）、西奥菲洛斯·格基诺普洛斯（Theofilos Gkinopoulos）和威廉·赫斯特（William Hirst）严肃地分析了选择性的历史叙述所产生的记忆后果②，大卫·里夫（David Rieff）则探索了历史创伤核心的伦理悖论，认为尽管一般忘记历史就会重蹈覆辙，但事实上，记住历史创伤既不能补救不公正也不能带来和解，所以有时候遗忘反而是更道德的，是值得赞美的③。

新近研究中，协作记忆和生态记忆被提出并得到初步探讨。丽莎·艾伦·西尔维斯特里（Lisa Ellen Silverstri）分析了建立协作记忆的基石④，卢卡斯·M. 比埃蒂（Lucas M Bietti）、迈克尔·J. 贝克（Michael J Baker）指出协作记忆的关键在"协作"⑤。珍妮娜·塔莉亚·克拉克（Janine Natalya Clark）研究了生态记忆在记忆与过度正义中的运用问题⑥。这些研究为记忆研究注入了新的活力与可能性。

此外，不同类型记忆之间的关系亦受到广泛关注，尤其是个体记忆与集体记忆间的联系。在哈布瓦赫所开创的研究基础上，关于个体记忆与集体记忆关系的研究持续深入。卡伦·阿姆斯壮（Karen Armstrong）《记忆与模糊：芬兰的个人与集体记忆》一文运用本尼迪克特（Benedict）提出的"想象的共同体"理论，探讨了个体记忆如何被整合进集体记忆⑦。多伦·陶西格（Doron Taussig）则通过分析美国退伍军人的讣告，深入研究了个体记忆与集体记忆

---

① Klaus Neumann, Janna Thompson. Historical justice and memory［M］. 1st ed. Madison：University of Wisconsin Press，2015.

② Charles B Stone，Theofilos Gkinopoulos，William Hirst. Forgetting history：the mnemonic consequences of listening to selective recountings of history stone［J］. Memory studies，2017，10（3）：286-296.

③ David Rieff. In praise of forgetting：historical memory and its ironies［M］. New Haven：Yale University Press，2017.

④ Lisa Ellen Silverstri. Start where you are：building cairns of collaborative memory［J］. Memory studies，2021，14（2）：275-287.

⑤ Lucas M Bietti，Michael J Baker. Collaborating to remember collaborative design：An exploratory study［J］. Memory studies，2018，11（2）：225-244.

⑥ Janine Natalya Clark. Re-thinking memory and transitional justice：A novel application of ecological memory［J］. Memory studies，2021，14（4）：695-712.

⑦ Karen Armstrong. Ambiguity and remembrance：individual and collective memory in Finland［J］. American ethnologist，2000，27（3）：591-608.

之间的关系①。

查尔斯·斯通（Charles Stone）与卢卡斯·比埃蒂（Lucas Bietti）共同编纂的《情境化人类记忆：理解个人与群体如何记忆过去的跨学科路径（认知心理学探索）》一书，深入探讨了情境对个体与群体记忆的影响，其分析角度涵盖了认知心理学、社会文化学、认知语言学以及哲学②。在《文化记忆》一书中，扬·阿斯曼（Jan Assmann）探讨了重大历史事件与个人经历之间的联系，并进一步分析了个体记忆、集体记忆与文化记忆之间的相互作用。作者特别关注了犹太人大屠杀（Holocaust）这一历史事件，通过研究从个体记忆到集体记忆的演变过程，以及通过交流与分享所形成的普遍而明确的文化记忆，揭示了记忆形成的递进路径：从个体记忆到集体记忆，再到沟通记忆，最终形成文化记忆③。

关于集体记忆的概念，阿莱达·阿斯曼（Aleida Assmann）认为其定义过于模糊，难以通过特定的区分标准将一种特定的记忆形式与其他记忆形式区分开来。集体记忆的构成既涵盖了那些必然超越个体的、属于近群体记忆和家庭记忆的社会记忆，也包括了那些超越个体、代际和时期限制，从而实现统一的文化记忆。相对而言，较为狭义的"集体记忆"概念仅指与强烈的忠诚感相联系，能够产生强烈一致性的大我身份认同的记忆形式。这种记忆形式尤其适用于作为官方记忆和政治记忆的民族记忆④。阿斯曼的这一分析表明，在其看来，将记忆划分为个体记忆、社会记忆、文化记忆三种类型，可能是真正能够对各种记忆进行有效区分的最佳途径。

3. 不同学科视野下的记忆研究

记忆研究是一个受到多学科共同关注的领域，部分研究凸显了学科视角的重要性，彰显了学科的自我意识。根据《记忆研究》期刊所发表的论文来看，记忆研究涵盖了哲学、生理学、心理学、史学、传播学、经济学等多个学科。

---

① Doron Taussig. Your story is our story：collective memory in obituaries of US military veterans [J]. Memory studies，2017，10（4）：459－473.

② Charles Stone，Lucas Bietti. Contextualizing human memory：an interdisciplinary approach to understanding how individuals and groups remember the past（explorations in cognitive psychology）[M]. 1st ed. London：Routledge，2017.

③ 扬·阿斯曼. 文化记忆：早期高级文化中的文字、回忆和政治身份 [M]. 金寿福，黄晓晨，译. 北京：北京大学出版社，2015.

④ 阿莱达·阿斯曼. 记忆的三个维度：神经维度、社会维度、文化维度 [M] //冯亚琳，阿斯特莉特·埃尔. 文化记忆理论读本. 余传玲等，译. 北京：北京大学出版社，2012：45.

例如下列研究便涉及不同学科领域。

理查德·赫尔斯明克（Richard Heersmink）和 J. 亚当·卡特（J Adam Carter）讨论了记忆的技术哲学问题①，马克·罗兰（Mark Rowlands）从现象学、科学与自传视角分析了记忆与自我的关系②。

汉娜·梅雷托亚（Hanna Meretojia）在发展她的跨学科叙事解释学时，将文化记忆研究和叙事伦理学、文学叙事研究、叙事心理学、叙事哲学结合在一起研究讲故事的伦理③，马修·J. 艾伦（Matthew J. Allen）讨论了记忆研究中的政治经济学④，安妮塔·巴克希（Anita Bakshi）探讨了开发记忆场所的新方法，通过理解冲突、日常生活和官方历史对地方记忆的影响，探索城市身份的形成和城市形象的构建，认为记忆地图是一种新的纪念诗学⑤。

列德克·普拉克（Liedeke Plate）研究了文化遗址⑥，苏珊娜·布鲁克穆勒（Susanne Bruckmüller）、彼得·海格蒂（Peter Hegarty）、卡尔·哈尔弗·泰根（Karl Halvor Teigen）等以社会心理学视角回答"过去之事何时需要解释？"这一问题⑦。此外，跨学科研究、跨文化研究和记忆生态学也得到了关注。

（二）战争、大屠杀与创伤记忆

20 世纪以来，人类社会不仅经历了第一次世界大战和第二次世界大战，还经历了南京大屠杀、奥斯威辛集中营大屠杀、卡廷森林惨案、印尼大屠杀、卢旺达大屠杀等文明史上深重的灾难，这些事件给全人类留下了无法磨灭的伤痕。围绕大屠杀、战争及其他创伤性记忆的研究在记忆研究领域占据突出的位置，这既反映了记忆研究对历史的关注，也深刻体现了记忆研究深切的现实关怀。

---

① Richard Heersmink，J Adam Carter. The philosophy of memory technologies：Metaphysics，knowledge，and values ［J］. Memory studies，2020，13（4）：416−433.

② Mark Rowlands. Memory and the self：phenomenology，science and autobiography ［M］. 1st ed. Oxford：Oxford University Press，2016.

③ Hanna Meretojia. The ethics of storytelling：narrative hermeneutics，history，and the possible ［M］. 1st ed. Oxford：Oxford University Press，2017.

④ Matthew J Allen. The poverty of memory：For political economy in memory studies ［J］. Memory studies，2016，9（4）：371−375.

⑤ Anita Bakshi. Topographies of memories：a new poetics of commemoration ［M］. 1st ed. Gewerbestrasse：Palgrave Macmillan，2017.

⑥ Liedeke Plate. Amnesiology：towards the study of cultural oblivion ［J］，Memory studies，2016，9（2）：143−155.

⑦ Susanne Bruckmüller，Peter Hegarty，Karl Halvor Teigen，et. al. When do past events require explanation? insights from social psychology ［J］. Memory studies，2017，10（3）：261−273.

两次世界大战奠定了新的国际秩序，成为洞悉现代世界秩序和社会结构的重要历史窗口。因此，如何铭记战争，尤其是战争所造成的创伤，已成为全球自 20 世纪以来必须持续面对的问题。鉴于战争的影响波及个体、集体、国家乃至全球层面，对战争的记忆不仅关乎个人，也关乎各参战方的现状与未来，甚至可能对更广泛的国际关系产生影响。因此，战争记忆研究已成为记忆研究领域的核心议题。自 2015 年起，《记忆研究》杂志所发表的关于战争记忆的研究大致可以划分为三类：一是关于战争记忆的整体思考，二是对各国战争记忆的研究，三是对文学艺术领域战争记忆的研究。

关于战争记忆的研究，回应了若干重要问题。例如，莫妮克·帕姆伯格（Monika Palmberger）探讨了战后波黑冲突历史与共同记忆对代际记忆的影响[1]，尼尔·利瓦伊（Neil Levi）与迈克尔·罗斯伯格（Michael Rothberg）则从法西斯主义、后法西斯主义以及当代政治想象的角度，分析了危险时刻记忆研究的方法论[2]。奥利维特·奥特勒（Olivette Otele）、路易莎·甘道夫（Luisa Gandolfo）、约阿夫·加莱（Yoav Galai）编辑的《冲突后的纪念活动：失踪的纪念馆，缺席的尸体》一书探讨了哀悼过程中的一个独特视角：在悲伤、等待、沉默或遗忘的阶段，走向恢复的可能性。作者利用来自多国的民族志数据和档案材料，分析在没有纪念馆、相互承认和尸体缺席的情况下，经历过创伤和暴力的社区是如何进行纪念的[3]。斯蒂芬·耶格尔（Stephan Jaeger）的《二十一世纪博物馆中的第二次世界大战：从叙述、记忆和体验到体验性》一书，分析了欧洲和北美的十二个常设展览如何反映和塑造文化记忆，及其认知、道德、情感和审美潜力及影响[4]。

各国对于战争的记忆构成了战争记忆研究领域中内容较为丰富的部分。该领域的研究涉及众多国家，尤其是那些与战争直接相关的国家，例如德国、意大利、日本、奥地利、中国、英国、美国、俄罗斯、南斯拉夫、葡萄牙等。这

---

① Monika Palmberger. How generations remember：Conflicting histories and shared memories in post-war Bosnia and Herzegovina［M］. 1st ed. London：Palgrave Macmillan，2016.

② Neil Levi，Michael Rothberg. Memory studies in a moment of danger：fascism，postfascism，and the contemporary political imaginary［J］. Memory studies，2018，11（3）：355—367.

③ Olivette Otele，Luisa Gandolfo，Yoav Galai. Post-conflict memorialization：missing memorials，absent bodies（memory politics and transitional justice）［M］. 1st ed. Cham：Palgrave Macmillan，2021.

④ Stephan Jaeger. The Second World War in the twenty-first-century museum：From narrative，memory，and experience to experientiality［M］. 1st ed. Berlin：De Gruyter，2020.

些研究聚焦于不同的议题，如英国的战争话语与第一次世界大战记忆①，俄罗斯对第二次世界大战的数字记忆②。德国的战争记忆研究面临着特殊的困境，作为加害方如何面对自身和受害方的过去？或者说如何记忆或者遗忘以获得自身的民族认同和政治合法性？杰弗瑞·K. 奥利克直面这一难题，探讨 1949 年以来德国试图应对这一挑战的各种方式，特别关注这些方法如何随着时间的推移而变化③。

教科书、文学艺术等是战争与创伤记忆的主要形式，因此，不少研究者将其作为考察对象。埃梅利·哈冈加斯（Eemeli Hakoköngäs）、奥利·克莱莫拉（Olli Kleemola）和伊纳里·萨基（Inari Sakki）等考察了 1920—2010 年间历史教科书中对芬兰内战的视觉叙述④。安·默里（Ann Murray）所编纂的《1914 年以来视觉文化中的战争记忆建构：战争之眼》一书，提供了一个跨国界、跨学科的视角，对自 1914 年以来关于战争的艺术反应进行了探讨。研究涉及的许多创作者都表现了人类对战争的体验，讨论了战争与宣传、战时性别角色、作为战争艺术家的妇女、创伤、艺术在士兵中的作用、记忆、作为抵抗的艺术、身份和战争纪念活动等相关议题⑤。

谢里尔·格蕾丝（Sherrill Grace）研究了加拿大文学艺术中的两次世界大战⑥。弗兰克·舒尔茨·恩格勒（Frank Schulze-Engler）研究了来自印度和新西兰的"二战"小说中对欧洲的地方化⑦，安贾·提普纳（Anja Tippner）研究了当代捷克作家记忆中的大屠杀和战后种族清洗⑧，查尔斯·I. 阿姆斯特朗

---

① Ross J Wilson. Still fighting in the trenches: War discourse and the memory of the First World War in Britain [J]. Memory studies，2015，8（4）：454－469.

② Seth Bernstein. Remembering war, remaining Soviet: digital commemoration of World War II in Putin's Russia [J]. Memory studies，2016，9（4）：422－436.

③ Jeffrey K Olick. The sins of the fathers: Germany, memory, method [M]. Chicago: University of Chicago Press，2016.

④ Eemeli Hakoköngäs, Olli Kleemola, Inari Sakki, Remembering war through images: visual narratives of the finnish civil war in history textbooks from the 1920s to the 2010s [J]. Memory studies，2021，14（5）：1002－1017.

⑤ Ann Murray. Constructing the memory of war in visual culture since 1914: the eye on war [M]. 1st ed.. London: Routledge，2018.

⑥ Sherrill Grace. Landscapes of war and memory: the two World Wars in canadian literature and the arts，1977－2007 [M]. Illustrated ed. Edmonton, Alberta: University of Alberta Press，2014.

⑦ Frank Schulze-Engler. When remembering back is not enough: provincializing europe in World War II novels from India and New Zealand [J]. Memory studies，2018，11（3）：315－327.

⑧ Anja Tippner. Postcatastrophic entanglement? contemporary Czech writers remember the holocaust and post-war ethnic cleansing [J]. Memory studies，2021，14（1）：80－94.

（Charles I Armstrong）研究了在北爱尔兰问题诗歌中的第二次世界大战①，王怡和马修·M. 陈（Matthew M Chew）研究了中国抗战题材电视剧中的战争记忆②。

此外，研究者从记忆主体的视角出发，对老兵的记忆进行了探讨。阿扎鲁尔·伊斯兰（Azharul Islam）、伊丽莎白·谢泼德（Elizabeth Sheppard）、马丁·A. 康威（Martin A Conway）等对退伍军人的自传式记忆进行研究③，艾玛·朗（Emma Long）、安娜贝拉·爱德华兹（Annabelle Edwards）、布里吉特·麦克韦德（Brigit McWade）等对老兵记忆的重要性进行讨论④，杰奎琳·郑茹·林（Jacqueline Zhenru Lin）对当代中国的老兵纪念活动进行研究⑤。

对大屠杀的记忆构成了创伤记忆研究的核心内容。鉴于大屠杀涉及人数众多，并与精神和肉体的双重创伤紧密相关，这种记忆通常超越个体层面，成为民族或国家的集体创伤记忆，对个体、民族及国家的现状及未来发展产生了深远的影响。人们对二十世纪人类社会所经历的大屠杀事件记忆深刻，因此，这类创伤记忆在研究中备受关注。

2015 年以来，大屠杀记忆研究的重点是卢旺达种族灭绝事件，研究视角多元。艾琳·杰西（Erin Jessee）指出单一故事对卢旺达种族灭绝记忆的危险性⑥，约翰娜·曼内格伦·塞利莫维奇（Johanna Mannergren Selimovic）从性别、叙事及影响的角度解读卢旺达种族灭绝的纪念政治⑦。凯瑟琳·吉尔伯特（Catherine Gilbert）的《从生存到生活：卢旺达女性写作中的声音、创伤和见

---

① Charles I Armstrong. Ambivalent Déjà-vu. World War II in the poetry of the Northern Irish Troubles [J]. Memory studies，2021，14（1）：68—79.

② Yi Wang，Mattew M Chew. State，market，and the manufacturing of war memory：China's television dramas on the War of Resistance against Japan [J]. Memory studies，2021，14（4）：877—891.

③ Azharul Islam，Elizabeth Sheppard，Martin A Conway，et. al. Autobiographical memory of war veterans：a mixed-studies systematic review [J]. Memory studies，2021，14（2）：214—239.

④ Emma Long，Annabelle Edwards，Brigit McWade，et. al. Older veterans：the materiality of reminiscence，making unknown histories knowable and forging social connections [J]. Memory studies，2021，14（4）：892—908.

⑤ Jacqueline Zhenru Lin. Remembering forgotten heroes and the idealisation of true love：veteran memorial activism in contemporary China [J]. Memory Studies，2021，14（5）：1081—1105.

⑥ Erin Jessee. The danger of a single story：Iconic stories in the aftermath of the 1994 Rwandan genocide [J]. Memory studies，2017，10（2）：144—163.

⑦ Johanna Mannergren Selimovic. Gender，narrative and affect：top-down politics of commemoration in post-genocide Rwanda [J]. Memory studies，2020，13（2）：131—145.

证》一书对卢旺达种族灭绝事件中幸存妇女的公开证词进行研究。在 1994 年卢旺达对图西族进行种族灭绝屠杀期间，妇女遭受了极端暴力行为。该书以创伤理论、大屠杀研究和对证词的批判方法，考察了种族灭绝中的个人和集体记忆的建构以及妇女在日常生存中面临的挑战①。尼基·希区柯特（Nicki Hitchcott）研究了《卢旺达饭店》，从他人视角分析卢旺达针对图西族的种族灭绝②，大卫·姆瓦巴里（David Mwambari）研究纪念卢旺达图西族种族灭绝的音乐③。

此外，弗朗哥万人坑④、意大利圣安娜·迪斯塔泽马大屠杀⑤、罗姆人大屠杀⑥、纳米比亚种族灭绝⑦等大屠杀事件也得到研究者关注。

除了对大屠杀暴行具体记忆的研究之外，一些学者将关注点放在"后目击者"时代的大屠杀这一问题上。例如，丽贝卡·库克（Rebecca Kook）研究了后目击者时代记忆的媒介⑧，蒂莫西·威廉姆斯（Timothy Williams）通过对柬埔寨吐斯廉种族灭绝博物馆的研究揭示了后大屠杀时代纪念中缅怀与沉默的复杂关系⑨，阿德里亚诺·赞佩里尼（Adriano Zamperini）和莱蒂齐亚·帕萨雷拉（Letizia Passarella）关注政治大屠杀之后的公民责任与记忆工作⑩，维奥莱塔·达沃柳特（Violeta Davoliūte）研究了大屠杀之后的记忆、视角和

---

① Catherine Gilbert. From surviving to living: voice, trauma and witness in rwandan women's writing (French Edition) [M]. Montpellier: Presses universitaires de la Méditerranée, 2018.

② Nicki Hitchcott. Seeing the genocide against the Tutsi through someone else's eyes: prosthetic memory and Hotel Rwanda [J]. Memory studies, 2021, 14 (5): 935−948.

③ David Mwambari. Music and the politics of the past: Kizito Mihigo and music in the commemoration of the genocide against the Tutsi in Rwanda [J]. Memory studies, 2020, 13 (6): 1321−1336.

④ Alejandro Baer, Natan Sznaider. Ghosts of the holocaust in Franco's mass graves: cosmopolitan memories and the politics of "never again" [J]. Memory studies, 2015, 8 (3): 328−344.

⑤ Caterina Di Pasquale. The massacre-centred memory of Sant' Anna di Stazzema, Italy [J]. Memory studies, 2020, 13 (4): 708−721.

⑥ Maria Alina Asavei. "Call the witness": Romani Holocaust related art in Austria and Marika Schmiedt's will to memory [J]. Memory studies, 2020, 13 (1): 107−123.

⑦ Hamrick, E., Duschinski, H. Enduring injustice: memory politics and Namibia's genocide reparations movement [J]. Memory studies, 2018, 11 (4): 437−454.

⑧ Rebecca Kook. Agents of memory in the post-witness era: memory in the living room and changing forms of holocaust remembrance in Israel [J]. Memory studies, 2021, 14 (5): 971−986.

⑨ Timothy Williams. Remembering and silencing complexity in post-genocide memorialisation: Cambodia's Tuol Sleng genocide museum [J]. Memory studies, 2022, 15 (1): 3−19.

⑩ Adriano Zamperini, Letizia Passarella. Testimony of terrorism: civic responsibility and memory work after a political massacre [J]. Memory studies, 2019, 12 (6): 721−735.

地点①。

一些造成严重影响的恐怖主义和暴力事件给社会留下深刻的创伤，学者们对此也进行了专门的研究，例如美国 2001 年的"9·11"恐怖袭击和英国 2005 年的"7·7"伦敦爆炸案。艾米·索达罗（Amy Sodaro）对"9·11"纪念馆中的象征性创伤及其政治意义进行了探讨②，玛丽塔·斯特肯（Marita Sturken）审视了"9·11"纪念馆与物质文化变迁的关系③，罗斯·普尔（Ross Poole）则从创伤表演的视角分析了曼哈顿市中心"纪念 9·11"的活动④。

此外，对其他重大历史事件引发的创伤记忆的关注亦成为创伤记忆研究的组成部分。

（三）地方性记忆研究

这里所说的地方性记忆研究，指以特定地理或政治区域（例如某个国家或地区）的记忆为研究对象。与前述两类记忆研究指向普遍性影响不同，此类记忆研究关注记忆的发源地。在此，不详述其具体研究内容，仅从宏观角度简要概述《记忆研究》期刊所发表的相关研究成果所呈现的四个特点。

一是通过设立专题研究集中对特定地方的记忆进行深入且多维度的探讨。自创刊以来，《记忆研究》已设立多个地方性记忆研究专题，例如自 2015 年起，就有关于奥斯曼帝国、阿根廷、智利、波兰等地的专题研究。

二是研究的焦点主要集中在民族国家层面，同时亦有针对特定区域的研究，例如欧洲、非洲、南美等地区。关于民族国家记忆的研究构成了地方性记忆研究的重点，这些研究特别关注民族国家的历史，尤其是那些关键的历史节点，包括殖民与被殖民的历史、民族独立、内战、独裁统治以及政权更迭等。通过深入探讨这些记忆，研究旨在分析其对民族国家身份认同、公平正义观念、社会稳定与发展的深远影响，即记忆与政治、文化之间关系的探讨。

三是地方性记忆研究的范围虽然广泛，但研究对象的选择显示出一定的集

---

① Violeta Davoliūte. Agonistic homecomings: holocaust postmemory, perspective and locality [J]. Memory studies, 2022, 15 (3): 539—550.

② Amy Sodaro. Prosthetic trauma and politics in the national september 11 memorial museum [J]. Memory studies, 2019, 12 (2): 117—129.

③ Marita Sturken. The objects that lived: The 9/11 museum and material transformation [J]. Memory studies, 2016, 9 (1): 13—26.

④ Ross Poole. Performing trauma: commemorating 9/11 in downtown Manhattan [J]. Memory studies, 2020, 13 (4): 452—469.

中趋势。根据对 2015 年以来《记忆研究》期刊中归类为地方性记忆研究的 131 篇文章的分析，研究内容涵盖了约 60 个国家和地区。然而，在这些研究中，奥斯曼帝国（9 篇）、美国（8 篇）、智利（6 篇）、中国（5 篇）、德国（5 篇）、西班牙（5 篇）、巴西（4 篇）、波兰（4 篇）、阿根廷（4 篇）等国家的研究共计 59 篇，占此类研究总量的 45%。

四是地方性记忆研究的内容极为丰富。记忆与地域紧密相连，选取特定地域进行地方性记忆研究，其涵盖的范围广泛，包括历史记忆、创伤记忆、文化记忆等诸多方面。在当前全球化与数字化的背景下，地方性记忆研究依然是记忆研究领域中最具魅力的分支。

形成上述特点的原因众多，至少包括以下几点：首先是地方自身所拥有的记忆资源。那些经历了特殊历史时期，拥有丰富或冲突性记忆的地方，自然成为地方性记忆研究重点关注的对象。其次，与记忆研究者相关。记忆研究者往往更倾向于研究与自己有某种联系的地方（比如出生地、居住地等）。第三个影响因素源自学术期刊本身。为了满足出版需求，期刊倾向于围绕能够吸引广泛关注的地域进行集中研究，并通过专题或专栏的形式发表研究成果，以提升研究成果的关注度和期刊的学术影响力。

（四）记忆研究反思

记忆研究的蓬勃发展伴随着对记忆现象及其研究的深入反思，尤其是对记忆研究领域所面临的危机的关注。《记忆研究》创刊号明确提出要开创一门新的记忆研究学科的目标。一个独立学科的合法性，不仅包括研究对象的合法性，还包括建立一套专门的话语系统，以及构建作为学科基础的理论体系。从学科自觉的角度审视，这些问题一直困扰着记忆研究领域的学者们。

2012 年，记忆研究领域的专家，包括安德烈亚斯·胡森（Andreas Huyssen）、彼得·维梅伦（Pieter Vermeulen）、史蒂夫·克瑞普斯（Stef Craps）、理查德·克劳恩肖（Richard Crownshaw）、奥尔森·德·格雷夫（Ortwin de Graef）、维维安·利斯卡（Vivian Liska）以及戴维·米勒（David Miller）等知名学者，共同参与了一场专题圆桌会议。该会议旨在探讨记忆研究当前所面临的挑战，并对其未来的发展方向进行深入思考[①]。安德烈亚斯·胡森提出了对未来记忆研究的几点建议：首先，记忆研究的范畴应进一步拓

---

① Pieter Vermeulen，Stef Craps，Richard Crownshaw，et. Al. Dispersal and redemption：the future dynamics of memory studies-a roundtable［J］. Memory studies，2012，5（2）：223-239.

展，不应局限于集体记忆、创伤记忆或国家历史等领域。其次，记忆研究应具备跨国视角，重视记忆话语在国际间的影响力。最后，记忆研究应采取跨学科的发展策略，例如与法律研究相结合，深入探讨记忆与人权之间的关系，以及与移民研究相关联，这显然需要人文科学与社会科学的紧密协作。

戴维·米勒将记忆研究的困境喻为"记忆研究的炼狱"，他指出，创伤与记忆研究的停滞不前，或者说记忆研究进展的受阻，"与其说由方法论或者阐释学的弊端和困境所导致，或许不如说是学科自身所处状况的固有阻力所导致。""记忆研究所展示出来的停滞不前仅仅是一种内在的静态的认知，任何一种对进步的彻底追求和一般性的方法论恢复都可能构成对学科自身的背叛。"

彼得·维梅伦提出了一种解决记忆研究困境的具体方法，即从情感处理的角度来探讨记忆研究中的政治学与诗学问题。记忆的政治，在他看来，将是一个赌注。但可以分析影响政治代理的方法——这个方法调试了过去，即，影响了个体与记忆。具体而言，每一段记忆都蕴含着某种情感处理，例如焦虑、憎恶、悲伤、愤怒、激励、困惑、喜悦等，这些情感构成了政治形成的基础材料。记忆研究中所使用的术语，如创伤、悲痛、忧郁和乡愁，已经转向与过去相关的情感领域；运用这些概念进行研究，能够使它们所代表的特定节奏和强度变得更加明确，并且揭示它们与其他情感生态组成部分之间的相互作用。

圆桌会议上的讨论是记忆研究者对当前记忆研究困境思考的一个缩影，同时也凸显了该问题的复杂性。尽管提出了多种解决方案，但尚未形成一个统一的、根本性的方法论或解释策略来彻底解决这一问题。然而，我们是否有可能过分夸大了危机？或许，随着记忆研究融入人文社会科学并开始文化转向，这些挑战是不可避免的，正如文化研究本身所遭遇的困境一样。在涉及跨学科和多学科参与的研究领域，学科界限的模糊性本质上决定了研究领域所面临的不确定性和动荡，以及其局限性。无论如何，在当前的研究背景下，保持对学科合法性的警觉固然重要，但更为关键的是应对新出现的问题——即媒介化、数字化时代下的记忆问题。这正是本书试图解答的问题：在全球化、数字化的背景下，媒介记忆将面临何种挑战，又将何去何从？可以说，层出不穷的新问题正是记忆研究保持其活力的驱动力。

沃尔夫·坎斯特纳在《在记忆中寻找意义：集体记忆研究方法批评》一文中提出，人文科学领域记忆研究的兴起，得益于文化历史的复兴。然而，在集体记忆研究领域，并未出现重大的概念和方法上的推进。多数研究聚焦于特定历史、地理和传媒背景下具体或细节性事件的叙述，而未能反映那些"尚处于争议中的叙述"的受众（观众）。作者倡导，集体记忆的历史应被视为一个文化生产和消费的复杂过程，在此过程中，必须考虑文化传统的连续性、记忆生产者的灵活性以及记忆消费者（受众）的颠覆性。这三个历史主体之间的协商或妥协，构成了记忆政治竞争场域中的游戏规则。关注这些协商与妥协的过程，使我们能够区分大多数失败的集体记忆构建与极少数成功的案例①。

此后，对记忆研究的反思与探讨持续进行。布尔·安娜·森托（Anna Cento Bull）和汉斯·劳格·汉森（Hans Lauge Hansen）对围绕记忆所产生的争论进行了分析②，而塞巴斯蒂安·格罗斯（Sebastian Groes）则从艺术、人文及科学批判的角度对 21 世纪的记忆进行了讨论③。

杰弗瑞·K. 奥利克、艾琳·塞尔普（Aline Sierp）以及珍妮·乌斯滕伯格（Jenny Wüstenberg）详尽阐述了记忆研究协会的愿景④。安娜·丽莎·托塔（Anna Lisa Tota）和蒂亚·德诺拉（Tia DeNora）重新审视了记忆研究领域的现状⑤。阿纳玛里亚·杜切亚克·西格斯滕（Anamaria Dutceac Segesten）和珍妮·乌斯滕伯格（Jenny Wüstenberg）则对记忆研究作为新兴研究领域的现状进行了细致分析⑥。尤为重要的是，2017 年记忆研究协会（MSA）第二届年会及其之后举办的相关记忆研究工作坊对记忆研究领域的主题和进展进行讨论，展望未来，认为记忆研究将持续发展⑦。

三、媒体与记忆：学术史回顾

在初步了解 21 世纪记忆研究的全貌之后，我们将转向媒体记忆这一特定领域。正如先前所述，媒体记忆构成了记忆研究的重要主题之一，而社交媒体记忆则属于这一主题下的一个分支。接下来，我们将对国内外媒体与记忆研究

---

① Wulf Kansteiner. Finding meaning in memory：a methodological critique of collective memory studies [J]. History and theory，2002，41（2）：179−197.

② Anna Cento Bull，Hans Lauge Hansen. On agonistic memory [J]. Memory studies，2016，9（4）：390−404.

③ Sebastian Groes. Memory in the twenty-first century：new critical perspectives from the arts，humanities，and sciences [M]. 1st ed. Basingstoke（England）：Palgrave MacMillan，2017.

④ Jeffrey K Olick，Aline Sierp，Jenny Wüstenberg. The memory studies association：ambitions and an invitation [J]. Memory studies，2017，10（4）：490−494.

⑤ Anna Lisa Tota，Tia DeNora. Rethinking the field of memory studies：a reply [J]. Memory studies，2017，10（4）：509−511.

⑥ Anamaria Dutceac Segesten，Jenny Wüstenberg. Memory studies：The state of an emergent field [J]. Memory studies，2017，10（4）：474−489.

⑦ Hanna Teichler，Rebekah Vince. MSA forward：memory studies moving onward and upward [J]. Memory studies，2019，12（1）：91−94.

方面的整体状况进行阐述，旨在为社交媒体时代的记忆研究提供一个全面的学术背景。

（一）国外有关媒体记忆的研究

从媒体角度研究记忆，存在多种路径。从学科视角、历史发展脉络以及研究焦点看，至少涵盖了三种视角和四个核心主题。学科视角涉及哲学和思想史的人文科学分析，记忆的社会功能等社会科学探讨，以及媒介技术本身所驱动的科学研究。人文科学视角着重于媒介与记忆的关系，以及媒介变迁对人类、人类社会乃至人类与自然关系的影响；社会科学视角将媒介视为技术可能性，研究其如何协助人类通过记忆来理解自我、社会和世界，特别关注媒介记忆功能对社会和文化的现实意义；科学研究视角则致力于探究媒介技术的发展变化及其对记忆的影响。四个核心主题包括：媒体与记忆的关系；媒介技术为记忆提供的可能性；大众传媒记忆；数字媒体记忆。显然，前两个主题与学科理论视角紧密相关，关注记忆的基本问题，而后两个主题则与记忆研究和媒体的主要类型紧密相连，聚焦于记忆的现实状况和具体问题。

在本部分，我们将对国外媒体记忆研究的历史进行系统回顾。主要依据仍为《记忆研究》的文章，同时亦将参考其他新闻传播学领域的相关研究，包括学术著作（特别是 Palgrave Macmillan 出版社出版的 82 部记忆研究著作中涉及媒体记忆的 21 部作品）以及期刊和会议论文，以期描绘出媒体记忆研究领域的概貌。基于前述的三种理论视角和四个核心研究主题，根据研究中如何提及媒体、研究关注的主要对象和问题，以及本书的研究对象和研究目标，我们将前两个主题进一步整合为媒体记忆的基本问题，将之与大众传媒记忆、网络与数字媒体记忆、社交媒体记忆构成四个方面进行具体阐述。

1. 媒体记忆的基本问题

媒体与记忆的基本问题的研究，既包括基本理论，也包括一些实践研究。一般采取整体视角，力图对媒体记忆的一些重要问题进行全面、深度的思考，比如：媒体记忆对人类有何重要性？对这个世界有何深远意义？媒介技术变迁为记忆提供了何种可能性？媒体如何影响集体记忆、历史记忆、个体记忆？以及媒体记忆的生产问题，等等。

媒体与记忆关系的哲学思考

媒体与记忆关系的哲学思考，即媒体对于人、对于这个世界意味着什么的思考是媒体记忆研究中最为根本的一个问题。从依赖于人体自身到体外媒介的发展，人类在记忆的历史和实践中创造、感受媒介化的记忆的同时，也对此展开了漫长的思索。技术不断发展，生活不断变化，类似的思考也与人类相伴，成为一个始终在路上的探索，而没有一个终极的答案。

在传播思想史的研究领域，约翰·杜翰姆·彼得斯（John Durham Peters）凭借其深厚的历史文化知识和广阔的思维视野，对这一问题进行了深入的探索，并贡献了两部杰出的作品：《对空言说》与《奇云》。书中深邃的见解为我们理解这一复杂问题提供了指导。

《对空言说》一书围绕交流的本质及其难以实现的问题展开，追溯了这一现代观念的思想史渊源。在苏格拉底、柏拉图、洛克、马克思、克尔恺郭尔等人的传播哲学思考中，都涉及了媒介问题。例如，柏拉图在《斐德罗篇》中通过苏格拉底之口表达了对口语与文字两种媒介的不同看法，实际上反映了他个人的观点，即认为只有面对面的口语交流才能实现真正的沟通和爱的传递，反对仅凭文字进行的间接传播。正如彼得斯所言，媒介可分为对话型和记录型，后者揭示了媒介与记忆之间的联系[1]。

在《奇云》一书中，彼得斯致力于构建一种元素型的媒介哲学体系，探究和阐释人类如何借助媒介栖居于世。彼得斯不再局限于媒介所传递的符号和意义，而是回到媒介的基本元素特性，引导读者从生态哲学的视角审视媒介的本质。在这一视角下，那些日常生活中被忽视、习以为常的物品成为不同寻常的媒介，无论是区分人类与动物、间隔了野蛮与文明的火，还是飘浮于天空的云朵，抑或是航行于大海的船只，它们都成为人类与自然、世界以及整个生态系统之间沟通的媒介。从这个意义来看，媒介并非单纯的中介，它塑造了人类，塑造了世界，使人成为人[2]。尽管彼得斯未明确阐述媒介与记忆之间的关系，但循着他对媒介的理解，我们可以推断出媒介对于人类记忆的重要性。正是媒介，成为联结个体记忆与他人记忆、与社会记忆的纽带，成为连接过去、现在与未来的桥梁。媒介的演变，意味着人类对记忆、对自身、对世界的认识也在不断地发展和变化。

媒介的介入，或者说媒介技术的演进，改变着人类记忆的能力，从而也改变着人类历史文化的进程。从这一角度看，媒介与记忆的关系构成了人类历史发展中的核心纽带，既影响着人类对自身的认知，又影响着人类这个整体的生

---

[1]　约翰·杜翰姆·彼得斯. 对空言说：传播的观念史 ［M］. 邓建国，译. 上海：上海译文出版社，2017.

[2]　约翰·杜翰姆·彼得斯. 奇云：媒介即存有 ［M］. 邓建国，译. 上海：复旦大学出版社，2020.

存与发展。因此，在数字化媒体时代，记忆问题再次成为人们关注的焦点。与传统记忆研究相比，一个更为迫切的问题浮现出来：在记忆无处不在的当下，记忆的本质意义何在？这一问题正是新媒体时代所带来的挑战，本书也试图从这里出发去探寻社交媒体时代的记忆实践及其文化意义。

媒介技术变迁及其为记忆提供的可能性

从媒体角度进行记忆研究，具体说，就是记忆的媒介问题。研究的焦点在于媒介技术对记忆的影响，以及记忆实践是如何通过特定媒介和技术得以实现的。这一研究方向与传统记忆观念紧密相连，即记忆被视为存在于人脑中的客观实体。随着记忆逐渐减少对人脑的依赖，人们开始意识到文字、纸张、印刷术以及电子媒体的发明在这一转变过程中起到了至关重要的作用。

在口头传播的时代，个人的记忆能力是其社会影响力的关键因素，甚至能够区分智者与普通人。"博闻强识"的人就是那些见多识广、记忆力出众的人，例如古希腊的行吟诗人荷马。大约 3500 年前，随着文字的发明，人类的记忆开始摆脱对身体的依赖，记忆得以通过龟甲、兽骨、绢帛和纸张等媒介固定并传承。随后，印刷术的出现使得书籍和报纸成为记忆的重要媒介，记忆内容因此变得更加丰富，其影响力无论在空间还是时间上都得到了显著提升。电子媒体的兴起，尤其是广播和电视成为大众传播的主要渠道后，其也成为记忆的主要媒介，一种与个体记忆和传统媒介记忆不同的新型记忆形式诞生，即声音、影像结合的记忆。当人类社会迈进数字传播时代，数字媒体成为记忆的重要媒介，人类记忆展现出了前所未有的面貌，使得超越个体记忆能力的无限记忆成为可能。

由此可见，媒介技术的革新对知识、社会、生活领域产生了深远的结构性影响，对记忆的历史而言，其意义极为重大。回顾媒介技术发展的历程，我们可以发现媒介革新始终体现了对时间和空间界限的突破。从最初以声音为媒介、偏重空间传播的口语传播，到以文字为媒介、偏重时间传播的文字和印刷传播，再到超越时间和空间限制的电子媒介，如广播、电视和网络等，每一次媒介的革新都标志着人类在时间和空间面前自由度的提升。因此，当体外媒介成为记忆的主要承载方式时，记忆的形式和类型也随之发生了变化。从媒介的角度看，记忆已经成为其核心功能之一。

阿莱达·阿斯曼与扬·阿斯曼对社会记忆的传播媒介进行了深刻的探讨，他们提出，记忆不应仅被视为神经学或心理学领域的现象，更应被理解为一种社会现象。记忆在交流和记忆媒介中得以发展，记忆媒介则确保这些交际的再次识别性和连续性①。在人类发展的历程中，记忆通过多种方式和渠道得以传播，其中，"传播各种知识和信息的公共性渠道无疑对人的记忆对象和记忆清晰程度产生巨大的影响。"② 在高度媒介化的当代社会，大众传媒已成为记忆传播的主要渠道。"媒介的每次革新都会带来知识领域深刻的结构性变化，而这与它是解放因素还是威胁因素完全无关。"③

　　然而，目前尚未出现对记忆媒介发展史进行系统性、专门性梳理的研究成果。现有研究要么在探讨其他议题时顺带涉及记忆媒介问题（例如阿莱达·阿斯曼和扬·阿斯曼的研究），要么仅限于对某一特定媒介或特定历史时期的探讨（尤其是针对当前数字记忆媒介的研究）。

　　对媒体记忆的认识

　　这类研究既涉及如何看待媒体记忆本身，也涉及媒体记忆对其他记忆，如个体记忆、集体记忆和历史记忆的影响。

　　安德烈亚·哈耶克（Andrea Hajek）、克里斯汀·洛迈尔（Christine Lohmeier）、克里斯蒂安·彭茨奥尔德（Christian Pentzold）共同编纂的《媒体世界中的记忆：记忆与重建》一书提出，媒体记忆本质上是一种重建过程。该著作审视了动荡时期所面临的记忆问题，包括记忆的恢复与重建，并基于实证研究，探讨了个人与社会团体如何借助媒体将过去、现在与未来相互联系④。马丁·波加查尔（Martin Pogačar）在其著作《媒体考古学、微观档案和讲故事：重新预知过去》中，探讨了过去如何渗透至当下，并审视了过去在当前不断变化的现实中所承载的情感价值，认为在数字媒体无处不在的时代，个人和集体重新呈现过去的方式及其对现在和未来的看法都发生了重大变化⑤。

　　莫蒂·奈格博士（Motti Neiger）等学者对媒体记忆进行了全面讨论，涵盖媒体技术（电视、广播、电影和新媒体）、体裁（新闻、小说、纪录片）以

---

　　① 阿莱达·阿斯曼，扬·阿斯曼. 昨日重现——媒介与社会记忆［M］//冯亚琳，阿斯特莉特·埃尔. 文化记忆理论读本. 余传玲等，译. 北京：北京大学出版社，2012：20.

　　② 景军. 社会记忆理论与中国问题研究［M］//中国社会科学院社会学研究所. 中国社会学：第1卷. 上海：上海人民出版社，2002：326－339.

　　③ 阿莱达·阿斯曼，扬·阿斯曼. 昨日重现——媒介与社会记忆［M］//冯亚琳，阿斯特莉特·埃尔. 文化记忆理论读本. 余传玲等，译. 北京：北京大学出版社，2012：40.

　　④ Andrea Hajek, Christine Lohmeier, Christian Pentzold. Memory in a mediated world: remembrance and reconstruction［M］. 1st ed. Houndmills, Basingstoke, Hampshire: Palgrave Macmillan，2015.

　　⑤ Martin Pogačar. Media archaeologies, micro-archives and storytelling: re-presencing the past［M］. 1st ed. London: Palgrave Macmillan，2016.

及背景（美国、英国、西班牙、尼日利亚、德国和中东）的多样性，将媒体记忆研究带到集体记忆研究的前沿——新媒体时代的集体记忆①。詹妮弗·M.塔拉里科（Jennifer M Talarico）、阿曼达·克拉哈（Amanda Kraha）、希瑟·赛尔夫（Heather Self）等研究人们通过何种媒体获取信息，以及传统媒体、社交媒体和个人传播在闪光灯记忆中的作用②。

马鲁斯·普斯尼克（Marusa Pusnik）揭示了斯洛文尼亚媒体话语如何改变对"第二次世界大战"和南斯拉夫的记忆③。安德鲁·霍斯金斯（Andrew Hoskins）与约翰·塔洛克（John Tulloch）结合新风险理论、新自由主义理论和连接性理论，讨论媒体在新自由主义发展中的核心作用。他们认为超链接既是风险传播的途径，也是风险的一种表现形式，它改变了人们体验和记忆事件的方式。特别地，他们探讨了记忆与遗忘如何塑造公民的不安全感和风险文化，并使新自由主义治理合法化④。

新闻与记忆研究

鉴于大众媒介的主要功能在于传播新闻信息，因此，在探讨媒体与记忆的基本问题时，自然会特别关注新闻与记忆之间的关系。存在一种流行的说法，即今日的新闻将成为明日的历史。此观点意味着新闻作为一种记录形式，将转化为记忆资源。然而，新闻与记忆之间的关系远非如此直接明了，它们之间的联系涉及诸多复杂问题，例如新闻如何被记忆，以及它如何塑造公众对于特定事件、特定类型的人物或历史时期的记忆。

B. 泽利泽（B Zelizer）、K. 特南博伊姆－温布拉特（K Tenenboim-Weinblatt）所编《新闻与记忆》一书追踪新闻和记忆相互支持、破坏、修复和挑战的方式，探讨新闻与过去相关的复杂角色⑤。斯蒂芬妮·特伦珀（Stefanie Trümper）和艾琳·G. B. 布罗尔（Irene G B Broer）研究了记者记

---

① M. Neiger, O. Meyers, E. Zandberg. On Media Memory: Collective Memory in a New Media Age [M]. 1st ed. Houndmills, Basingstoke, Hampshire: Palgrave Macmillan, 27.

② Jennifer M Talarico, Amanda Kraha, Heather Self, et. al. How did you hear the news? the role of traditional media, social media, and personal communication in flashbulb memory [J]. Memory studies, 2019, 12 (4): 359−376.

③ Maruša Pušnik, Media memorial discourses and memory struggles in Slovenia: transforming memories of the Second World War and Yugoslavia [J]. Memory studies, 2019, 12 (4): 433−450.

④ Andrew Hoskins, John Tulloch. Risk and hyperconnectivity: media and memories of neoliberalism [M]. 1st ed. Oxford: Oxford University Press, 2016.

⑤ Zelizer, K. Tenenboim-Weinblatt. Journalism and memory [M]. Houndmills, Basingstoke, Hampshire: Palgrave Macmillan, 2014.

忆工作的潜在动机①，凯特琳·西斯利克－米斯基曼（Caitlin Cieslik-Miskimen）和苏·罗宾逊（Sue Robinson）从集体记忆、新闻和公共话语的角度研究了历史沟②，弗朗西斯·L. F. 李（Francis L F Lee）、陈韬文（Joseph Man Chan）等讨论了一个更加深入的问题，新闻中的政治事件和集体记忆的争论问题③。

此外，媒体与历史记忆的关系，特别是关于大屠杀的媒体记忆研究也是媒体记忆研究的一个基本主题。萨拉·琼斯（Sara Jones）基于媒体概念的广泛理解，对与斯塔西相关的不同媒体中的证词进行探讨，这些证词包括自传体写作、纪念博物馆以及纪录片④。奥伦·迈耶斯（Oren Meyers）、莫蒂·奈格（Motti Neiger）和埃亚尔·赞德贝尔（Eyal Zandberg）在其著作《传达敬畏：媒体记忆与大屠杀纪念》中，对以色列媒体在该国最庄严的民族仪式之一——大屠杀纪念日进行了跨媒体的深入研究。他们调查了媒介、所有权结构、文类以及目标受众等因素是如何塑造集体创伤记忆的⑤。

2. 大众传媒记忆研究

随着大众传媒的兴起、演进及其广泛普及，它逐步演变为记忆存储的重要载体，记忆的保存与检索方式亦随之发生转变，人类的记忆能力得到显著提升。因此，针对大众传媒的记忆研究逐渐成为记忆研究的一个重要分支。大众传媒的记忆研究主要包括两个方面：一是记忆作为大众传媒的一种功能；二是针对不同类型大众传媒的记忆研究。

记忆：大众传媒的一种功能

新闻传播学研究的核心议题之一是媒介功能，其重点是大众传播的功能。

---

① Stefanie Trümper，Irene GB Broer. Non-commemorative memory in news production：discovering underlying motivations for journalists'memory work ［J］. Memory studies，2021. 14（2）：257－274.

② Caitlin Cieslik-Miskimen，Sue Robinson. The history gap：collective memory，journalism，and public discourse on racial achievement disparities in progressive communities ［J］. Memory studies，2022，15（1）：155－169.

③ Francis L. F. Lee，Joseph Man Chan，Dennis K，K，Leung. When a historical analogy fails：current political events and collective memory contestation in the news ［J］. Memory studies，2019，12（2）：130－145.

④ Sara Jones. The media of testimony：remembering the east German Stasi in the Berlin Republic ［M］. 1st ed. Basingstoke：Palgrave Macmillan，2014.

⑤ Oren Meyers，Motti Neiger，Eyal Zandberg. Communicating awe：media memory and holocaust commemoration ［M］. 1st ed. Houndsmills，Basingstoke：Palgrave Macmillan，2014.

H. 拉斯维尔（H. Lasswell）在1948年提出，传播活动具备监视环境、协调社会关系以及传承社会文化遗产等多重功能。随后，C. R. 赖特（Charles Wright）于1959年进一步阐述了传播的环境监视、解释与规范、社会化以及提供娱乐等多方面的功能。保罗·拉扎斯菲尔德（Paul Lazarsfeld）和罗伯特·默顿（Robert Merton）在同一年将媒介功能归纳为赋予社会地位、促进社会规范的实施以及麻醉作用等。威尔伯·施拉姆（Wilbur Schramm）则在1948年将大众传播的功能总结为雷达功能、控制功能、教育功能以及娱乐功能等。上述学者均为传播学领域的奠基人，他们从社会影响的视角对大众传播的功能进行了全面的概括。拉斯维尔所提及的社会协调、社会遗产传承，以及施拉姆所强调的教育功能，均与本书探讨的记忆问题密切相关。无论是社会遗产的传承，还是实现社会化功能、教育功能，都依赖于一个更为基础的功能——媒介的记忆功能。

在探讨文化记忆问题时，阿莱达·阿斯曼与扬·阿斯曼指出，文化肩负着双重使命。其一，文化需在共时维度上实现协调，这要求构建一套象征性的符号系统，并在技术和概念层面提供一个共享的生活视野，以便人们能够在此基础上相互交流与相遇。其二，文化还承担着历史维度上的持续性任务，它将历史与现代相连接，使历史成为当下存在的条件。他们认为，"记忆是实现历史性和时间延续的器官。从本质上讲，它有两个不同的功能：储存和重建。"①大众传媒的记忆实践证明了其既能够储存记忆，也能够重建记忆。在当代社会，大众传媒无处不在，它们成为社会记忆，包括历史记忆在内的主要媒介。

总体而言，此类研究对大众传媒的记忆功能进行了广泛的理论分析，形成一系列基本共识，并为后续研究提供了坚实的理论支撑。

不同类型大众传媒记忆研究

此类研究主要涉及明确提及大众传媒（通常情况下，具体到某一特定媒体类型）的相关研究，大众传媒包括报刊书籍等印刷媒体和广播影视等电子媒体。此外，从广义上看，摄影与音乐亦可视为视听大众媒介。《记忆研究》自2015年以来的相关研究主要聚焦于报刊和影视媒体领域。

（1）报刊记忆研究

报刊记忆研究领域中，学者们探讨了报刊与集体记忆、国家记忆之间的联系。杰克·布莱克（Jack Black）对澳大利亚、加拿大和新西兰的国家报刊与

---

① 阿莱达·阿斯曼，扬·阿斯曼. 昨日重现——媒介与社会记忆［M］//冯亚琳，阿斯特莉特·埃尔. 文化记忆理论读本. 余传玲等，译. 北京：北京大学出版社，2012：21.

集 体 记 忆 的 关 系 进 行 了 研 究①。 穆 里 安 • 普 伦 德 加 斯 特（Muireann Prendergast）则专注于印刷媒体中的反话语以及阿根廷国家恐怖主义的反记忆②。大卫•麦基特里（David McKitterick）通过研究善本，探讨了私人兴趣与公共记忆之间的关系③。

（2）影视记忆研究

影视记忆研究是大众媒体记忆研究中最丰富的一部分。

怀 旧 是 影 视 记 忆 研 究 的 一 个 重 要 主 题， 艾 米 • 霍 兹 沃 斯（Amy Holdsworth）通过对一系列影视作品（包括《急症室》《实习医生格蕾》《火线》《你以为你是谁》《火星上的生命》等）的案例分析，重新构建了媒体、记忆形式以及记忆之间的相互关系④。卡塔琳娜•尼迈耶（Katharina Niemeyer）在其著作《媒体与怀旧：对过去、现在和未来的向往》中，对媒体与怀旧之间的联系进行跨学科研究，探讨了数码摄影、电视剧以及家庭视频等多种影视媒介⑤。

文化记忆构成了影视记忆研究领域的又一个重要主题。I. 赫奇斯（Inez Hedges）从全球性的视角出发，探讨了电影在塑造文化记忆方面的作用，其著作提醒我们从这个重要的维度审视电影的社会意义⑥。帕尔格雷夫•麦克米伦记忆研究系列中的另一部作品也触及了这一主题，即克里斯托弗•帕金斯（Christopher Perkins）所著的《银幕上的联合红军：电影、美学与记忆的政治》。该书调查了自二十世纪九十年代起制作的关于联合红军的影片如何在参与、复制及质疑该组织的文化记忆方面发挥作用，并进一步探讨了电影导演在处理银幕文化记忆政治时，如何应对叙事化、创伤、代际联系以及政治主体性等问题⑦。

---

① Jack Black. Reflexivity or orientation? collective memories in the Australian, Canadian and New Zealand national press [J]. Memory studies, 2020, 13（4）：519－536.

② Muireann Prendergast. Witnessing in the echo chamber：from counter-discourses in print media to counter-memories of Argentina's state terrorism [J]. Memory studies, 2020, 13（6）：1036－1057.

③ David McKitterick. The invention of rare books：private interest and public memory, 1600－1840 [M]. 1st ed. Cambridge：Cambridge University Press, 2018.

④ Amy Holdsworth. Television, memory and nostalgia [M]. 1st ed. Basingstoke：Palgrave Macmillan, 2011.

⑤ Katharina Niemeyer. Media and Nostalgia：Yearning for the Past, Present and Future [M]. 1st ed. Houndmills, Basingstoke, Hampshire：Palgrave Macmillan, 2014.

⑥ Inez Hedges. World cinema and cultural memory [M]. 1st ed. Basingstoke：Palgrave Macmillan, 2015.

⑦ Christopher Perkins. The United Red Army on screen：cinema, aesthetics and the politics of memory [M]. 1st ed. Palgrave Maccillan, 2015.

记忆与历史之间的联系是影视记忆研究中极受重视的主题。玛西娅·兰迪（Marcia Landy）对电影与反历史问题进行了深入探讨①，而伍尔夫·坎斯坦纳（Wulf Kansteiner）则提出了历史、记忆与电影之间复杂的三角关系②。布雷特·阿什利·卡普兰（Kaplan Brett Ashley）对《广岛之恋》的研究同样引人注目，其论文标题恰如其分地表达了这种矛盾情感："因痛苦而难以忘怀，又因痛苦而难以铭记"③。

此外，影视作品与移民记忆亦是该领域关注的一个问题。例如，玛格丽特·塔利（Margaret Tali）通过纪录片探讨了被迫移民的记忆，以及这些记忆如何跨越国界进行治疗④。同时，影视作品中对少数群体的描绘亦受到关注，奥兹勒姆·科克萨尔（Ozlem Koksal）对屏幕上呈现的土耳其及其少数民族进行研究⑤。

（3）摄影与音乐记忆研究

摄影与音乐在日常生活的记忆构建中扮演着重要的角色。迈克尔·皮克林（Michael Pickering）与艾米丽·凯特利（Emily Keightley）在其著作《摄影，音乐和记忆：日常生活中的过去碎片》中，展开了富有启发性的研究。他们探讨了摄影和音乐如何在记忆过程中充当载体或催化剂，以及如何将它们视为日常生活中连接过去和现在的资源⑥。

3. 网络与数字媒体记忆

随着媒体技术的不断进步，当前媒体与记忆研究的重点转向了网络与数字新媒体记忆领域。该领域的研究可细分为互联网记忆、数字记忆以及社交媒体记忆三个主要方向。互联网记忆和社交媒体记忆明确强调了媒体的特性，并着

① Marcia Landy. Cinema and counter-history [M]. illustrated ed. Bloomington：Indiana University Press，2015.

② Wulf Kansteiner. History，memory，and film：a love/hate triangle [J]. Memory studies，2018，11（2）：131−136.

③ Kaplan Brett Ashley. Too painful to forget，too painful to remember：ashes of memory in Marguerite Duras and Alain Resnais's hiroshima mon amour（1959）and Duras's La douleur（1985）[J]. Memory studies，2021，14（4）：834−855.

④ Margaret Tali. Transnational therapeutic memories：remembering forced migration in documentary film [J]. Memory studies，2022，15（3）：551−562.

⑤ Ozlem Koksal. Aesthetics of displacement：Turkey and its minorities on screen [M]. New York：Bloomsbury，2016.

⑥ Michael Pickering，Emily Keightley. Photography，music and memory：pieces of the past in everyday life [M]. Houndmills，Basingstoke，Hampshire：Palgrave Macmillan，2015.

重探讨了媒介与记忆之间的相互作用。而数字记忆则主要从数字技术的角度出发，分析其对记忆的影响。这里将先对互联网记忆和数字记忆的相关研究进行概述，社交媒体记忆研究则随后单独介绍。

互联网记忆研究

互联网记忆研究同样聚焦于记忆研究的几个核心议题，包括记忆的本质、记忆与历史的关系以及记忆与政治的互动。相较于传统记忆媒介，互联网作为一种新兴的记忆媒介，改变了传统的记忆方式。其连接性与不受时空限制的特点，突破了传统媒介的局限。互联网记忆研究正是围绕这些变革进行探讨的。休·霍尔斯特德（Huw Halstead）在其研究中探讨了赛博空间如何从一种无处安放的幻想到实现连接性的安置[1]。卡尔·古斯塔夫松（Karl Gustafsson）则专注于研究互联网上的中国集体记忆[2]。

互联网开辟了一个全新的历史叙事平台/场域，允许多种历史表述并存，它们之间可能展开复杂的对话、冲突或产生共鸣。休·霍尔斯特德对 Web2.0 时代这一现象进行了深入研究[3]。

互联网与政治记忆之间的联系得到较多关注。例如，王怡探讨了中国互联网上记忆实践如何对汉族中心主义构成挑战[4]，莱昂妮·维瑟（Leonie Wieser）审视了在不平等社会中，地方记忆如何通过线上方式实现连接，并考察了网络时代记忆的无地域限制和无障碍特性[5]。安德鲁·霍斯金斯与休·霍尔斯特德就记忆的模糊地带进行了深入的对话和讨论[6]。

数字记忆研究

当前，记忆研究领域中备受瞩目的议题当属数字记忆研究。数字记忆涉及那些依赖于数字媒体技术的记忆形式，包括由数字技术及平台生产的记忆，以

---

① Huw Halstead. Cyberplace：from fantasies of placelessness to connective emplacement［J］. Memory studies，2021，14（3）：561−571.

② Karl Gustafsson. Chinese collective memory on the internet：remembering the great famine in online encyclopaedias［J］. Memory studies，2019，12（2）：184−197.

③ Huw Halstead. 'We did commit these crimes'：Post-Ottoman solidarities, contested places and Kurdish apology for the armenian genocide on web 2.0［J］. Memory studies，2021，14（3）：634−649.

④ Yi Wang. Contesting the past on the Chinese internet：Han-centrism and mnemonic practices ［J］. Memory studies，2022，15（2）：304−317.

⑤ Leonie Wieser. Placeless and barrier-free? connecting place memories online within an unequal society［J］. Memory studies，2021，14（3）：650−662.

⑥ Huw Halstead. 'We did commit these crimes'：Post-Ottoman solidarities, contested places and Kurdish apology for the armenian genocide on web 2.0［J］. Memory studies，2021，14（3）：634−649.

及以数字化方式存储和传播的记忆。基于数字技术的视角，此类研究广泛探讨了数字技术影响下的记忆相关问题，例如：数字记忆的伦理问题，数字记忆的本质，数字记忆对传统记忆方式的变革、颠覆与挑战，数字记忆与政治，大数据/数据库与传统档案的关系，数字技术、算法技术与记忆事件的关系，以及数字传播等。

首先，相关研究从理论层面审视数字化对传统记忆本质及其过程所造成的根本性变革。数字媒介颠覆了传统记忆观念，数字记忆研究正是从这一现象出发，试图解答以下问题：数字记忆具备哪些独特属性？应当遵循哪些伦理准则？数字化对人类记忆究竟意味着什么？这些问题正是安德烈亚斯·胡森所指出的记忆研究领域所面临的挑战，即数字技术和新媒体技术如何促进记忆行为的增值。随着世界和日常生活逐渐数字化，记忆的轨迹和方式颠覆了传统模式，历史意识可能面临消解，过去、现在与未来的界限变得日益模糊。在这样的背景下，我们应如何理解记忆？"毫无疑问，这是记忆研究必须面对的挑战……数字化记忆的有价值的工作已经得以开展，未来的记忆研究将包括持续不断地对记忆的数字世界的权力与代理的描绘，以及短暂的和政治之间的区分。"①

阿莱西娅·盖齐（Alessia Ghezzi）、安格拉·吉马良斯·佩雷拉（Ângela Guimarães Pereira）以及露西亚·维斯尼−阿卢耶维（Lucia Vesnić-Alujević）所编纂的《数字时代的记忆伦理：质疑被遗忘的权利》一书，深入探讨了数字时代记忆伦理的相关议题，对"被遗忘权"进行了反思，并探讨了记忆的价值与公民记忆权之间的相互作用②。

何塞·范·迪克（Jose van Dijck）认为，数字技术深刻地影响了人类记忆，记忆的观念已经重新概念化，以考虑这种新的物质媒介。数字化记忆，更准确地说是数据存储——至少颠覆了人类记忆有限性的传统观念。在数字化时代，"海量信息"意味着存储容量巨大，从某种程度上讲，也具有无限的可能性。其次，数字化的计算机系统构成了一个多媒体、多模态甚至是多维度的虚拟空间，在这个空间中，文本、图表、图像、影片和音频媒介以前所未有的方式进行组合和变形，形成了记忆的"超级文本"。传统的档案资源，如图书馆、博物馆、文件汇编等，都可以被数字化，并且提取过程变得异常简便。再次，

① Pieter Vermeulen, Stef Craps, Richard Crownshaw, et. al. Dispersal and redemption: the future dynamics of memory studies-a roundtable [J]. Memory Studies, 2012, 5 (2): 223−239.

② Alessia Ghezzi, Ângela Guimarães Pereira. Lucia Vesnić-Alujević. The ethics of memory in a digital age: interrogating the right to be forgotten [M]. 1et ed. Palgrave Macmillan, 2014.

数字化还意味着网络化：一方面，记忆资源可以被放置于网络中，随时提取和调用；另一方面，记忆资源成为开放性的共享资源，个体与他人、个体与集体、私人与公共之间的界限变得模糊。这无疑进一步削弱了记忆是人脑固有属性的传统观念。结合生物学和神经认知科学的最新研究成果，何塞·范·迪克强调，"我们不得不接受人类记忆是一个关于过去事件的创造性规划、事实性提取和叙事性回忆的融合"①。

美国新闻评论家沃尔特·李普曼（Walter Lippmann）提出，媒介构建的虚拟世界导致人们与现实世界产生隔阂，进而通过影响人们的主观认知来改变现实世界。随着数字媒体将虚拟世界融入现实的日常生活，并使人深陷其中，传统的时间和空间观念遭到颠覆。记忆不再作为连接过去与现在的桥梁，而是将过去、现在与未来并置。在这样的背景下，记忆的本质成为记忆研究者所面临的一个难题。

其次，关于数字记忆本身的研究正日益兴起。与前述理论层面关于数字技术之于人类记忆的影响的思考不同，此类研究的关注点不在于数字技术的影响，而在于数字记忆本身，旨在理解数字记忆的性质和特征，例如对互联网作为新型记忆实践平台的研究。米歇拉·弗隆（Michela Ferron）和保罗·马萨（Paolo Massa）将在线百科全书维基百科视为一个全球性的记忆场所，分析创伤性事件的网络纪念模式。他们指出，大量信息在用户之间交换和转发，这表明纪念活动在维基百科上发生，大规模在线构建集体记忆为定量研究提供了可能性②。布丽塔·T. 克努森（Britta T Knudsen）和卡斯滕·斯塔基（Carsten Stage）对 28 个纪念在阿富汗和伊拉克阵亡的丹麦士兵的 YouTube 视频进行了分析，发现这些视频试图将士兵塑造为民族英雄和共同的哀悼对象，但这种建构不断受到评论者的争议和反对。他们认为，YouTube 提供了一种新的纪念实践方式，与传统的民族国家战争纪念碑不同，新的实践以关于战争地位和合法性的显著分歧为标志③。

数字记忆对人类记忆的影响构成了数字记忆研究的第三个重要主题，同时也是最受关注的议题。克里斯托夫·巴雷瑟（Christoph Bareither）探讨了情

---

① Jose van Dijck. Mediated memories in the digital age [M]. 1st ed. Stanford, CA: Stanford University Press, 2007: 163.

② Michela Ferron, Paolo Massa. Beyond the encyclopedia: collective memories in wikipedia [J]. Memory studies, 2014, 7 (1): 22-45.

③ Britta T Knudsen, Carsten Stage. Online war memorials: YouTube as a democratic space of commemoration: exemplified through video tributes to fallen Danish soldiers [J]. Memory studies, 2013, 6 (4): 418-436.

感与记忆实践在数字媒体中的转变①。拉里萨·霍斯（Larissa Hjorth）则从数据的角度提出了一个关键问题，即移动媒体如何影响生命、死亡以及来世的概念和数据的保存②？玛格丽特·吉布森（Margaret Gibson）和克拉丽莎·卡登（Clarissa Carden）深入研究了数字化虚拟世界中人类生活和死亡等根本问题，以及在这个世界中亲密关系、记忆和哀悼的议题。他们指出，随着人们通过虚拟化身和电脑屏幕来探索和共同构建自我意识与归属感，关于人们如何生活和死亡的问题变得日益重要。文章揭示了虚拟世界如何改变生活，并为真实和基于化身的生活创造了记忆、怀旧和哀悼的新形式③。一些学者从这些基本的问题转向更具体的问题，例如，伊冯娜·利伯曼（Yvonne Liebermann）研究了对于黑人生命历程而言，数字转向究竟意味着什么④。

大数据、数据库以及数字化档案与记忆之间的关系构成了数字记忆研究的又一重要主题。在数字化背景下，数据库与传统记忆数据库之间的差异显而易见，但数据库对记忆的影响却并非简单明了。档案作为传统记忆数据库的典型代表，面临着数字化数据库对其权威性和严肃性的挑战，这个挑战同时也为记忆的多元化和丰富性提供了新的可能。佩内洛普·帕帕利亚斯（Penelope Papailias）对数据库时代见证的研究，如病毒纪念馆、情感公众和哀悼的集合⑤，以及金智勋（Jihoon Kim）对虚拟博物馆档案的探讨⑥，都涉及了数字档案的可能性与局限性。在这一研究领域中，维克托·迈尔-舍恩伯格的著作《删除：大数据取舍之道》尤其引人注目，书中探讨了在信息泛滥的数字化网络中，删除（即遗忘）的重要性，它已成为人们应对信息过载的关键策略⑦。

记忆的政治，即记忆与政治的关系作为记忆研究的重要内容，同样是数字记忆研究的重要主题。帕尔格雷夫·麦克米伦记忆研究丛书中至少有三本可以

---

① Christoph Bareither. Capture the feeling：memory practices in between the emotional affordances of heritage sites and digital media [J]. Memory studies，2021，14（3）：578—591.

② Larissa Hjorth. The place of data：mobile media，loss and data in life，death and afterlife [J]. Memory studies，2021，14（3）：592—605.

③ Margaret Gibson，Clarissa Carden. Living and dying in a virtual world：digital kinships，nostalgia，and mourning in second life [M]. 1st ed. Cham，Switzerland：Palgrave Macmillan，2018.

④ Yvonne Liebermann. Born digital：The Black lives matter movement and memory after the digital turn [J]. Memory studies，2021，14（4）：713—732.

⑤ Penelope Papailias. Witnessing in the age of the database：viral memorials，affective publics，and the assemblage of mourning [J]. Memory studies，2016，9（4）：437—454.

⑥ Jihoon Kim. The archive with a virtual museum：The（im）possibility of the digital archive in chris marker's souvoir [J]. Memory studies，2020，13（1）：90—106.

⑦ 维克托·迈尔-舍恩伯格. 删除：大数据取舍之道 [M]. 袁杰，译. 杭州：浙江人民出版社，2013.

归入此主题：一是夏娃·莫妮卡·扎克（Eve Monique Zucker）和戴维·J. 西蒙（David J. Simon）所编的《数字时代的大规模暴力与记忆：无锚的纪念》。该书通过卢旺达、柬埔寨、欧洲（大屠杀）和亚美尼亚种族灭绝，海地的非种族灭绝暴力和葡萄牙在非洲大陆的殖民战争，以及"9·11"事件等多个暴力案例研究数字时代如何纪念大规模的政治暴力①。二是塞缪尔·梅里尔（Samuel Merrill）、埃米丽·凯特利（Emily Keightley）、普里斯卡·达菲（Priska Daphi）所编的《社会运动，文化记忆和数字媒体：动员的媒介记忆》。该书将社会运动的数字记忆作为一个重要的研究领域，揭示活动家如何使用数字媒体来主张、传播和策划文化记忆②。三是一本有关媒介记忆和身份认同研究的著作，莎拉·马尔特比（Sarah Maltby）所著的《记住福克兰群岛战争：媒体、记忆和身份》。这本书提供了对身份和能动性如何完全嵌入媒体记忆实践的经验性理解。它利用在福克兰群岛战争 30 周年期间从英国军方、BBC 和福克兰群岛居民收集的数据，多视角分析媒体与记忆的融合、相互联系和相互依存关系，特别是媒体生态中记忆的生产、解释和谈判。不仅考察了媒体在集体记忆的形成和维持中的作用，而且还考察了那些在媒体文本中记忆或被记住的人如何参与这些过程③。

作为数字媒体运作的基本逻辑，算法与记忆的关系成为数字记忆的第六个主题。显然，算法的介入让记忆实践与历史上任何时期都不一样。例如亚历克斯·兰伯特（Alex Lambert）、比约恩·南森（Bjorn Nansen）、迈克尔·阿诺德（Michael Arnold）研究了算法纪念视频④。

此外，数字生产与记忆实践问题亦受到关注。艾莉森·维亚纳·马丁斯（Allysson Viana Martins）以巴西新闻网站的多媒体特刊为案例，研究了 1964年政变五十周年的数字生产⑤。雷尼拉·兰帕佐·甘巴拉托（Renira Rampazzo Gambarato）、约翰内斯·休曼（Johannes Heuman）以及伊尔瓦·林德伯格

① Eve Monique Zucker，David J. Simon. Mass violence and memory in the digital age：memorialization unmoored［M］. 1st ed. Cham，Switzerland：Palgrave Macmillan，2020.

② Samuel Merrill，Emily Keightley，Priska Daphi. Social movement，cultural memory and digital media：mobilising mediated remembrance［M］. 1st ed. Cham：Palgrave Macmillan，2020.

③ Sarah Maltby. Remembering the falklands war：media，memory and identity［M］. London：Palgrave Macmillan UK，2016.

④ Alex Lambert，Bjorn Nansen，Michael Arnold. Algorithmic memorial videos：contextualising automated curation［J］. Memory studies，2018，11（2）：156-171.

⑤ Allysson Viana Martins. Digital productions in the 50 years of the 1964's coup d'état：multimedia special issues in Brazilian journalistic websites［J］. Memory studies，2022，15（1）：204-215.

（Ylva Lindberg）则以切尔诺贝利事件为研究对象，探讨了流媒体与记忆及遗忘机制之间的关系①。

在探讨数字记忆时，西方学者表达出深刻的关切：从电视到互联网，再到社交媒体平台如 Facebook 和 Twitter，都展现了一种对即时信息的极度渴望（我们真的有必要向世界宣告我们今天的早餐细节吗？）。这种将过去的信息不断提取并融入当前语境的做法，最终不仅会破坏那些珍贵的——尽管脆弱的——公共记忆与个体记忆之间的时间界限，而且可能导致历史意识本身的消亡②。

4. 社交媒体记忆研究

数字与新媒体记忆研究中，侧重于从媒体角度关注记忆研究的主要是社交媒体记忆研究。

社交媒体记忆对传统记忆究竟意味着什么？它提出了哪些挑战？尤其是社交媒体记忆与传统媒体时代的记忆霸权之间的关系、社交媒体与集体记忆、历史记忆的关系等问题构成社交媒体记忆研究的核心议题。马丁·卡普兰斯（Mārtiņš Kaprāns）对社交网站如何赋予"苏联故事"以意义进行了研究③，帕丽娜·乌尔班（Palina Urban）则考察了博客档案和过去的修订④，米科拉·马霍蒂赫（Mykola Makhortykh）通过研究乌克兰和俄罗斯的 YouTube 分析其第二次世界大战记忆⑤。托马斯·伯克纳（Thomas Birkne）和安德烈·唐克（Andre Donk）关注集体记忆和社交媒体的关系，探讨数字时代如何培养新的历史意识⑥。

在社交媒体记忆研究领域，中国的社交媒体及其记忆现象受到特别的关

---

① Renira Rampazzo Gambarato, Johannes Heuman, Ylva Lindberg. Streaming media and the dynamics of remembering and forgetting: the chernobyl case [J]. Memory studies, 2022, 15 (2): 271−286.

② Pieter Vermeulen, Stef Craps, Richard Crownshaw, et. al. Dispersal and redemption: the future dynamics of memory studies-a roundtable [J]. Memory studies, 2012, 5 (2): 223−239.

③ Mārtiņš Kaprāns. Hegemonic representations of the past and digital agency: giving meaning to 'The Soviet Story' on social networking sites [J]. Memory studies, 2016, 9 (2): 156−172.

④ Palina Urban. Blogs' archives and revision of the past: a case study [J]. Memory studies, 2022, 15 (2): 318−331.

⑤ Mykola Makhortykh. Remediating the past: YouTube and Second World War memory in Ukraine and Russia [J]. Memorystudies, 2020, 13 (2): 146−161.

⑥ Thomas Birkne, Andre Donk. Collective memory and social media: Fostering a new historical consciousness in the digital age? [J]. Memory studies, 2020, 13 (4): 367−383.

注。这种关注主要源于两个方面：首先，以微博、微信等为代表的社交媒体平台具有巨大的影响力；其次，中国拥有庞大的活跃用户群体。这两点因素激发了人们对社交媒体记忆影响力的广泛想象，并吸引了众多学者对其进行深入研究。例如艾琳·乐晗（Eileen Le Han）对中国的社交媒体中的新闻和记忆事件进行研究①，并在探讨全球化背景下的中国微博与集体记忆之间的关系时，分析了社交媒体在分享、辩论和记忆公共事件方面的作用。她特别强调了新闻在社交媒体构建集体记忆过程中的动员作用②。

（二）国内媒体记忆相关研究

本部分将集中探讨国内媒体记忆研究的进展。自 21 世纪初起，记忆研究逐渐成为国内学术界关注的焦点。《读书》杂志在 2000 年和 2001 年连续发表了多篇关于记忆主题的文章，主要包括范晨阳、张汝伦、陈亚平及陈映芳等学者的研究③。在回顾国内相关研究时，本书采用了与国际媒体记忆研究文献梳理相似的方法，围绕记忆研究的基本问题以及对大众媒体、网络与数字媒体、社交媒体等不同类型媒体记忆的研究四个主题展开，重点描述近二十年来在学术期刊上发表的相关论文，并参考新闻传播学领域的相关学术著作。

1. 概况

媒体与记忆研究主要集中在新闻传播学领域。为了解我国相关研究的整体面貌和最新状况，以"记忆"为检索词在中国知网中进行标题检索，在学科类目中选择最相关的新闻与传媒、戏剧电影与电视艺术、出版三类。截至 2023 年 8 月 12 日，共检索到学术论文 2963 篇，学位论文 784 篇。学术论文中，新闻与传媒领域 1131 篇、戏剧电影与电视艺术领域 1655 篇、出版领域 226 篇。

采用知网的可视化分析，先对 2963 篇论文所反映的我国媒体记忆研究概况予以描述。从发文时间看，知网检索到的文献中，2000 年以前发文量较少，2005 年开始逐步增多，特别是在 2015 年之后，记忆研究呈现出较快的增长态势。因此，本书选择最近 20 年左右的文献重点分析。

① Eileen Le Han. Journalism and mnemonic practices in Chinese social media：remembering catastrophic events on weibo [J]. Memory studies，2020，13（2）：162-175.

② Eileen Le Han. Micro-blogging memories：weibo and collective remembering in contemporary China [M]. 1st ed. New York：Palgrave Macmillan，2016.

③ 范晨阳. 感情记忆不可靠 [J]. 读书，2000（07）：122；张汝伦. 记忆的权力和正当性 [J]. 读书，2001（02）：82-90；陈亚平. 道德的记忆 [J]. 读书，2001（08）：55-59；陈映芳. 记忆与历史 [J]. 读书，2001（08）：49-54.

从主题看，排在前五位的是集体记忆（304 篇）、文化记忆（217 篇）、媒介记忆（107 篇）、社会记忆（65 篇）、历史记忆（56 篇），这与国际上的状况颇为相似。在传统媒体时代，媒体被视为公共资源，个体记忆很少被媒体所关注，通常仅限于私人领域或小范围内可见，因此很少成为媒体记忆研究的焦点。正是由于媒体的公共性和开放性，集体记忆、社会记忆、历史记忆、文化记忆等议题才备受关注。

根据文献来源期刊的分析（如图 1-1），《现代传播》《国际新闻界》《新闻与传播研究》以及《新闻大学》等在新闻传播学领域具有较大影响力的期刊发表的论文数量位居前 20，这进一步表明记忆研究已成为新闻传播学关注的核心议题。

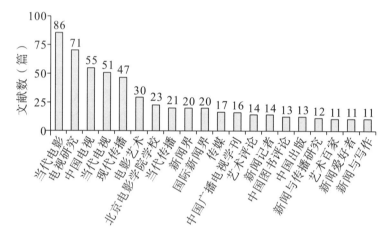

图 1-1　新闻传播学领域记忆研究论文发表 CSSCI 来源期刊情况（排名前 20）

数据来源：中国知网（数据统计日期：2023 年 8 月 12 日）

整体来看，在过去的二十年中，新闻传播学界对记忆研究产生了浓厚的兴趣。较长时间内，研究主要集中在介绍国外的记忆理论，以及运用这些理论来分析具体案例。随后，研究开始转向探索本土化的理论和研究方法。尽管已发表的论文数量众多，但具有影响力的研究者和研究成果相对较少。在全球数字化同步发展的背景下，中国庞大的社交媒体用户群体及其记忆实践为本土理论和研究提供了重要的研究视野和材料。然而，与这些相比，媒体记忆研究领域本身仍存在较大的发展空间。与国际上迅速涌现的大量媒体记忆研究学术著作相比，我国在这一领域的研究工作尚需进一步加强。

2. 媒体记忆基本问题研究

对媒体记忆概念的理解构成了我国媒体记忆研究的出发点。基于记忆研究领域所积累的学术成果，国内新闻传播学界的学者们对媒体记忆的基础问题进行了深入探讨，主要涉及以下主题：对媒体记忆本质的理解、对媒体记忆研究的反思、新闻与记忆的关系以及媒体的历史记忆（特别是大屠杀和战争记忆），等等。

理解媒体记忆与媒体记忆研究

何谓媒体记忆？其与诸多具体记忆形式之间存在何种联系？媒体对人类记忆具有何种意义？这些关于媒体记忆的基础问题构成了媒体记忆研究的基础。邵鹏较早且持续地对这些问题进行了深入探讨，分析了媒介记忆的维度、机制及其镜像，探讨了媒介记忆与历史记忆、个体记忆之间的关系，以及媒介自身作为人类的记忆等问题。

根据知网的统计数据，从记忆类型看，媒体记忆研究领域更多地关注了集体记忆与社会记忆。例如，陈振华研究了集体记忆的传播学取向[1]，周海燕探讨了媒介与集体记忆研究的问题[2]，陈呈、何志武分析了媒介记忆理论新取径[3]。

新闻与媒体记忆

新闻信息传播是媒体的基本功能，新闻与记忆之间的关系是媒体记忆研究的一个基本问题。有学者探讨某种记忆（如社会记忆、历史记忆、集体记忆）对新闻的影响，如曾庆香等通过一个典型的个案研究社会记忆如何形塑新闻框架和舆论爆点[4]；或从新闻话语中洞察记忆之变迁，如章震等从《南方周末》新年献词的话语变迁看集体记忆[5]，李红涛、黄顺铭从记者节话语看历史书写与集体记忆[6]；或研究新闻报道如何建构集体记忆，如王妍以《人民日报》微

①　陈振华. 集体记忆研究的传播学取向 [J]. 国际新闻界，2016，38（04）：109-126.

②　周海燕. 媒介与集体记忆研究：检讨与反思 [J]. 新闻与传播研究，2014，21（09）：39-50+126-127.

③　陈呈，何志武. 从媒介学再出发：媒介记忆理论新取径 [J]. 编辑之友，2023（05）：93-101.

④　曾庆香，李秀莉，吴晓虹. 永恒故事：社会记忆对新闻框架和舆论爆点的形塑——以"江歌案"为例 [J]. 新闻与传播研究，2020，27（01）：21-37+126.

⑤　章震，涂胜彬，陈席元等.（1997—2016）理想的"外衣"：《南方周末》新年献词的话语变迁与集体记忆研究 [J]. 新闻界，2016（19）：17-28.

⑥　李红涛，黄顺铭. 传统再造与模范重塑——记者节话语中的历史书写与集体记忆 [J]. 国际新闻界，2015，37（12）：6-25.

信公众号如何借助场景传播建构集体记忆进行的个案研究①。

历史与媒体记忆

在前文关于21世纪记忆的概述中，已明确指出历史记忆是媒体记忆研究的核心议题，尤其关注围绕重大历史事件的媒体记忆。战争与大屠杀的媒体记忆无疑成为研究焦点。这在我国新闻传播学的媒体记忆研究中亦有体现，众多研究都聚焦于南京大屠杀和抗日战争的媒体记忆。

笔者将南京大屠杀媒介报道置于全球传播语境，从国家创伤的媒体记忆角度对中日美英四国的相关报道进行研究②。此外，王霞从民族创伤与历史记忆角度研究"南京大屠杀"题材电影中的人性叙事③，季静从国家记忆角度研究南京大屠杀的叙事④，黄顺铭和李红涛以中文维基百科"南京大屠杀"条目为个案研究在线集体记忆的协作性书写⑤，何扬鸣从历史记忆角度对《东南日报》中的南京大屠杀进行研究⑥。抗战媒体记忆研究也比较丰富，如黄月琴、王文岳对抗日战争历史的媒介记忆偏向进行了分析⑦，梁桂军对中国抗日战争纪实影像进行研究⑧。

3. 大众传媒记忆研究

相较而言，中国的大众传媒记忆研究起步较晚，理论资源主要来自英国心理学家弗雷德里克·查尔斯·巴特莱特（Frederic Charles Bartlett）的图式理论和社会记忆理论，法国社会学家莫里斯·哈布瓦赫的集体记忆理论和记忆建构理论，以及德国学者扬·阿斯曼和阿莱达·阿斯曼的文化记忆理论。大部分是个案研究，在理论研究和理论体系建设方面还有很大的空间。

广义上看，大众传媒包括了电影、电视、广播、报刊、书籍等各种媒体形

---

① 王妍. 运用场景传播建构集体记忆——以《人民日报》微信公众号建国70周年阅兵式的推送为例 [J]. 卫星电视与宽带多媒体，2019（14）：82−84.

② 余霞. 全球传播语境中的国家创伤与媒介记忆——中、日、美、英"南京大屠杀"相关报道（1949—2014）的内容分析 [J]. 华中师范大学学报（人文社会科学版），2016，55（05）：129−137.

③ 王霞. 民族创伤与历史记忆："南京大屠杀"题材电影中的人性叙事 [J]. 清华大学学报（哲学社会科学版），2021，36（02）：195−206+212.

④ 季静. 国家记忆与南京大屠杀叙事 [D]. 南京：南京艺术学院，2019.

⑤ 黄顺铭，李红涛. 在线集体记忆的协作性书写——中文维基百科"南京大屠杀"条目（2004—2014）的个案研究 [J]. 新闻与传播研究，2015，22（01）：5−23+126.

⑥ 何扬鸣. 历史记忆：《东南日报》中的南京大屠杀 [D]，杭州：浙江大学，2013.

⑦ 黄月琴，王文岳. 抵抗与创伤：抗日战争历史的媒介记忆偏向 [J]. 当代传播，2016（03）：63−65.

⑧ 梁桂军. 历史记忆与视觉政治：中国抗日战争纪实影像研究 [D]. 苏州：苏州大学，2017.

式。本次搜集的文献中，对大众传媒记忆的研究主要包括影视剧记忆研究、电视综艺节目与文化记忆研究、纪录片与集体记忆研究。此外，尽管本部分在知网检索文献时，没有选择文学学科，但事实上，文学往往呈现为书籍等形式，广义上也属于大众传媒范畴，而且，文学记忆一直是记忆研究的重要对象，因此，接下来的综述中也将文学记忆研究纳入其中。

影视剧记忆研究

影视剧记忆研究主要涉及历史记忆、集体记忆和文化记忆。郭小橹较早关注了中国电影的文化记忆[①]，陆佳佳从英雄想象、文化记忆、意识规训视角对"十七年"革命历史题材电影中的成长话语进行研究[②]，欧阳丽花则从文化记忆角度对第六代电影进行研究[③]，贾磊磊探讨了电影与国家历史的集体记忆问题[④]，秦良杰研究了新时期电影中的"文革"叙事[⑤]，龙念通过革命历史题材影视剧研究革命历史的影像记忆[⑥]。

电视综艺节目与文化记忆研究

随着电视综艺节目的兴起与流行，一些有影响力的品牌节目得到媒体记忆研究的关注，这些节目往往与文化关系密切，相关研究也主要从文化记忆视角进行。其中，对央视春晚和《国家宝藏》等节目的关注最多。欧阳宏生和徐书婕、王亚芹等从文化记忆视域分析了央视春晚[⑦]，赵鑫、梁慧超从文化记忆角度分析《国家宝藏》的创新[⑧]，孙振虎、李佳咪从文化记忆重构的角度研究

---

① 郭小橹. 时与空：中国电影的文化记忆［J］. 读书，1999（02）：45—49.

② 陆佳佳. 英雄想象·文化记忆·意识规训——"十七年"革命历史题材电影中的成长话语［J］. 当代电影，2020（09）：145—152.

③ 欧阳丽花. 文化记忆视野下的第六代电影研究［D］. 海口：海南师范大学，2019.

④ 贾磊磊. 电影与国家历史的集体记忆［J］. 现代传播（中国传媒大学学报），2022，44（07）：95—101.

⑤ 秦良杰. "影像文革"与集体记忆：新时期电影中的文革叙事研究［D］. 苏州：苏州大学，2015.

⑥ 龙念. 革命历史的影像记忆（2000—2013革命历史题材影视剧研究）［D］. 武汉：武汉大学，2014.

⑦ 欧阳宏生，徐书婕. 文化记忆视阈下央视春晚35年的影像表达［J］. 西南民族大学学报（人文社科版），2018，39（05）：142—146；王亚芹. 文化记忆中的影像符码——解读春晚三十年［J］. 电影评介，2012（07）：78—79.

⑧ 赵鑫，梁慧超. 文化记忆视域下《国家宝藏》的创新探析［J］. 电视研究，2018（08）：62—64.

《国家宝藏》①，张红军和朱琳则整体分析了电视综艺节目如何建构"集体记忆"②。

纪录片记忆研究

记忆视角的纪录片研究同样重点关注集体记忆、文化记忆等，多针对不同类型纪录片或某部纪录片形塑记忆的功能进行分析。例如，曾丽红对文博类纪录片形塑集体记忆的功能进行研究③，刘煜对政论纪录片建构集体记忆的路径予以分析④，谢宾超研究了重大题材纪录片的集体记忆建构路径⑤，朱斌研究了非遗题材电视纪录片的文化记忆功能⑥。

相较而言，个案研究微观具体，往往聚焦于某个具体对象的记忆，如汪芳、孙瑞敏通过纪录片《记住乡愁》研究传统村落的集体记忆⑦。张楠从文化记忆视角研究春节纪录片⑧。

文学记忆相关研究

文学记忆是将文学视作记忆的媒介，考察文学作品所承载的历史记忆、社会记忆、集体记忆和个体记忆。

从研究对象看，文学记忆研究既有针对作家的研究，也有针对具体作品的研究。前者，要么研究某些特定的作家群，要么对一些有影响力的作家的文学创作进行研究。如苏明对中国现代留日作家进行研究则是对特定作家群展开的研究。针对个别作家的研究更为丰富，如王得后、黄乔生、肖向明等对鲁迅的

---

① 孙振虎，李佳咪. 从《国家宝藏》看文化综艺节目对文化记忆的媒介重构 [J]. 东南传播，2018（05）：19－21.

② 张红军，朱琳. 论电视综艺节目对"集体记忆"的建构路径——基于"仪式观"的视角 [J]. 新闻与传播研究，2015，22（03）：59－67＋127.

③ 曾丽红. "记忆作为方舟"：论文博类纪录片形塑集体记忆的媒介功能 [J]. 现代传播（中国传媒大学学报），2020，4（11）：120－123.

④ 刘煜. 论当下政论纪录片对集体记忆的建构路径 [J]. 当代传播，2018（02）：47－49＋55.

⑤ 谢宾超. 近年来重大题材纪录片建构集体记忆的路径探析 [J]. 中国电视，2023（04）：88－92.

⑥ 朱斌. 文化记忆视域下非遗题材电视纪录片研究（2012—2021）[D]. 太原：山西师范大学，2022.

⑦ 汪芳，孙瑞敏. 传统村落的集体记忆研究——对纪录片《记住乡愁》进行内容分析为例 [J]. 地理研究，2015，34（12）：2368－2380.

⑧ 张楠. 春节纪录片文化记忆研究 [D]，武汉：华中科技大学，2021.

研究①，王春林、张岩泉对王蒙的研究②，张永杰对汪曾祺的研究③，汪跃华对余华的研究④，宋伟杰对金庸的研究⑤，等等。后者，以围绕一些经典文本展开的研究最具代表性，例如王政、行余、单世联等对《红楼梦》的研究⑥。

从内容看，国内关于文学记忆的研究主要聚焦于三个方面：文学中的历史记忆、文学中的族群记忆和地方记忆、乡土记忆以及城市记忆。

历史记忆研究是文学记忆研究中最为丰富的一部分，具体内容涉及对文学与历史记忆关系的一般性思考，如夏晓虹、陈映芳和张松建的研究⑦。更多的则是针对战争记忆、创伤记忆、红色记忆的具体研究。抗日战争、"文化大革命"等是离我国当代记忆研究最近的重要历史，有关它们的文学书写较多，文学记忆研究便较多地关注了有关抗战的历史叙事、"文化大革命"的政治伤痕记忆。与中国革命历史相关的红色记忆构成了文学历史记忆研究的另一个重要内容。例如，逄增玉、季红真、黄万华等从不同角度研究了文学中的抗战记忆⑧，周景雷从文化记忆角度考察了长篇小说所塑造的政治伤痕记忆⑨，方守

① 王得后. 鲁迅在仙台：期待超越的中日交流史——为"鲁迅的起点：仙台的记忆国际学术讨论会"作［J］. 鲁迅研究月刊，2005（10）：7－13；黄乔生. "鲁迅的起点：仙台的记忆"国际学术研讨会综述［J］. 鲁迅研究月刊，2005（10）：20－23；肖向明. 论鲁迅和周作人"鬼民俗"的记忆与想象［J］. 中国社会科学院研究生院学报，2008（06）：86－90.

② 王春林. 政治·人性与苦难记忆——王蒙"季节"系列的写作意义［J］. 小说评论，1999（03）：55－60；张岩泉. 激情与苦难：历史记忆的沧桑——王蒙"季节系列"小说论［J］. 福州大学学报（哲学社会科学版），2008，22（06）：73－77.

③ 张永杰. 汪曾祺笔下的昆明味觉记忆［J］. 云南民族大学学报（哲学社会科学版），2007（01）：154－156.

④ 汪跃华. 记忆中的"历史"就是此时此刻——对余华九十年代小说创作的一次观察［J］. 当代作家评论，2000（04）：50－55.

⑤ 宋伟杰. 身份认同的"混杂"与文化记忆缺失症——管窥金庸的小说世界［J］. 天津社会科学，1998（02）：83－87.

⑥ 王政. 旧事记忆参与的特殊艺术批评——《红楼梦》"脂批"新研［J］. 红楼梦学刊，1999（03）：162－177；行余. 永远不能忘却的记忆——在21世纪上半叶的"红学日历"上［J］. 红楼梦学刊，2002（02）：310－314；单世联. 记忆的力量——《红楼梦》意义述论［J］. 红楼梦学刊，2005（04）：69－105.

⑦ 夏晓虹. 历史记忆的重构. 2001（04）：77－86；陈映芳. 记忆与历史［J］. 读书，2001（08）：49－54；张松建. 历史暴力与文学记忆［J］. 读书，2006（02）：52－57.

⑧ 逄增玉. 九十年代"抗战文学"的历史记忆与现实诉求［J］. 当代作家评论，2001（06）：109－117；季红真. 民族危难时刻的集体记忆——漫谈抗战文学［J］. 南方文坛，2006（02）：21－22＋32；黄万华.《梦回青河》："抗战记忆"中的人性叙事［J］. 当代作家评论，2006（05）：110－115.

⑨ 周景雷. 政治伤痕的文化记忆——近年长篇小说创作考察之一［J］. 当代作家评论，2007（05）：111－116.

金、路文彬对反思小说进行研究①，许子东、王彩萍、易娟、谷海慧和梁丽芳等从不同角度关注了文学中的"文革"记忆问题②，李波、郭玉华研究了当代"红色记忆"作品生产的内在逻辑③。

与某个族群相关的文学作品（如少数民族文学作品）和那些与某个地方关系紧密的文学作品往往承载了族群记忆和地方记忆。相关研究关注作品中有关族群历史的叙事，分析其族群认同功能。如郑威研究了瑶族创世古歌《密洛陀》的族群认同功能④，赵世瑜通过陕西洪洞大槐树传说解读其族群历史⑤，张春晓从杨令公之死的故事演变中分析宋辽关系的民族认同⑥。文学与地方记忆研究较多地关注了澳门文学（如陈少华的研究⑦）、江南记忆（如费振钟、周红莉的研究⑧）。

文化记忆是文学记忆研究的一个重要视角，甚至可以说，从广义看，所有文学记忆的研究都可以算作文化记忆研究。孟繁华对小说创作中的文化记忆与中国经验进行研究⑨，郭茜以文化记忆理论分析东坡赤壁故事⑩，万宇则对刘士林"中国诗兴文化"系列进行解读⑪。

---

① 方守金，路文彬. 伤痕记忆的拷问——论"反思小说"的历史叙事［J］. 文艺理论研究，2001（04）：90－97.

② 许子东. "红卫兵—知青"视角的"文革记忆"［J］. 文艺争鸣，1999（06）：10－17；王彩萍. 谈杨绛"文革"记忆的情感处理［J］. 当代文坛，2005（02）：27－28. 易娟. 论王安忆小说对"文革记忆"、"知青生活"的别样处理［J］. 中国文学研究，2006（03）：105－107；谷海慧. "文革"记忆与表述——"老生代"散文的一个研究视角［J］. 上海师范大学学报（哲学社会科学版），2008（01）：85－91；梁丽芳. 记忆上山下乡——论知青回忆录的分类、贡献及其他［J］. 2008（01）：25－29.

③ 李波，郭玉华. 当代"红色记忆"作品生产的内在逻辑［J］. 文艺理论与批评，2008（05）：102－104.

④ 郑威. 社会记忆：民族文学作为族群叙事文本——以瑶族创世古歌《密洛陀》的族群认同功能为例［J］. 广西民族研究，2006（02）：56－61.

⑤ 赵世瑜. 祖先记忆、家园象征与族群历史——山西洪洞大槐树传说解析［J］. 历史研究，2006（01）：49－64＋190－191.

⑥ 张春晓. 文学中的历史记忆——从杨令公之死故事演变看宋辽关系之民族认同［J］. 民族文学研究，2006（03）：5－11.

⑦ 陈少华. 记忆、祝祷与象征——关于澳门"土生文学"的几点认识［J］. 广东社会科学，2006（02）：130－136；陈少华. 记忆、概念与生活世界——关于澳门汉语诗歌的"本土"经验［J］. 文学评论，2007（01）：155－159.

⑧ 费振钟. 坐看江南：要经验，更要记忆［J］. 当代作家评论，2003（06）：117－120；周红莉. 江南意象的记忆与阐释——论90年代后江南散文［J］. 文艺争鸣，2006（06）：139－144.

⑨ 孟繁华. 总体性的幽灵与被"复兴"的传统——当下小说创作中的文化记忆与中国经验［J］. 当代文坛，2008（06）：4－9.

⑩ 郭茜. 文化记忆理论视角下的东坡赤壁故事［J］. 社会科学辑刊，2009（01），176－179.

⑪ 万宇. 诗的记忆与延续——评刘士林"中国诗性文化"系列［J］. 中国图书评论，2006（12）：86－87.

　　乡土记忆体现了乡愁，是人类记忆中极为关键的情感纽带。随着我国社会现代化和城市化进程的推进，越来越多的人离开故土，迁往城市居住，乡土逐渐转变为一种想象中的存在，一种持续在心间徘徊的思念。文学作品中的故乡书写成为这种乡愁情感的寄托，同时，文学记忆中的乡愁也成为记忆研究领域关注的对象。如张雅秋、段国强、张永杰关注文学中的乡土记忆①，刘雨则解读作家的故乡记忆与文学的精神还乡现象②。

　　与此同时，有研究关注了文学中的城市书写，对文学中的城市记忆进行研究。如 90 年代小说中的北京记忆③，林希、王安忆津沪小说中的城市记忆④。此外，有研究注意到文学记忆中的城乡差异，例如通过乡下人进城小说讨论乡下人的记忆和城市的冲突⑤，或者对比分析市民记忆与乡村想象⑥。

　　有关文学记忆的简要梳理表明，与影视、网络和数字媒体记忆研究相比，文学记忆研究相对起步较早，成果丰富，它们构成了媒体记忆研究的重要基础。

4．网络与数字媒体记忆研究

　　在我国，关于网络与数字媒体记忆的研究可大致划分为互联网记忆研究、数字时代的媒体记忆研究以及社交媒体记忆研究三个领域。尽管这些分类并非截然分明，存在一定的交叉重叠，但根据研究内容和关注焦点的不同，可以对我国目前的网络与数字媒体记忆研究进行概括性描述。我们仍然先对互联网记忆研究和数字媒体记忆研究进行概述，然后再专门对社交媒体记忆研究进行介绍。

互联网记忆研究

　　此类研究明确提及互联网，探讨其对记忆塑造或重塑的影响，尤其关注集

---

　　① 张雅秋. 都市时代的乡村记忆——从王安忆近作再看知青文学 [J]. 小说评论，1999（06）：41−44；段国强. 乡土记忆与审美表达——论葛水平的写作资源及艺术品格 [J]. 当代文坛，2005（06）：48−51；张永杰. 文学书写中的故乡记忆——以汪曾祺笔下的昆明为中心 [J]. 云南社会科学，2006（02）：121−124.

　　② 刘雨. 现代作家的故乡记忆与文学的精神还乡 [J]. 东北师大学报，2006（05）：90−97.

　　③ 贺桂梅. 九十年代小说中的北京记忆 [J]. 读书，2004（01）：41−50.

　　④ 闫立飞. 双城记：津、沪小说中的城市记忆和想象——以林希、王安忆为例 [J]. 天津社会科学，2003（05）：116−121.

　　⑤ 徐德明. 乡下人的记忆与城市的冲突——论新世纪"乡下人进城"小说 [J]. 文艺争鸣，2007（04）：14−20.

　　⑥ 金春平. 市民记忆与乡村想象 [J]. 文艺理论与批评，2009（01）：109−111.

体记忆领域。研究者们或分析互联网对集体记忆构建的作用①，或深入探讨中国网民集体记忆的形成②。众多研究聚焦于青年群体的记忆问题。究其原因，一方面，青年在集体记忆的构建与传承中扮演着至关重要的角色；另一方面，互联网的普及始于青年用户，且在较长时间内，青年构成网民的主体。例如，陈旭光不仅研究了互联网对青年网民集体记忆构建的影响③，还研究了青年网民在集体记忆实践中的表现④。张宇慧则认为，互联网时代的"90后"一代在集体记忆方面存在缺失⑤。此外，还有研究关注了互联网历史的媒介记忆⑥。

数字时代的媒体记忆研究

数字时代的媒体记忆研究大致从三个方面展开：一是有关数字媒体时代记忆的整体思考；二是数字时代的集体记忆；三是短视频等新媒体记忆。

较之传统媒体时代，数字时代的记忆场域有何特征？记忆本身经历了何种转变？这些问题构成数字时代媒体记忆研究的核心关注点。曾一果、凡婷婷从视听装置系统以及新记忆场的角度解读数字时代的媒介记忆⑦，吴世文等分析数字时代媒介记忆的转向及其面临的挑战⑧。

集体记忆研究构成数字时代媒体记忆研究的又一个重点。丁汉青与张曼琦以网络百科条目作为案例，剖析数字时代集体记忆的媒介重构过程⑨，田甍和汪欣从线上纪念的视角出发探讨数字时代集体记忆的建构⑩。

短视频已成为数字传播时代最重要的传播形式之一，随着社交媒体平台纷

---

① 胡百精. 互联网与集体记忆构建 ［J］. 中国高校社会科学，2014（03）：98−106＋159.

② 刘于思. 民族主义、国家认同与数字化时代中国网民的集体记忆 ［J］. 全球传媒学刊，2015，2（04）：60−83.

③ 陈旭光. 互联网与当代青年集体记忆的建构——基于90后"高考记忆"的经验研究 ［J］. 当代传播，2017（01）：66−70.

④ 陈旭光. 逻辑转向与权力共生：从网络流行体看青年网民的集体记忆实践 ［J］. 新闻与传播评论，2018，71（03）：71−85.

⑤ 张宇慧. 缺乏集体记忆的一代——互联网时代的90后青年精神世界 ［J］. 中国青年研究，2015（12）：89−93.

⑥ 吴世文，何屹然. 中国互联网历史的媒介记忆与多元想象——基于媒介十年"节点记忆"的考察 ［J］. 新闻与传播研究，2019，26（09）：75−93＋127−128.

⑦ 曾一果，凡婷婷. 数字时代的媒介记忆：视听装置系统与新记忆之场 ［J］. 现代传播（中国传媒大学学报），2023，45（01）：93−101.

⑧ 吴世文，杜莉华，罗一凡. 数字时代的媒介记忆：转向与挑战 ［J］. 青年记者，2021（10）：9−11.

⑨ 丁汉青，张曼琦. 数字时代集体记忆的媒介重构——网络百科条目分析 ［J］. 全球传媒学刊，2023，10（02）：142−161.

⑩ 田甍，汪欣. 连结与镶嵌：从线上纪念看数字时代的集体记忆建构 ［J］. 东南传播，2022（01）：98−100.

纷推出视频功能，视频社交媒体的兴起，短视频的普及程度日益加深。相较于文字和音频等形式，短视频因其平民化、实时性和现场感等特点，吸引了大量用户，成为记录、分享和交流的重要手段。因此，与短视频相关的记忆构建问题也逐渐受到学术界的关注，例如夏德元和刘博探讨了短视频如何塑造集体记忆①。在此研究领域，乡村短视频尤其受到重视，例如，赵红勋、袁培博等对数字化背景下乡村短视频的媒介记忆进行了探析②。

5. 社交媒体记忆研究

在媒体研究领域，对社交媒体记忆的关注成为近年来的焦点。研究路径主要分为两个方向：其一，选取微信、微博、抖音等社交媒体平台作为研究对象进行探讨；其二，将社交媒体视为当代记忆建构与传播的新媒体形式或背景，从宏观角度对不同记忆类型进行综合分析。在后一研究方向中，对社交媒体时代记忆机制的初步探索已经展开，研究不仅涵盖了内在的心理机制，还特别关注情感传播、心理认同等因素对记忆的影响，同时也基于记忆建构理论，重视媒体记忆话语的生产过程，其中话语、媒体、生产成为研究中的核心概念。

社交媒体记忆研究的对象

社交媒体记忆研究的主要对象为微信和微博，抖音、快手和豆瓣社区也得到一定的关注。

微信被视为承载和传播记忆的介质，也被视为记忆创造的平台。针对微信的研究主要聚焦于微信公众号（尤其是图书馆、档案馆等公共文化历史机构的官方公众号），旨在探究其在构建和传播历史记忆、文化记忆方面的作用。总体而言，这些公众号主要提供记忆资源，作为记忆资源的媒介而存在，尚未充分利用社交媒体的互动特性，未能展现互动过程中记忆建构的动态性，因此无法真正揭示社交媒体时代记忆的复杂性、丰富性和生动性。

相较于微信记忆研究，微博记忆研究在内容上显得更为丰富，其深度亦略胜一筹。首先，研究多基于大规模的微博文本数据。与微信主要在具有较强私密性的熟人圈发布信息不同，微博数据具有较大的开放性，研究者可以利用数据挖掘工具采集所需数据进行研究。其次，研究不仅关注微博作为记忆载体和其平台的记忆内容，也关注微博平台信息的生产、表达、交互与传播，即对记

---

① 夏德元，刘博. "流动的现代性"与"液态的记忆"——短视频在新时代集体记忆建构中的特殊作用 [J]. 当代传播，2022（05）：38-42+53.

② 赵红勋，袁培博. 数字化语境下乡村短视频的媒介记忆探析 [J]. 中国电视，2022（09）：90-95.

忆，特别是集体记忆如何在微博平台得以建构进行研究。第三，对记忆建构、表达和传播过程中的情感等重要因素予以关注，有助于更深入地理解新媒体、数字化背景下集体记忆建构和传播的内在逻辑。

抖音已成为继微信、微博之后备受瞩目的社交媒体平台。相关研究主要集中在文化记忆领域，以特定抖音账号（例如CCTV"央视国家记忆"抖音号）为研究对象，深入探讨其内容所承载的文化记忆。此外，关于抖音中的乡土记忆与城市记忆的研究也逐渐受到关注。

在豆瓣记忆研究中，主要成果为数篇硕士学位论文，研究主题聚焦于两个方面：一是豆瓣社区的集体记忆构建；二是新冠疫情下的集体记忆构建。

社交媒体记忆研究涉及的记忆类型与主题

从类型看，社交媒体记忆研究的重点是集体记忆，其主题相当丰富。

首先，研究者对社交媒体时代集体记忆的构建进行了较为全面的思考与探讨。例如，丁慕涵分析了社交媒体时代的集体记忆构建[①]，李娜和袁媛对社交媒体时代集体记忆的演变及其面临的危机进行探究[②]。

其次，聚焦于社交媒体在历史记忆构建中的作用，尤其关注抗战记忆的建构。在这一主题下，研究不仅包括对社交媒体如何唤起和重构历史记忆的宏观思考[③]，也涵盖了对抗战记忆等具体历史记忆的深入探讨。在具体研究层面，学者们或探讨社交媒体中抗日战争集体记忆的话语构建[④]，或分析主流媒体如何利用社交媒体账号塑造与抗战相关的集体记忆[⑤]。此外，还有研究者对社交媒体中红色记忆的展现进行了细致的考察[⑥]。

第三方面，研究着重于社交媒体在建构关于近期重大事件集体记忆中的作用。此主题主要聚焦于建党百年纪念活动、北京奥运会以及COVID−19疫情的集体记忆建构。例如，倪露茜、康玲玲研究主流媒体如何利用社交媒体来塑造建党百年的集体记忆[⑦]，张珂和陈丽宇、陈爽研究了微博平台上关于北京奥

① 丁慕涵. 社交媒体时代的集体记忆建构［J］. 中国广播电视学刊，2021（01）：49−53.

② 李娜，袁媛. 社交媒体时代集体记忆的嬗变与危机［J］. 新媒体研究，2022，8（24）：87−89.

③ 林磊. 社交媒体历史传播对公众历史记忆的唤起与重构［J］. 青年记者，2018（05）：90−91.

④ 李竹月. 社交媒体中抗日战争集体记忆的话语建构［D］. 浙江传媒学院，2017.

⑤ 于淼. 主流媒体微信公号中的抗战集体记忆建构研究［D］. 大连理工大学，2020.

⑥ 李开渝，曹茹. 唤醒、共享与认同：社交媒体用户红色记忆呈现研究［J］. 中国出版，2022（03）：52−56.

⑦ 倪露茜.《人民日报》微博建党百年主题传播实践中的集体记忆建构研究［D］. 吉林大学，2023；康玲玲. 从"现象级"传播看集体记忆构建——以主流媒体国庆系列微博话题与H5为例［J］. 新闻世界，2020（11）：59−62.

运会的集体记忆建构①，邢梦莹、陈安繁、黄瑚等研究了新冠疫情期间我国社交媒体中"非典"集体记忆的再生过程②。

社会记忆研究构成社交媒体记忆研究中的第二种类型。此视角的研究主要聚焦于两个议题：一是社交媒体时代如何塑造社会记忆；二是从社会记忆构建的角度审视社交媒体档案。许文迪从记忆的保留与遗忘的维度审视了社交媒体时代社会记忆的构建过程③，孙洋洋则剖析了社交媒体在社会记忆构建过程中的作用机制④；谢啊英和丁华东则对社交媒体在社会记忆构建与传承方面的影响进行了深入分析⑤。此外，李春丽对微信档案公众号进行了专项研究⑥。

社交媒体记忆研究的第三种类型为文化记忆研究。这一类研究主要关注社交媒体中文化记忆的建构，例如徐越、陈可欣和张莉、孙莹等的有关研究⑦。

个体记忆研究是社交媒体记忆研究的第四种类型。社交媒体为个人提供了记录和书写记忆的场所，并促进了围绕这些记忆内容的交流与互动，进而成为构建个体记忆、集体记忆和社会记忆的平台。因此，关于社交媒体的记忆研究不可避免地会涉及个体记忆的探讨。

有研究者从私人情感的表达和集体记忆的构建这两个维度对社交媒体的这一特性进行了深入分析。例如，昌隽如、孙清凤等学者从这一视角探讨了朋友圈庆祝建党 100 周年的现象⑧。然而，国内关于社交媒体个体记忆的研究尚不充分，少数研究初步探讨了两个主要问题：一是个人数字记忆文件的所有权问

---

① 张珂. 北京奥运会十年集体记忆建构——基于新浪微博北京奥运十年话题内容的研究 [J]. 传媒论坛，2021，4（06）：175-176；陈丽宇，陈爽. 聚合与认同：微博用户情感呈现与集体记忆建构——以北京冬奥会为例 [J]. 科技传播，2022，14（20）：126-129.

② 邢梦莹，陈安繁，黄瑚. 话语与媒介：新冠疫情期间我国社交媒体"非典"集体记忆的再生产 [J]. 现代传播（中国传媒大学学报），2022，44（09）：8-15.

③ 许文迪. 记取与忘却——社交媒体时代社会记忆建构研究 [D]. 山东大学，2019.

④ 孙洋洋. 社交媒体在社会记忆建构中的介入机制探析 [J]. 档案与建设，2015（03）：4-7.

⑤ 谢啊英，丁华东. 社交媒体对社会记忆建构传承的影响与思考 [J]. 山西档案，2021（01）：14-20.

⑥ 李春丽. 基于档案微信公众号的社会记忆构建研究 [D]. 太原：山西大学，2020.

⑦ 徐越. 传统节日集体记忆及其建构历程——以《人民日报》官方微博为考察视角 [J]. 新媒体研究，2019，5（23）：120-121；陈可欣，张莉. 微博汉服文化记忆的呈现与建构 [J]. 采写编，2021（09）：158-160；孙莹. 数字时代媒体报道中的文化记忆建构——以新华社微信公众号"抗疫日记"为例 [J]. 传媒，2021（08）：87-89.

⑧ 昌隽如，孙清凤，孟庆波. 私人情感与集体记忆：朋友圈里的庆祝建党 100 周年 [J]. 新闻界，2021（11）：65-70+75.

题，如黄霄羽和王墨竹、吴金华和石燕青等的研究[①]；二是个体记忆与集体记忆之间的关系问题，如李慧娴的研究[②]。

四、社交媒体时代的记忆探索：本书的关怀与写作框架

罗伯特·W. 迈切斯尼（Robert W McChesney）说，"要提出大问题，首先要做的，是回顾二十年来公共知识分子和学者从各不相同的学科对互联网所做的研究，这么做是为了将互联网放在宽广的历史视野之中。"[③] 因此，我们对记忆研究历程进行了较为冗长又略显粗略的回顾，终于触及本书所关注的核心议题——社交媒体时代的记忆问题及其研究。诚如开篇所言，提出这一问题的原因在于我们已进入一个全新的媒体生态环境中——社交媒体已经成为人们日常生活中不可或缺的一部分。在此背景下，记忆面临着前所未有的挑战。接下来，我们将在对现有社交媒体记忆研究进行简要反思的基础上，探讨关于社交媒体记忆研究的关注点和研究方法，以此作为全书逻辑架构的基础，进而阐述本书的思路、研究方法和结构框架。

（一）社交媒体记忆研究反思

学术史的回顾表明，记忆研究在持续的自我审视与进步中，无论是在理论架构的构建还是在具体记忆现象的阐释方面，均取得了显著的成就，对记忆本质的理解亦日益深化。这些丰硕的研究成果构成了本书研究的知识基础。然而，正如开篇所论，社交媒体逐渐成为人们日常生活中不可或缺的工具，记忆的媒介环境亦随之发生了转变。这种主要由社交媒体引发的记忆场域的变革，对传统记忆理论提出了新的挑战，挑战触及对记忆本质的理解——在社交媒体时代，记忆的本质究竟是什么？同时，它也触及记忆的核心概念——在社交媒体时代，个体记忆、集体记忆、社会记忆、文化记忆等核心概念的界定面临哪些问题？此外，它还涉及记忆的社会建构机制——在社交媒体时代普遍存在的记忆实践，对传统社会记忆建构理论提出了哪些挑战？以及记忆的功能问题——在数字化时代，记忆无处不在，遗忘成为例外，记忆的功能是否经历了

① 黄霄羽，王墨竹. 我的记忆谁做主？——社交媒体信息"数字遗忘权"的权责主体探讨 [J]. 北京档案，2016（04）：32−35；吴金华，石燕青，是沁. 个人数字记忆世界的"身后事"：社交媒体用户网络数字遗产立嘱意愿影响因素 [J]. 图书馆论坛，2024，44（01）：116−123.

② 李慧娴. 个人记忆与集体形塑：社交媒体中"90后"怀旧行为探究 [D]. 安徽大学，2022.

③ 罗伯特·W. 迈切斯尼. 数字断联 [M]. 张志华，译. 上海：华东师范大学出版社，2022.

根本性的转变？这些问题凸显了社交媒体时代记忆的复杂性。以此观之，现有研究至少存在以下不足或需要进一步拓展的地方。

首先，对于社交媒体时代记忆所面临的核心问题阐释不够，现有研究尚未提供全面的解答。尽管记忆研究的文献数量庞大，但在社交媒体时代的记忆研究领域，对于上述关键问题的探讨仍显不足。例如，缺乏对于社交媒体时代记忆场的深入分析，对社交媒体时代记忆核心概念的审视亦不充分，且鲜有研究对社交媒体时代记忆的复杂性进行详尽阐释。在社会经验层面，经过十多年的发展，社交媒体已成为人们普遍的生活方式，实践的成熟亟须理论的阐释，因此，社交媒体记忆所面临的基本问题应当受到重视。

其次，从研究对象和研究关注点来看，现有研究与传统媒体记忆研究相似，主要从集体记忆、历史记忆、文化记忆和社会记忆视角出发，探讨媒体作为记忆载体的功能，或审视媒体记忆的内容。然而，从个体记忆视角出发的媒体记忆研究相对匮乏，更遑论从个体、集体、社会的复杂互动中探讨社交媒体时代的记忆。但社交媒体时代记忆的核心特征恰恰在于社交媒体的互动性和连接性，这些特性改变了记忆的主体和方式。个体、集体、社会通过可见的互动共同参与记忆实践，从而改变了记忆建构的社会机制。因此，在研究社交媒体时代的记忆时，这一显著特征不容忽视。

第三，从研究方法的角度审视，现有研究，尤其是国内媒体记忆研究，所采用的方法较为单一，这不利于全面、深入地探讨社交媒体时代记忆的生动性和复杂性。正如文献回顾所示，目前的研究以个案分析为主，且多数属于印象式、整体式描述分析，缺乏对方法的严格考量和应用。随着社交媒体时代的记忆日益数字化，该领域的研究焦点也主要集中在数字化记忆实践上。因此，个案研究在有条件的情况下，应当采用科学且有效的数据挖掘方法来充分获取数据，并据此展开研究。此外，个案研究的价值在于通过特定案例揭示具有普遍意义的现象和问题，因此需要将其置于更广阔的宏观背景之中进行考量。具体到社交媒体时代的记忆研究，应当将这些个案置于社交媒体时代的整体生态环境中进行深入分析，以揭示该时代记忆的复杂性，而现有研究显然尚未充分实现这一点。

上述问题成为本书写作的动因，希望为解决社交媒体时代的记忆的基本问题提供一种新的思路。

（二）本书的研究方法与结构框架

本书从分析社交媒体作为记忆场域对记忆的影响入手，对核心概念进行审视，探讨社交媒体时代记忆理论所面临的根本性挑战。进而聚焦社交媒体时代记忆的复杂性问题，力图呈现并阐释社交媒体时代记忆的现实图景。

在研究方法上，立足于文献梳理对记忆研究的历史与现状进行深入探讨，通过内容分析法和文本分析法对社交媒体中的记忆现象进行细致考察。整体而言，本研究在对基本理论进行阐释的基础上，采用了个案研究的方法。具体表现为第四、五、六章采用个案研究，从个体记忆的建构、集体记忆的形成，以及个体记忆与集体记忆的互动、集体记忆与文化记忆的互动等角度分析社交媒体时代记忆的复杂性。通过理论探讨与实践解读相结合，具体而有力地揭示社交媒体时代记忆的独特面貌。

具体章节安排如下。

第二章探讨社交媒体时代记忆的新场域及其对记忆的影响。在从媒介变迁视角分析记忆如何随之发生演变，在为社交媒体构建的新记忆场域提供一个广阔的背景的基础上，重点分析社交媒体场域如何改变了记忆的主体、时间、空间、内容和方式。首先，分析技术如何为普通个体赋权，使其成为社交媒体记忆书写的关键力量，从而使个体记忆具备了前所未有的可见性。随后，探讨社交媒体对记忆时间维度的影响。记忆之所以存在，其核心目的在于解决时间的流逝问题。本章将深入剖析时间对记忆多层面的意义，并逐一审视社交媒体对这些层面的时间意义的影响。继而讨论社交媒体如何重塑记忆的空间概念。与时间的动态性相比，空间的相对稳定性为时间记忆提供了支撑。然而，在社交媒体时代，数字空间的虚拟化是否彻底改变了空间的意义？符号化的虚拟空间与现实世界中的物理空间是否对记忆产生了截然不同的影响？这些问题均是本章所要探讨的。接着，本章对社交媒体记忆场的"连接"特点展开讨论，分析它如何改变记忆的方式。最后，对社交媒体记忆内容的"无限性"如何影响人们对记忆媒介的体验进行分析。

第三章对社交媒体时代背景下的记忆核心概念进行重新审视。概念界定始终是记忆研究的关键所在，因为这些概念体现了人们对记忆的基本理解，并对记忆研究产生深远的影响。然而，个体记忆、集体记忆、历史记忆、社会记忆、文化记忆等核心概念至今尚未形成统一的理解。社交媒体的生态环境为这些概念带来了新的挑战。因此，本章将结合社交媒体时代的具体语境，对三组概念——记录与记忆、媒介记忆与数字记忆以及个体记忆、集体记忆和文化记忆进行深入辨析。

第四、五、六章集中研究社交媒体时代记忆的复杂性问题。第四章以微信朋友圈为例研究社交媒体时代的个体记忆问题；第五章以社交媒体中武汉市红色记忆为个案，考察社交媒体时代的集体记忆与文化记忆；第六章以社交媒体对金庸先生逝世的缅怀行动为个案，理解和阐释社交媒体时代集体记忆的形成及其与个体记忆的互动。

第七章为结语，在对社交媒体时代记忆的基本理论进行讨论，并通过三个个案研究深入理解和阐释社交媒体时代记忆的复杂性之后，结语部分重回本书开头提及的社交媒体时代记忆所面临的问题，对以下三个关键问题再做探讨：一是社交媒体时代媒介与记忆的关系问题；二是社交媒体时代记忆数字化的影响问题，反思"愈多愈好"的观念；三是数字依赖、思维退化及人类记忆的未来问题。

第二章 社交媒体：一个新的记忆之场

当"社交媒体"与"时代"相结合，形成一个被广泛认同的词组时，标志着社交媒体已从最初的新奇之物发展成人们日常生活中不可或缺，甚至难以察觉的基本装置。在记忆领域，这一现象预示着以社交媒体为基础所构建的新媒介环境已成为新兴的记忆场域。"装置"的引入，深刻揭示了媒介如何以一种不易察觉的方式，深植于人们的记忆活动之中。作为记忆激活装置的博物馆等实体空间、作为移情装置的影视媒介和作为互动装置的短视频等社交媒介三种记忆装置在系统协作过程中实现数字记忆的实践之"场"、连接之"场"和再生之"场"，体现出数字时代新记忆之场的内涵、特征和未来趋向[①]。

本章将深入剖析这一新兴记忆场域如何对记忆产生深远影响，揭示其背后的运作机制与变革力量。

"记忆之场"（Les Lieux de Mémoire），或称记忆场、记忆场所、记忆之所、记忆场域、记忆地点等，是法国历史学家皮埃尔·诺拉在其著作《记忆之场：法国国民意识的文化社会史》（简称《记忆之场》）中首次提出并深入阐述的一个重要概念。何谓记忆之场？皮埃尔·诺拉的经典论述为：

> 对记忆之场的研究发生于两场运动的交汇点上……这两种趋势都使得我们以同样的热情同时去观照历史研究的基本工具和我们记忆中最具象征意义的对象：如档案，如三色旗，如图书馆，如辞书，如博物馆，同样还有各种纪念仪式、节日、先贤祠和凯旋门，以及《拉鲁斯词典》和巴黎公社墙[②]。

---

① 曾一果，凡婷婷. 数字时代的媒介记忆：视听装置系统与新记忆之场 [J]. 现代传播，2023，45（01）：93−101.

② 皮埃尔·诺拉. 记忆之场：法国国民意识的文化社会史 [M]. 黄艳红等，译. 南京：南京大学出版社，2015：10−20.

通过上述表述，我们可明确诺拉所说的"记忆之场"的具体指向及其涵盖的范畴。他视其为一种兼具复杂性与模糊性的概念，既蕴含了自然元素的纯粹，也融合了人为干预的痕迹；既是直观感知中最为基础与直接的经验对象，也是创作中最为深远与抽象的灵感源泉。孙江对诺拉的"记忆之场"概念进行深入剖析，他指出：

> 记忆之场的"场"一词有三种特征：实在的、象征的和功能的。如，档案馆是实在的场，被赋予了一定的象征意义。教科书、遗嘱、老兵协会因成为某种仪式中的对象也进入了记忆之场。一分钟的沉默堪称象征的极端例证。世代观念是抽象的记忆之场，其实在性存在于人口学中，功能性在于承载形塑和传承记忆的职能，象征性在于某个事件或经验只有某些人才有的标志性特征①。

另有学者将诺拉记忆之场的特性总结为以下四个方面：其一，记忆场是记忆沉淀的场域；其二，记忆场具有多种多样的形态；其三，记忆场是物质、象征和功能的统一；其四，记忆场是记忆与历史双重影响的结果②。

根据诺拉本人对概念的阐述和他人的解读，我们将"记忆之场"的概念引入社交媒体时代，既立足于其原有的概念内涵，又拓展其外延，并在这一过程中深化其内涵。具体而言，记忆之场展现出的形态多样性，既涵盖了具有物质实体的场所，也包括了符号化、象征性的表现形式（如仪式、文学作品等）。因此，社交媒体作为数字化、符号化、象征性的平台，自然能够被纳入记忆之场的范畴。

然而，社交媒体作为一个纯粹数字化的虚拟空间，与诺拉所强调的档案馆、图书馆、博物馆等物质实体场所，以及纪念仪式、节日等符号化、象征性场所存在显著差异，特别是在物质性方面。这意味着，在社交媒体时代，我们实际上面对的是两类不同的记忆场：一类是物质性的记忆之场，另一类是数字虚拟化的记忆之场。

但值得注意的是，社交媒体以其独特的方式打破了这两类记忆场之间的界限，将线上与线下、物质性场所与虚拟空间紧密地联系在一起，使记忆得以在

---

① 孙江. 皮埃尔·诺拉及其"记忆之场"[J]. 学海，2015（03）：65－72.
② 王玉珏，许佳欣. 皮埃尔·诺拉"记忆之场"理论及其档案学思想[J]. 档案学研究，2021（03）：10－17.

全新的场域中展现。这种变化赋予社交媒体时代记忆以复杂性，而这正是本书所要深入探讨的核心议题。

在社交媒体盛行的当下，技术的快速革新构建了一个全新的数字环境，这一变革对个人和集体的记忆与遗忘模式产生了深远的、不可忽视的影响。尤为显著的是，社交媒体已成为记忆存储与传播的新场域，标志着记忆场域的深刻变迁。作为数字技术全面渗透人类生活方式的一个缩影，在记忆领域，社交媒体所依托的数字技术所带来的影响是全方位的，且其复杂性不容小觑。

比如说，在记忆主体层面，通过技术赋权，普通个体不仅实现了自身记忆的可见性，还积极参与到集体记忆的互动与构建过程中，将个体经历融入集体经验，从而成为社交媒体记忆建构的主要力量。又如，从记忆的时间维度看，记忆所要解决的核心议题本质上与时间紧密相关，即人类如何依托过去的经验来认知当下，又如何利用过去与当下预测未来。记忆中，时间承载了多重含义，而社交媒体对这些含义产生了深刻影响。再如，社交媒体对记忆空间的影响。虽然记忆的主要目标在于呼应人类线性的时间观念，解决时间问题，将个体、群体乃至整个人类的生命/生活历程串联起来，使过去变得有意义，现在变得有依据，未来变得可期待，但记忆的空间维度同样是关键因素。与时间的流动性相比，空间的相对稳定性为时间记忆提供了稳固的基石。然而，在社交媒体时代，一个虚拟化的数字空间被构建起来，无论是现实世界物理空间的数字化再现，还是纯粹虚构的虚拟符号空间，均成为新的记忆场所。

本章将先对媒介变迁中的记忆问题进行简要分析，然后重点对社交媒体作为记忆场所带来的种种具体影响进行深入探讨。

一、媒介变迁中的记忆

众多学者已明确认同媒体与记忆间存在着显著的相互影响关系，如范·迪克在其研究中指出，媒体在记忆的构建过程中扮演着积极的角色，记忆与媒体之间存在着相互塑造的紧密联系。卡罗琳·凯奇（Carolyn Kitch）最早清晰地界定了媒介记忆的概念，她认为"媒介记忆作为媒介研究与记忆研究的交叉领域，目的是探讨媒介是如何通过扮演一个记忆代理角色来完成与社会其他领域的互动过程的"①。

在绪论部分，我们细致探索了媒体与记忆研究领域所取得的丰富成果，从中可以看出记忆研究对媒介的重视。科学记忆研究开始之际，便对人体自身作为信息传递媒介的角色给予了充分考量；随后，集体记忆与社会记忆理论强化了对具有社会性和物质性特征的媒介（诸如文字、遗迹等）的探讨；进而，文化记忆研究对媒介进行了全面而深入的审视。这一发展历程彰显出记忆研究者对媒介在记忆过程中核心地位的深刻认知。其背后的根本逻辑在于，媒介的每一次变革均会对记忆的主体、表现形式、内容、功能属性产生深远影响。鉴于此，随着社交媒体迅速崛起并占据主导地位，记忆也展现出崭新面貌，既迎来前所未有的发展机遇，也遭遇前所未有的严峻挑战。本书将以此为切入点来探讨上述问题。这里，我们将先从媒介变迁的视角出发，分析记忆随之发生的演变，从而为社交媒体所构建的新记忆场提供一个更为广阔的背景分析。

（一）记忆媒介的含义

1. 媒介与媒体

在新闻传播学研究中，媒介与媒体的概念在多数情况下未严格区分，是可互换使用的术语，使用者与受众能基于共通理解达成默契。此现象类似于舆情与舆论等术语在新闻传播学话语体系中的混用。但细究起来，毕竟采用不同的符号，其各自蕴含的意义存在微妙差异。通常而言，这种差异并不妨碍信息的有效传递与理解。鉴于媒介在记忆构建中的核心地位，特别是记忆领域对媒介理解的多元性，以及本书聚焦于媒介与记忆的主题的原因，在此有必要略做辨析，为后续深入探讨记忆领域内媒介的具体含义奠定基础。

赵毅衡先生从符号学的角度对"媒介"与"媒体"进行了细致辨析，认为"媒介是符号传送的物质；媒介可以社会化类型化为媒体"。具体说，符号依托于一定的物质载体才能被人感知，但是感知本身需要传送，传送的物质称为媒介，媒介即储存与传送符号的工具。与之不同，在当代文化语境下，"媒体"特指那些专注于信息传递的文化机制，构成了一个独立的文化领域，同时也是一种社会体制的体现。基于上述差异，赵毅衡认为将"媒体事件"（Media event）直接译为"媒介事件"可能并不贴切，因为它讨论的是媒体这种文化

---

① 曾一果，凡婷婷. 数字时代的媒介记忆：视听装置系统与新记忆之场［J］. 现代传播，2023，45（01）：93-101.

体制，而不是媒介这种事物①。可见，他是基于中英文对照来看符号学意义上二者的差异。由于两个词的模糊性表现在中文符号的一字之差，所以我们还需要回到汉语本身来进一步讨论。

首先，从汉语言符号的角度看，"媒介"与"媒体"共用"媒"字，表明两个词都有中介、介质之意。按《新华大字典》的解释，从词源看，"媒"本义指婚姻中的介绍人。后泛指使双方或几方发生某种关系的人或物②。这是二者可以互换使用的语义基础。

其次，"媒介"与"媒体"虽仅一字之差，却蕴含着两者之间的显著差异。媒介中的"介"字，其含义基本与"媒"相同，均指连接两者的人、事物或所发挥的连接作用，此定义着重强调了媒介的物质性本质。而媒体之"体"，则源自"身体"的"体"，在此处采用了其引申意义"体制"，强调媒体的组织性和结构性。

据此，从语义角度出发，我们可以明确地辨识两者的区别：媒介侧重于其物质性、中介性的特质，通常应用于符号载体、技术层面等场景，如媒介技术一词便是典型例证；媒体则侧重于其体制性特征，常见于机构、组织、平台等层面的表述之中。这一解读，与赵毅衡从符号学角度对两者所做的区分不谋而合。

值得注意的是，在实际应用中，符号及其物质载体通常被未加区分地统称为媒介，包括但不限于承载意义的文字、音像、图片等符号，以及收音机、电视机、网络等设备。这一现象进一步导致了媒介概念的模糊性。

2. 记忆媒介的两层含义

记忆研究中，"媒介"与"媒体"两个概念的使用与上述情形相似。一般情况下，两者被视为可互换使用的词汇，涵盖了双重基本意义：其一，物质形态上的媒介；其二，制度层面的媒体。

从符号载体的维度看，两个概念均指向承载记忆的具体媒介形态，包括文字、图片、影音资料、物品及场所等。显然，此层面的媒介侧重于微观视角，主要凸显其作为记忆载体的具体形式与功能。

在体制性层面，记忆研究关注记忆发生的媒介环境，具体包括报纸、电视、网络等各类媒体构成的环境。本书所探讨的社交媒体时代的记忆问题，并

---

① 赵毅衡."媒介"与"媒体"：一个符号学辨析 [J]. 当代文坛，2012（05）：31－34.
② 《新华大字典》编委会. 新华大字典 [Z]. 北京：商务印书馆，2004：844.

非局限于某一特定媒介形式的记忆现象，而是深入分析了社交媒体作为一种广泛的文化体制，如何对记忆场产生深远影响。当然，在此过程中，物质性的媒介技术特性也是我们不能忽视的重要方面。

因此，在本书的论述中，我们在一般意义上通常不对"媒介"与"媒体"这两个概念进行严格区分。只在需要特别强调技术层面的特征或是体制层面的作用时，根据两个概念的差异，选择并使用更为恰当的概念，以确保论述准确和严谨。

（二）传统媒体时代的记忆

传统媒体时代，指印刷媒体与电子媒体广泛兴起之前的历史时期。该时代占据了人类历史进程的绝大部分时间。受制于当时媒介技术，记忆的保存与传播在较长时间内保持相似的面貌。

1. 记忆媒介的物质性

强调传统媒体时代记忆媒介的物质性，并非单纯指媒介的普遍物质属性，而是着重指出该时代媒介所承载的记忆具有的物质性。这一特质与电子媒体时代的音频视频记忆截然不同，更与数字媒体时代所呈现的虚拟记忆形成鲜明对比。

传统媒体时代，记忆媒介经历了从人体自身向体外媒介的演变历程。起初，人类仅能以自身作为记忆的载体，此时的记忆与个体的生命历程相伴随，依赖于口耳相传。除非是关乎族群历史根基的重要记忆，否则记忆在世代间的传递往往难以超过三代。随着人类社会的进步，体外媒介如甲骨文、结绳记事等形式逐渐出现，虽在一定程度上改变了记忆口耳相传的状况，但人类的记忆依然受限于当时传播技术所赋予的物质条件，记忆效率相对较低，且局限于特定的时空范围内，表现出不稳定性和短时性的特点。

2. 记忆主体与记忆特权

记忆，作为人类大脑的核心功能，在机能健全的前提下，每个人都拥有。然而，在传统媒体时代，作为记忆行为的主体，个体的记忆能力存在显著差异，导致记忆权力的分配明显不均。那些拥有卓越记忆能力的个体，往往被赋予特殊的记忆权力，被选中铭记并传承对集体（集体规模可灵活调整，小至家庭与家族，大至国家层面）至关重要的记忆内容，这些记忆内容对于确认集体成员身份及维系集体合法性具有重要价值。此外，部分个体因其在社会结构中的独特身份与地位，被自然而然地赋予了记忆的权力。

综上所述，尽管普通个体同样具备记忆能力，但其记忆往往难以在集体记忆中占据显要位置，更多时候，他们仅作为记忆的被动接受者与承载者存在，而非集体记忆的主动建构者。

3. 记忆内容：有限记忆与无限遗忘

传统媒体时代，除了记忆媒介与记忆主体之外，记忆还面临着一个重要的挑战，即记忆容量的限制。这一限制本质上源于记忆媒介的存储能力以及记忆主体的记忆能力。鉴于此，如何有效提升记忆容量，以便记住更多内容，成为推动记忆技术不断演进的重要动力。在西方社会，这一动力自古罗马时期起便有所体现，具体表现为对记忆术的不断探索与追求。"记忆术是记忆的艺术，艺术这个词在这里应该理解为它较古老的意思，即技巧。记忆术不但有一个较长的传统，而且有一段令人难忘的创建传奇……按照这个传奇的说法，有一个叫西蒙尼德斯的人，他是在灾难性的情况下第一个运用了记忆术的人。①"

尽管东西方对于记忆术的探索不遗余力，却并未从根本上解决记忆容量的难题。实际上，相较于有限的被记住的内容，人类时刻面临无限遗忘的严峻现实。这一现象的根源，不仅在于人类记忆能力本身的局限性，更与我们所依赖的媒介之记载与记录能力密切相关。因此，在漫长的传统媒体时代，受制于当时媒介技术的发展状况，能够被有效记忆并记录下来的信息内容极为有限，遗忘则是这一时期的普遍现象。

然而，对个体而言，根据神经科学的研究，遗忘是确保人脑记忆能力持续稳定的关键因素。倘若遗忘变得罕见，记忆本身则将面临更为严峻的考验。这恰是我们在探讨社交媒体时代的记忆问题时所必须正视的议题。

（三）大众媒体中的记忆

媒体在记忆实践中扮演着关键角色，兰斯伯格以"假肢记忆"对它进行概念界定②，这是一种在电影院等体验场所生产和分发的替代记忆。这个概念适宜于描述大众媒体中的记忆。在兰斯伯格 2004 年的研究中，"假肢记忆"往往依托于历史电影、漫画、小说、博物馆和电视剧等文化产品而存在，而新闻报

---

① 阿莱达·阿斯曼. 回忆空间：文化记忆的形式和变迁 [M]. 潘璐，译. 北京：北京大学出版社，2016：27.

② Landsberg A. Prosthetic memory：The transformation of American remembrance in the age of mass culture [M]. Columbia：Columbia University Press，2004：28—31.

道由于受到客观性等要求的限制，难以在报道历史事件时唤起受众的情感共鸣。不过，数字时代数字媒介的交互性弥补了这一缺憾，使得人们可以参与制造"假肢记忆"，而不只是被动地接受文化产品提供的"假肢记忆"①。

印刷术的诞生，标志着人类社会正式迈入大众传播媒体的新纪元。依托于大众媒介作为记忆载体，人类的记忆能力实现了质的飞跃。较之以往，这一时期的记忆展现出全新的特征，下面主要讨论三点。

1. 媒介化的仪式空间

人类学家保罗·康纳顿（Paul Connerton）认为社会通过仪式实践的方式保持和传承记忆②。同为社会学视角，与哈布瓦赫对共时性集体记忆的阐释不同，保罗·康纳顿的研究从社会传承角度推进了记忆研究。其仪式展演与仪式操演等概念聚焦于社会实践，强调个体在真实生活情境中通过实际参与仪式活动来传承与延续记忆。到了大众传媒时代，这种仪式被挪移到大众媒体所创造的媒介场景中。作为大众媒介的受众，人们通过收听或观看的方式融入媒介所营造的仪式氛围中，实现了仪式的想象性参与。尽管这种参与形式有别于传统现实世界中的直接参与，但借助媒介的力量，个体能够在想象中与众多他者在特定时间节点共同经历同一事件，其所产生的心理感受与情感体验具有真实性。借助这一想象性的媒介仪式，个体加入集体记忆的构建之中，成为记忆的建构者和承携者。

此种情况在媒体事件中展现得尤为突出。比较典型的例子如：人类首次登月、香港回归、英国王妃戴安娜的葬礼等。在这些重大时刻，人们借助媒体平台实现在场体验感，"见证"事件的发展，想象性地参与事件，形成集体记忆。

大众媒体时代，媒介变迁所引发的记忆场域变化，不限于创造出一个与现实仪式场域截然不同的媒介场域。凭借其卓越的传播能力，大众传播媒介还展现出非凡的记忆与扩散力量。包括媒体事件在内的各类传播现象，正是得益于大众传播媒介的高效、广泛传播，方能在全球范围内引起广泛关注，进而成为全球受众共同铭记的集体记忆。这一过程既彰显了媒介对于社会记忆的塑造力，也深刻反映了信息时代媒介文化的全球共融性。

---

① 吴世文，贺一飞. 睹"数"思人：数字时代的记忆与"记忆数据"［J］. 新闻与写作，2022，（02）：16-24.

② 保罗·康纳顿. 社会如何记忆［M］. 纳日碧力戈，译. 上海：上海人民出版社，2000.

2. 职业化的传播者作为记忆代言人

专业化及职业化的传播者是大众传播的一个重要特征，他们被赋予代表公众进行信息传播的权力与职责，进而可能承担起历史记忆的代言人角色。在探究大众传媒与历史记忆间关系的一项研究中，本书的作者曾对大众传媒历史记忆的主体进行分析，并据此将记忆分为三类：亲历者的自传记忆、媒体代言人的记忆建构、亲历者后代的记忆传承①。

作为职业化的传播者，在记忆构建过程中，媒体代言人不仅代表亲历者进行记忆再现，更需依据媒体框架进行记忆构建。因此，与亲历者及其后代侧重于情感体验的记忆方式不同，代言人更关注记忆的表达形式，而非个体体验。如何表达则主要受到媒体性质、定位等多重因素的影响。

3. 精心挑选的记忆内容

大众传媒时代赋予媒介强大的传播力。然而，与数字新媒体时代，特别是社交媒体环境相比，大众传播媒介的资源依然有限且珍贵。因此，依托于大众媒介的记忆内容，必须经过严格而细致的筛选，以确保其质量与价值。

记忆内容的选择蕴含着深远的考量。鉴于大众媒体所具有的传播影响力，各国政府，无论其体制如何，均高度重视对媒体记忆的管理。大众媒体所传播的记忆内容，尤其是涉及历史记忆的部分，与一般性的信息报道、商业及娱乐内容不同，其影响不仅仅局限于某一社会群体的身份认同构建，更可能触及政权合法性等核心议题。因此，经由大众媒介渠道传播的记忆内容，势必会经历严格的审核流程，最终呈现给公众的是经过精心筛选与编排的内容。

二、社交媒体：作为记忆的新场所

社交媒体时代记忆的丰富多彩与多变特性，其根本缘由在于社交媒体已成为记忆的新场所。因此，我们亟须深入探讨一个基本问题：记忆场所的变迁，其深层内涵何在？换言之，社交媒体作为记忆的新场所，究竟如何重塑了我们的记忆生态？

围绕记忆研究的几个核心维度，即记忆主体（谁）、记忆时间（何时）、记

---

① 余霞. 历史记忆的传媒表达及其社会框架［J］. 武汉大学学报（人文科学版），2007（02）：254-258.

忆空间（在哪里）、记忆方式（如何）及记忆内容（记忆什么），深入剖析社交
媒体作为记忆场所的深层次含义，是一条既简明又适宜的探究路径。此路径有
助于我们全面准确地理解社交媒体在记忆保存、传播与重构过程中所扮演的重
要角色及深远影响。

（一）技术赋权：新的记忆主体

首先，从记忆主体看，新技术平台赋权新的记忆主体。社交媒体用户既是
毋庸置疑的个体记忆的书写者，也是集体记忆、社会记忆的显性参与者、建构
者。社交媒体兴起之前，记忆媒体的发展确实在一定程度上扩大了记忆的容
量，并增强了其影响力。然而，包括大众媒体在内的传统记忆媒介，在严格意
义上并未真正向每一位个体开放记忆生产的权力，用户更多时候是作为信息的
接收者和被影响者而存在的。

社交媒体的兴起彻底改变了这一状况，用一句通俗的话来说，就是"人人
都有麦克风"。因此，更多的个体记忆书写与实践活动进入公共空间，与社会
的、集体的记忆产生了交流与碰撞，甚至在某些情况下实现了融合。这一过程
凸显了社交媒体作为记忆场域的第一个显著特点：它真正成为个体记忆实践的
场所，为个体记忆与集体记忆、社会记忆之间的交流与互动提供了平台。这一
特点至少包含以下三层含义。

一是社交媒体是承载个体记忆的媒介，其性质与早期的私人日记、自传等
个体记忆媒介相似。然而，作为数字技术的产物，其技术特性显著区别于以往
的记忆媒介，在呈现的时间、空间与具体方式上均展现出独特的优势。允许用
户随时随地记录、保存和传播个体记忆，形式灵活多样，包括但不限于文字、
图片、声音、视频及这些元素的任意组合。此外，与传统媒介文本相比，社交
媒体中的个体记忆文本具有开放性，用户可以随时进行修改和重写。

二是社交媒体为个体记忆提供了交流的平台，使个体记忆成为社交互动的
重要组成部分。尽管个体记忆的交流历来存在，但传统记忆形式如私人日记
等，不以促进交流为目的。社交媒体的本质在于其社交功能，其存在的根本意
义在于促进社交互动。因此，如微信朋友圈等记录个体日常生活的平台，其内
容成为朋友关注的焦点。围绕这些内容的交流，连同个人的书写，共同构成了
个体记忆的一部分。换言之，个体记忆文本具有的开放性不仅体现在其可修改
性上，更显著地表现为交流互动性。

三是为个体记忆通过交流转化为共享的集体记忆提供了可能性。在过去，
普通个体往往仅作为想象或抽象的集体记忆和社会记忆的隐性载体，仅有极少

数个体记忆能够经过复杂的筛选机制进入公共空间，成为集体记忆的一部分。然而，在社交媒体平台上，由于其具备的一定范围内的公开性，更多处于广泛交流中的个体记忆得以浮现，并具备了转化为共享的集体记忆的潜在条件。正如范·迪克所指出的：

> 人们新近在社交媒体平台中体现的许多习惯，都是以往社交生活非正式和短暂的表现形式。与朋友交谈、交流八卦、展示假日照片、涂鸦笔记、查看朋友的幸福状况、观看邻居的家庭录像，都是随意的、短暂的（言语）行为，通常只与特定的个人共享。一个重大变化是，通过社交媒体，这些随意的言语行为已经变成了形式化的文字，这些文字一旦嵌入更大的公共经济领域，就会产生不同的价值。以前随意表达的话语现在被释放到公共领域，在那里它们可以产生深远而持久的影响。社交媒体平台毫无疑问地改变了私人交流和公共交流的性质[①]。

（二）社交媒体与记忆的时间

1. 时间与记忆

时间之于记忆，蕴含着多重深邃的意义，可归纳为四个方面。

首先，时间作为记忆的对象。某些时间点或时间段，因其对记忆主体具有的特殊价值而成为记忆的对象。无论是个体、民族、国家，乃至全人类，均拥有需要特别铭记的时间节点，它们常以纪念日等形式呈现。其次，时间虽非记忆的主要对象，却扮演着记忆线索的关键角色。当时间与特定事件紧密相连时，它便成为引导记忆主体回溯过往的桥梁，有助于更清晰地铭记历史。再者，时间标志着记忆发生的具体时刻，是记忆不可或缺的一部分。最后，时间作为记忆的目的，深刻体现了记忆的本质功能——即构建过去、现在与未来之间不可分割的连续性链条。同时，时间也具备打断这一连续性、形成特定记忆片段的能力，以提取并凸显对某一关键时刻的记忆。

关于时间与记忆之间错综复杂的关系，我们可以从汉娜·阿伦特对过去与未来关系的深刻洞察中汲取灵感。她引用法国诗人的名言"留给我们的珍宝

---

① 何塞·范·迪克. 连接：社交媒体批评史［M］. 晏青，陈光凤，译. 北京：中国人民大学出版社，2021：7.

（遗产）没有任何遗言"，以此探讨记忆在其中的独特意义，她说：

> 没有遗言，或回到这个隐喻的所指，即没有传统，在时间长河中就没有什么人为的连续性，对人来说既没有过去，也没有将来，只有世界的永恒流转和生命的生物循环……就政治现实来看，这一丧失几乎是不可避免的，而由于忘记，由于记忆的丧失，它的失落则达到了最高点，忘却不仅降临到继承人身上，也降临到那些曾在刹那间把珍宝握在掌中的行动者、见证人，即活着的当事人身上。因为记忆（虽然只是思想的一种方式，却是一种最重要的方式）只是在一个预先设定的参照系中起作用，而人类心灵只有在极罕见的情况下能保存那些完全没有联系的东西①。

虽然阿伦特对记忆的探讨仅限于人本身，没有涉及媒介记忆领域，但她将记忆视为人类思想的最重要的方式，将其放置于过去和未来的时间关系中思考，提醒我们记忆之于时间的重要性，以及时间之于记忆的重要性。

2. 社交媒体如何改变记忆的时间？

从记忆的时间看，社交媒体对记忆时间的塑造展现出多维度的复杂影响。它至少在以下三个方面显著地改变了记忆时间的内涵。

一是将作为记忆内容的时间并置。这意味着，不仅可以将不同记忆时段中针对同一时间点的记忆片段汇聚一处，还能够将多个被独立记忆的时间点并置呈现。尽管有时间序列/框架将它们安置在不同的时间点，但由于数字虚拟平台的特殊性，它们表征为同时可见，从而营造出一种同时共存的感觉。二是记忆发生的时间的变化。社交媒体环境下的记忆活动不再受限于特定的时间节点，而是赋予用户随时回溯、重温特定记忆片段的能力。这种变化极大地增强了记忆的可访问性和互动性。三是重构了人们对过去、现在与未来之间时间关系的认知。传统观念中，这三者往往被视为线性递进的。然而，在社交媒体的影响下，过去、现在与未来之间的界限变得模糊，它们被并置于同一时间维度下，从而打破了传统时间观念的线性束缚。将过去直接放置于当下，使得时间体验更加多元和立体。

---

① 汉娜·阿伦特. 过去与未来之间［M］. 王寅丽，张立立，译. 南京：译林出版社，2011：3.

3. "对的时间"：社交媒体重构记忆时间

社交媒体建构了一个记忆的时间系统。何时记忆，记忆何时？社会技术的建构在社交媒体记忆时间中体现为运用社会逻辑和算法技术逻辑为上述问题提供答案。"对的时间的记忆"成为一个重要的概念。

社交媒体、时间性和我们记忆过去的方式之间有什么关系？借鉴艾娜·布彻（Iaina Bucher）对算法媒体"Kairologic"的理论化，本杰明·N. 雅克布森（Benjamin N Jacobsen）提出了"正确时间记忆"的概念，以探索社交媒体记忆的时间是如何在社会技术上产生的①。他探讨了社交媒体和时间之间的关系如何在过去的日常互动中发挥作用，不仅确定了哪些内容作为"记忆"重新浮现，而且还确定了这些记忆何时在当下变得重要。即在什么时间记忆什么内容，不是由记忆主体、记忆内容及其相关的时间决定，而是取决于算法。当然，算法不是纯粹的技术逻辑，而是技术与社会逻辑的共同作用使得某些时间变得更富有意味和重要性。而且，这个时间往往具有重复性，比如周年的时间概念。如果我们接受这个"正确的时间"，意味着我们可能周期性地与数字化的过去互动，因而改变日常生活的节奏，社交媒体时间由此更深刻地嵌入人们的日常生活。

以手机应用为例，比如手机相册的回忆功能，通过周年等时间框架推送照片，启动用户的记忆。社交平台此类应用更为普遍，既有那些针对个体记忆的内容，也有针对集体或者社会事件的内容。它们通过对社交媒体中个体记忆数据的推送，使个体定期重访过去，强化了个体记忆。集体记忆的数据则往往在恰当的时候通过标签、话题的方式，将过去呈现于当下，成为当下互动的焦点，由此使用户参与集体记忆的建构。

上述简要分析表明，社交媒体时代，记忆的时间从观念到实践都发生了重要改变。首先，不同时间发生的"过去"也可以以数字化形式存在；其次，记忆的时间更加灵活，受众被定期推送的文本所吸引，被动纳入记忆建构之中；此外，记忆的线性时间感一定程度上被数字空间的同时并置性所消解。其中，记忆的时间尤为突出地体现了算法作为技术逻辑如何利用社会逻辑重构社交媒体时代人们的记忆节奏，乃至整个生活节奏。如果说，过去唤起记忆的因素主要是与事件发生的纪念日、与特定的人和物的相遇，那么社交媒体时代，算法

---

① Benjamin N Jacobsen. When is the right time to remember? Social media memories, temporality and the kairologic [J]. New media & society, 2022, 00 (0): 1—17.

为我们设计了记忆发生的时间。

我们不是从社交媒体的档案中主动提取记忆，而是越来越多地在某些编程的时间点被动唤起记忆。

Kairologic 成为一个概念框架，预示着"平台政治"以及平台如何使用时间和算法系统进一步将它们嵌入人们的生活。因此，社交媒体记忆涉及一系列时间议题，如实时性与快速性，深入探讨这些问题，有助于我们更深刻地理解社交媒体如何构建并推动人们在社交媒体环境中的记忆过程。

（三）建构的地点：社交媒体作为记忆场所

1. 空间/场所/地点与记忆

在记忆研究中，既关注记忆的时间性，也关注记忆的空间性。

空间，或者说场所/地点对记忆而言，至少有两种含义：一是作为记忆对象；二是记忆发生的场域。记忆对象意义上的场所/地点主要指与记忆的人和事有关的地点，如被记忆的人生活和工作的地方，事件发生的地点。这些场所本身构成记忆内容的一部分。当人和事成为过去，场所作为唤起记忆的重要线索，其意义就凸显出来。人们迷恋这些场所，包括那些旧址，甚至是遗址，根本原因在于通过直接感受这些场所实在的物理空间，能够触发与之有关的人和事的想象与记忆。

在探讨记忆发生场域与记忆对象之间的关系时，我们不难发现两者之间存在显著的交集。具体而言，记忆对象所处的地点本身，往往能够成为记忆形成与储存的关键场所。当然，记忆的发生并不局限于记忆对象的直接所在地，而是可以随着记忆主体的位置变化而发生在任何地点。

在大众媒体尚未广泛普及的时代，记忆研究主要聚焦于那些专门为记忆建立的场所，如博物馆、纪念馆及档案馆等。这些场所的选址并不完全受限于记忆对象的实际所在地，而是可以在更广泛的地域范围内进行规划与建设。尽管如此，在设计与建设这些记忆场所时，通常会努力确保它们与记忆对象在意义层面上保持关联，以强化记忆效果与深度。

有关记忆场所的研究往往聚焦于记忆与实际的物理位置/地点的关系。许多研究都讨论了记忆空间对于记忆的重要性，比如围绕博物馆、纪念馆、纪念碑的研究。这些研究无不让人深刻感受到地点如何深刻作用于人们的记忆。但是，在社交媒体时代，和记忆的时间一样，记忆的地点也发生了重要的变化。

2. 社交媒体建构的记忆场所

时间与空间，是人类认识和把握世界的基本维度，是体现人类生存状态的基本维度，也是记忆的两个基本维度。社交媒体作为记忆场所，不仅在时间的维度上深刻地改变了记忆，更在空间/地点的维度上对记忆产生深远的影响。

从时间来看，大众媒体，比如书籍、影视等，也可以将过去带到眼前，使之在当下与我们发生交流与互动，社交媒体只是依据算法选定时间将纷繁复杂的过去一同呈现。然而，社交媒体对空间/地点的影响则更具颠覆性。它构建了一个完全虚拟的记忆场所，使记忆不再受限于物理空间的束缚，从而实现了对地点概念的重新定义与拓展。这种变革不仅彻底改变了记忆发生与存储的方式，更在深层次上影响了人类对于自我、世界以及历史的认知与理解。

就空间对于记忆的意义而言，社交媒体在两个方面重塑了地点的内涵。首先，从记忆对象看，传统上记忆的地点仅局限于现实物理世界中的具体场所。在社交媒体时代，记忆地点的范畴得以扩展，不仅涵盖实际存在的地点，还延伸到社交媒体平台上数字化呈现的虚拟地点。其次，记忆发生的场所也经历了深刻的变革。一方面，社交媒体本身成为构建与传播记忆的重要平台；另一方面，那些过去必须亲身造访的博物馆、纪念馆等场所，如今借助社交媒体提供的在线场馆功能，能够跨越物理界限实现线上参观与体验。

综上所述，在社交媒体时代，社交媒体成为记忆实践的新场所。相较于传统记忆场所，其核心特点在于虚拟性。这种虚拟性涵盖了时间和空间的双重维度，超越了时间的线性限制和物理空间的具象特征。其中，相较于物理空间而言的非具象性尤其值得关注。这也引发了一个问题：当真实的物理空间逐渐消失或隐退，虚拟空间中的记忆是否还能找到依托？

一方面，社交媒体所依托的数字技术极大地削弱了空间对信息传递的制约，使跨越具体空间界限、将地方性记忆融入无边界的网络世界成为可能，且这一过程变得既便捷又普遍。其直接后果是，记忆不再受地域的束缚。过去，记忆与具体场所之间的紧密联系显而易见，地点/场所不仅是记忆的物质载体，更是唤醒记忆不可或缺的要素。然而，在社交媒体所构建的数字化、虚拟化记忆场所中，传统上与特定地点紧密相连的个体记忆与集体记忆挣脱地理的羁绊，通过社交媒体这一新的公共表达平台得以呈现，并与其他记忆进行交流与对话，从而超越记忆的地方性。

另一方面，超越地域的连接能力/潜力并不意味着记忆完全摆脱地方因素的控制与影响。实际上，这一过程中隐含着错综复杂的地方权力关系，因此难以被视为真正意义上的民主化。莱昂妮·维瑟（Leonie Wieser）通过一项针对记录女性移民经历的在线地图项目的个案研究，揭示了数字媒体在挑战既存地方叙事及质疑排他性方面的积极作用。此类在线记忆地图旨在跨越群体与地域的界限，促进个人对特定地域记忆的连接。该研究明确指出，由于这些尝试发生在一个充满不平等现象的社会环境中，其中资源、时间及数字技能的获取并非人人平等，因此，线下的权力结构与社会地位不可避免地成为在线记忆地图制作过程中的一部分，进而对地方记忆的民主化创造构成了障碍①。

沿着记忆－地方的关系，有学者进一步探索社交媒体是否真的完全超越了地方，或者说地点对于社交媒体记忆是否真的不再重要。其研究结果表明，在社交媒体这样的网络空间，地点其实同样重要。如休·霍尔斯蒂德指出，数字记忆也是个人和地方记忆，它们都以现有地方政治和社区的轮廓为标志，并能够将这些轮廓重塑为新的、异质的和动态的场所②。《记忆研究》2021年第3期刊载的一组文章，将焦点从无位置转向位置，将特定形态重新嵌入数字记忆的无形框架之中，这些研究不仅勾勒出 Web 2.0 的局部特征，还深入探讨了地点性、社会地理与地域性，以及技术基础设施与专业知识如何共同作用于连接性的构建。正如作者所阐述的，这些学术成果至少提出了一个问题：在数字记忆的灰色地带中，是否潜藏着未被发掘的色彩。

不可否认的是，构建于虚拟时空之上的记忆场所，相较于传统形态，脱离了与记忆主体及记忆客体直接相关的物理环境。在此虚拟环境中塑造的记忆地点，其未来的演变趋势及将如何影响记忆机制，均是我们亟待探索的重要议题。此外，社交媒体的连接性使信息得以在多元平台间自由流通，因此社交媒体记忆处于持续的交流互动中，呈现出流动不息的状态。上述种种，均是我们必须深入思考的关键问题。

3. 虚拟场所与现实场所的连接

在探讨社交媒体场所概念之际，不可避免地触及虚拟场所与现实场所之间复杂而微妙的关系。"社交媒体的记忆场所"既指作为记忆内容的场所，即那些被记录、被回忆的具体空间，也指社交媒体平台本身，它作为一个独立的场域，承载着记忆的产生与累积。这两种意义上的场所在本质上区别于现实物理

---

① Leonie Wieser. Placeless and barrier-free? connecting place memories online within an unequal society [J]. Memory studies，2021，14（3）：650—662.

② Huw Halstead. Cyberplace：From fantasies of placelessness to connective emplacement [J]. Memory studies，2021，14（3）：561—571.

空间的场所，但同时又通过多元化的途径与现实场所紧密相连。这种连接主要通过以下三种方式实现。

记忆的连接

记忆的虚拟场所和现实场所往往通过记忆本身发生连接。一方面，被记忆的地点，不管以什么方式呈现于社交媒体之中，一旦记忆发生，便与其相关的现实场所自然发生联系。另一方面，社交媒体作为记忆场所，可以通过定位、图标等方式与实际地点发生联系。我们把数字连接放在口袋里，虚拟场所变为模糊的分层或与物理世界交织在一起。定位服务加强了这种放置的连接性。对于一些理论家来说，数字化构成了人类历史的范式转变，迎来了一个后数字时代，在这个时代，区分数字和非数字变得（或将变得）荒谬①。

技术的连接

从行为实践看，记忆过程在本质上起到了桥梁作用，将记忆的虚拟场景与现实场景连接起来；从技术层面看，则是现代数字技术为这种连接提供了便捷性和可能性。如定位技术，在大多数情况下，促进了记忆产生的媒体空间与现实空间的有效融合。以微信朋友圈为例，用户在发布动态时选择附带位置信息，不仅将所分享的内容与实际地理位置紧密绑定，还实现了媒介记忆空间与现实物理空间之间的关联，使得"消失的地域"在数字世界中得以重现。

人的连接

从记忆主体的角度看，人是社交媒体虚拟场所和现实场所的连接者。正是作为记忆主体的人的存在，媒介记忆场与现实场的连接才有了意义。

社交媒体所建构的虚拟场所与现实场所多途径连接关系对记忆具有重要影响，突出表现为两个不同场所的记忆之间相互影响。在记忆的形成、保持和产生的影响方面，二者相互作用。虚拟场所的记忆影响力不在虚拟场所中，而在人们的实际生活中；现实场所中的记忆也数字化地储存在社交媒体的虚拟场所中。这使得社交媒体时代的记忆变得较大众媒体时代更为复杂。

（四）连接而非记录/记载

刚刚我们讨论了虚拟场所和现实场所的连接，接下来我们将进一步从连接的角度审视社交媒体作为记忆场所对记忆方式的深远影响。回溯媒体与记忆关系之历史脉络，不难发现，大众媒体时期，媒介之于记忆的核心价值在于其作

---

① Huw Halstead. Cyberplace：From fantasies of placelessness to connective emplacement［J］. Memory studies，2021，14（3）：561-571.

为记忆的载体，可以担负承载与存储人类记忆的重任。但到了社交媒体时代，连接性逐渐超越单纯的承载与存储功能，成为最鲜明的特点。

1. 以连接为目的的记忆

范·迪克在对社交媒体史的批判性考察中揭示了社交媒体的本质特性——"连接"，他指出：

> 描述社交媒体功能的关键术语，例如"社交""协作"和"好友"，与早期乌托邦式的互联网社群主义术语产生共鸣，体现其是一个内在的强化社交活动的空间。实际上，这些词语的含义越来越多地受到引导人类社会性的自动化技术的影响。从这个角度而言，"连接媒体"一词要比"社交媒体"贴切[①]。

大众媒体的核心特点在于受众的广泛性、普遍性，社交媒体的核心特点则体现为连接性。连接性对记忆意味着什么？援引哈布瓦赫对记忆的研究，我们可以更深刻地理解连接的意义。他认为并不存在真正的个体记忆，记忆总是集体的，是在与他人的联系中产生的。由此观之，社交媒体为个体搭建了一个平台，使他们在与他人的连接中共同进行记忆构建，并促进记忆通过互动进行传播。在此情境下，连接的可能性决定了个体记忆转化为集体记忆的可能，同时决定了集体记忆能够在多大范围内成为共享的记忆。正如社交媒体的连接价值能够量化评估，作为记忆媒介的社交媒体的价值同样具备可量化的特性。

> 从在线社交的技术文字中我们得出，连通性是一种可量化的价值，也被称为受欢迎原则：你拥有和建立的联系越多，你就会变得越有价值，因为更多的人认为你很受欢迎，因此想与你建立联系[②]。

我们在此前论述了社交媒体时代背景下记忆主体的演变趋势，以及个体记忆与集体记忆之间互动关系的转变。这一变化过程，从根本上讲，是社交媒体的连接性特征所驱动的结果。

---

① 何塞·范·迪克. 连接：社交媒体批评史［M］. 晏青，陈光凤，译. 北京：中国人民大学出版社，2021：14.

② 何塞·范·迪克. 连接：社交媒体批评史［M］. 晏青，陈光凤，译. 北京：中国人民大学出版社，2021：14.

"为何记忆"是记忆研究领域中的一个核心议题。记忆作为人的基本机能，其必要性源自人类生存需求。若无记忆，人类将无法累积并传递经验，从而阻碍文明的进步与发展。从更高层次的人类需求看，记忆还构成了个体自我认同与集体认同的基石，是形成社会共同体不可或缺的条件。而今，社交媒体作为新兴的记忆媒介，通过广泛的连接，使得记忆的共享与意义的传播成为可能，极大地丰富了人类记忆的表达与传承方式。

2. 以互动为主要方式的记忆

社交媒体记忆以连接为核心，其主要范式不再是叙事，而是互动。

丽塔尔·赫尼格（Lital Henig）和托比亚斯·埃布雷希特－哈特曼（Tobias Ebbrecht-Hartmann）通过大屠杀记忆来研究社交媒体记忆中的媒介见证和自我书写。他们将记忆的媒介见证分为三种类型：记者见证、暴行见证和社交媒体见证。记者见证模式专注于讲述正在发生的事情，暴行见证模式侧重于展示羞辱和肇事，社交媒体见证模式侧重于通过共同创造来分享经验。与过去的媒介记忆通常侧重于记录和保存不同，互动而非叙述成为记忆的新范式。

> 通过 Instagram 等社交媒体生态来纪念大屠杀，使得数字纪念活动侧重于用户的当前体验而不是历史经验和证据，关注响应空间而不是历史遗址，关注情感的简短表达而不是历史信息的叙述。在此过程中，注意力从过去转移到现在，从历史转移到经验，从"他者"转移到"自我"，专注于探索一个由用户填充的响应空间，这些空间由以自我为中心的数字共创记忆组合①。

社交媒体上的其他记忆也同样体现出这些特点：记忆的主导范式由叙事变为互动；注重情感表达而不是历史信息叙述；关注当下而不是过去；关注自我而不是他者。需要注意的是，强调连接与互动的重要性，并不等于否认社交媒体在记录与叙事方面的功能。实际上，作为数字媒介，社交媒体在记录和存储方面的能力远超大众媒体，这一点我们将在后续内容中详细阐述。同样地，社交媒体记忆依然以叙事为基本手段，可以灵活自由地采用文字、声音、图像、

---

① Lital Henig, Tobias Ebbrecht-Hartmann. Witnessing Eva stories: media witnessing and self-inscription in social media memory [J]. New media & society, 2022, 24 (1): 202−226.

视频等多种符号形式进行叙事，以更为生动和丰富的手法叙述历史。而且，社交媒体还可以将不同时空的叙事并置于同一数字虚拟空间——这一点我们在前文已有所探讨。只是相较于存储与叙事功能，连接与互动性更能彰显数字化社交媒体的本质特点。

（五）无限的内容与"退隐"的媒体

在关于连接性的讨论中，我们明确指出，连接性不意味着存储、承载能力的缺失。恰恰相反，就记忆而言，在社交媒体时代，我们需要面对的是无处不在的记忆。记忆媒介的存储能力问题已经从过去存储能力的需要提升为如何控制因存储能力过于强大而产生的记忆危机问题。这便是本书开篇所聚焦的关键问题，即在社交媒体时代，记忆、记忆媒介本身已成为亟待探讨的问题。

尽管我们从多个维度——主体、时间、空间、方式来深入探讨了社交媒体所带来的显而易见的影响，但在社交媒体广泛普及的今天，相较于无处不在的数字痕迹这一记忆资源，记忆媒介的重要性似乎有所减弱。换言之，媒体作为记忆载体的显著地位似乎逐渐淡化，而记忆本身作为一个核心议题愈发凸显。

鉴于媒介存储能力的显著提升，特别是数字媒介所展现出的近乎无限的存储潜力，当前人类社会面临着一个新议题：当记忆的体外化存储不再成为限制时，人类自身生命体所承载的记忆是否仍保持着原有的意义与价值。这深刻反映了社交媒体时代记忆所处的独特现实生态：内容无限膨胀，而记忆媒介则一定程度上"退隐"于幕后。

在探讨新技术催生的新型社交媒体如何赋权个体，如何创造新的记忆场所之时，我们不禁为突破记忆界限的潜力感到振奋。然而，技术进步的双刃剑特性不容忽视。人类既面临无限存储的诱人前景，又饱受记忆消逝的困扰。当记忆资源变得触手可及，其本质定义亦变得模糊。在记忆媒介容量不再受限的背景下，媒介本身作为记忆障碍的问题似乎已迎刃而解，进而引发深思——媒介对于记忆而言是否不再重要？而我们需要讨论的是记忆还在吗？米兰·昆德拉曾说，人类对抗权力，其实就是记忆对抗遗忘。若遗忘不复存在，或者说，记忆变得更加珍贵之时，我们该如何把握它，或者能够如何把握它。

如果说从本质层面思考社交媒体对记忆的深刻影响，是哲学家、心理学家、文化学者、传播学者等热衷的问题，那么对于社交媒体的使用者——记忆主体而言，他们也在微观的个体记忆实践中时常遭遇社交媒体引发的记忆困惑。当社交媒体已经成为基础设施时，这种困惑并非直接体现于媒体本身，而是显现在个体需应对的记忆内容及呈现方式的变革之中。

　　作为数字化的记忆，社交媒体中的记忆是即时的和可访问的，偶然的和可撤销的；但也有分布和扩散，流动和回避，一次性和交叉性，并且总是势不可挡的[①]。霍斯金斯认为，这种"即时"记忆，处于"永久成为"的状态。这便是我们为何以"复杂性"概括强调社交媒体时代记忆特点的根本原因。

---

　　① Huw Halstead. Cyberplace：from fantasies of placelessness to connective emplacement［J］. Memory studies，2021，14（3）：561—571.

第三章　社交媒体时代的记忆：关键概念

　　理解关键概念是洞察研究对象的一条有效途径。一系列关键概念共同构成了理解研究对象的基本框架，引导我们将注意力聚焦于对象的核心之处。相较于传统媒体时代和大众媒体时代，社交媒体时代的记忆究竟呈现出怎样的特征？发生了哪些显著变化？人们在理解和把握这一现实时最关切的问题是什么？本章旨在通过对关键概念的阐释，来揭示社交媒体时代记忆的本质。

　　在探究社交媒体时代记忆场域的过程中，我们围绕记忆及记忆研究所涉及的主体、时间、场所、内容、方式等核心议题，侧重于从微观层面展开分析。本章选取三组关键词作为切入点，从中观层面审视社交媒体时代几个突出困扰人们的记忆问题。它们反映了社交媒介技术背景下的新媒介记忆生态对记忆产生的根本性影响，是理解社交媒体时代记忆所必须正视和澄清的基本议题。

　　关键概念的选取取决于所采用的方法和视角。本书旨在将社交媒体与记忆这两个研究领域内的相关概念进行整合思考，从而明确在社交媒体时代背景下，记忆研究所应关注的核心概念。

　　在《新媒介：关键概念》一书中，作者详细阐述了由网络、信息、交互界面、档案、互动性、仿真等要素构成的新媒体研究概念体系。社交媒体是当前新媒体的主要表现形式，故上述概念在社交媒体领域中同样具有适用性。具体而言，网络、信息、档案、互动等要素构成了人文主义视角下社交媒体研究的重点范畴。从记忆视角看，信息与档案可被视为记录的形式，并在多种研究情境中直接被等同于记忆本身。因此，记录与记忆构成了第一组核心关键词。

　　网络、交互界面、互动性等要素则聚焦于新媒介技术所带来的信息生产与传播方式的变革，从记忆视角审视，它们更多地与数字记忆相关。数字记忆无疑是社交媒体时代记忆研究最核心的概念，其与媒介记忆之间的联系与差异，已成为该领域研究的关键议题。因此，媒介记忆与数字记忆构成我们分析的第二组核心概念。

　　此外，作为记忆研究的基石，个体记忆、集体记忆以及文化记忆在社交媒体时代的记忆研究中依然占据着重要地位。鉴于档案的数字化对这三种记忆均产生了深远的影响，我们将从数字档案的角度剖析社交媒体时代个体记忆、集体记忆和文化记忆这三个概念内涵所发生的变化。

一、记录/档案与记忆

在社交媒体时代，记忆研究领域所面临的首要问题为：海量的数字记录与档案，是否应当被归为记忆？

起初，心理学领域的记忆研究将记忆视为人的基本机能。随后，哈布瓦赫通过引入集体记忆的概念，将其拓展至社会学领域。此后，扬·阿斯曼与阿莱达·阿斯曼夫妇又借助文化记忆的概念，进一步将其深化至人类文化的广阔领域。在过往的学术讨论中，尽管对于集体记忆、文化记忆等概念的争论从未停歇，但记忆这一概念本身仍保持着相对明确的界定。不同学科间存在一项基本共识，即严格意义上，唯有个体才具备记忆能力。无论是群体还是文化，均不具备严格意义上的记忆，说群体或文化具有记忆是不合理的，会造成困惑[①]。然而，在大众媒介成为记忆媒介之后，从媒介与记忆关系视角考虑记忆概念时则出现了较大的分歧。

例如，大众媒体中的新闻报道/文本，是否应被视为记忆？那句"今天的新闻，明天的历史"并未能有效解答人们对于记忆与新闻之间关系的疑惑。步入社交媒体时代，媒介实践、媒介内容、数字痕迹等实践活动及其遗留的痕迹，以及它们所构成的数字档案，是否应纳入记忆的范畴？这些疑问随着社交媒体的广泛普及而愈发显得扑朔迷离。究其根源，社交媒体时代的数字技术彻底颠覆了记忆的实践方式，改变了记忆的存在形态。因此，记录与记忆之间的关系再次凸显，记忆概念也再次面临严峻挑战。其核心问题依然聚焦于如何准确理解记录与记忆，或者说数字档案与记忆之间的关系。

具体而言，需解答如下问题：数字化的记录行为及其所留痕迹、庞大的记录信息是否可归为记忆？当我们说记忆成为常态、遗忘成为例外时，这里所说的记忆还是人们理解的基于神经基础的人类记忆吗？在媒介记忆研究领域，媒介与记忆之间的关系深刻影响着对媒介记忆概念的阐释，而记录与记忆之间的关联，正是这一领域中的核心议题。

"记录"与"记忆"这两个中文词汇的内涵差异清晰可辨。记录的核心在

---

① 扬·阿斯曼. 什么是"文化记忆"？[J]. 陈国战，译. 国外理论动态，2016（06）：18—26.

于保存，其主体既可以是个人，也可以是媒介组织，甚至是技术，如人工智能；记忆则专注于回忆，特指人的心理活动，是当下对过往的唤起。从两者的联系来看，记录可以成为记忆的资源，或是触发记忆的因素。在社交媒体时代，人类对大脑存储能力的依赖进一步减弱，大量的信息与经历被转移至数字化的虚拟空间。诸如照片、视频、状态更新及推文等数字记录，既可以作为永恒的档案——记忆资源而留存，也能够成为人们回忆的媒介。这一转变引发了新的问题与挑战。关键在于，相较于人类有限的记忆能力，以记录或档案形式存在的资源是无限的。在此情境下，记录或档案是否应被视为记忆，值得深思。

从媒介视角出发，媒介记忆的定义自其提出之初便存在着一定的模糊性，进入社交媒体时代后，面对数字档案与数字记录，这种模糊性愈发显得含混不清。

有研究指出，可以从三个层面对媒介记忆进行归纳，即用户使用媒介所产生的记忆、媒介自身的发展记忆（历史）、媒介中所存储的各式记忆[①]。从广义来看，媒介所承载的各类记忆资源（即媒介记录的各种信息资源）及其自身发展的历史进程，均可被视为记忆的一部分。然而，从狭义层面而言，媒介记忆更多地聚焦于用户（既包括个体用户，也涵盖以组织名义进行内容生产的各类机构用户）使用媒介所生产的记忆，此类记忆更契合记忆的本质含义。当然，这并不意味着媒介所承载的记忆资源及其自身发展的历史不应被纳入研究范畴，而是强调媒介记忆研究应有其特定的关注重点。当探讨媒介作为记忆中介的功能，以及媒介存储（记录）资源作为激发人们记忆的关键因素时，这些方面也需被纳入研究视野。因此，在更为严谨的意义上，媒介记忆研究主要关注的是用户使用媒介所生产的记忆，而非关于媒介发展历史的记忆。

我们在此处讨论记录/档案和记忆的关系时，有意回避了记忆研究中以记忆和回忆两个概念来澄清记忆概念的努力，后者力图强调回忆的主体性和记忆概念所蕴含的"术"与"力"（正如阿莱达·阿斯曼在《回忆空间》一书中所做的工作那样）。在传统媒介时代，以媒介作为物质中介的记忆和人作为记忆主体的回忆之间还有相当的距离，且媒介所具备的日益增强的存储能力，与数字媒体相比存在显著差异，因此，记忆与回忆之间的区分更具实效性。然而，在社交媒体盛行的当下，数字记忆已非单纯的外化记忆形态，它已紧密交织于

---

① 胡康，郑一卉."记忆"之辨：新闻传播学领域记忆研究的概念辨析与方法论反思［J］. 新闻与写作，2024（08）：62-72.

人类的回忆之中，特别是在社交媒体深度融入人们日常生活之后，二者之间的界限已愈发模糊，难以明确划分。汉语中，"记录"与"记忆"的显著差异，有助于我们在深入探究数字记忆的各种影响时，铭记人的主体性始终是记忆的根本所在。在关注媒介技术所带来的影响时，我们应始终不忘记忆研究的出发点与最终关切，即作为记忆主体的人类。

二、媒介记忆与数字记忆

（一）记忆研究的三次转向及其意义

在回溯记忆研究的发展历程时，我们简要阐述了记忆研究的核心概念。从类型划分来看，个体记忆、集体记忆、文化记忆以及当前研究的重点——数字记忆，共同构成了记忆研究领域的基本概念体系。在探讨社交媒体作为记忆场所带来的变革时，我们回顾了不同媒介时代的记忆特征，对传统媒介时代、大众媒介时代以及数字化社交媒体时代的记忆特点与演变路径进行了分析与比较。上述研究已大致勾勒出记忆研究演变的脉络。寻此脉络，可以进一步探究记忆研究变迁的外部环境因素与内在动力机制，特别是媒介变迁与记忆之间存在的密切联系。

以上述四个关键词为线索，记忆研究大致可划分为四个阶段及三次重要转向。第一个阶段，记忆研究主要发生在心理学领域，致力于探讨个体记忆功能，深入挖掘个体记忆能力的生理心理学基础，旨在揭示记忆的内在运作机制并促进个体记忆能力的提升。第二个阶段以哈布瓦赫的研究为代表，他提出集体记忆的概念，用以分析记忆的社会维度，从而将记忆研究的焦点从个体心理学领域拓展至社会学领域，这标志着记忆研究的第一次重要转向，即社会学转向。第三阶段以扬·阿斯曼与阿莱达·阿斯曼夫妇的文化记忆研究为标志，他们在哈布瓦赫研究的基础上进一步拓宽记忆研究的范畴，将其延伸至文化学领域，标志着记忆研究的第二次转向，即文化学转向。第四阶段的研究重心转移至数字记忆，该阶段方兴未艾，范·迪克提出的记忆的"连接转向"具有代表性。前三个阶段均着重强调记忆主体及记忆的社会属性，而第四阶段则侧重于媒介技术所带来的影响，从技术视角审视记忆的变化，可称之为记忆的技术转向。正是得益于数字技术，数字记忆概念诞生。数字技术赋予记忆区别于以往的特征，为记忆提供了传统媒介时代难以达到的可能性，与此同时，也使之面临前所未有的风险与挑战。

对四个阶段三次转向的解读，有助于我们在记忆研究的整体架构内，准确理解和把握社交媒体时代提出数字记忆概念的深远意义。首先，核心概念的演变，不仅映射出研究焦点的转移，更体现了人类对记忆本质认知的持续深化与拓展。从聚焦于个体心理层面的研究，到重视记忆的社会维度、文化维度，再到关注其技术维度，这一过程标志着人们对记忆的理解已从单纯的生理、心理机能，扩展至社会文化机制如何作用于记忆的生成、共享、存储及传播。其次，三次转向分别植根于不同的社会文化背景与学术发展脉络，遵循着各异的逻辑，这充分说明记忆研究深受特定社会文化背景及学术研究背景的制约，带有鲜明的时代印记。最后，概念界定标准的非统一性，以及概念间关系的模糊性，在一定程度上阻碍了人们对记忆本质的准确理解。各概念间的内在联系，尤其是个体记忆与集体记忆、集体记忆与文化记忆之间的联系，始终吸引着研究者的广泛关注，成为记忆研究领域经久不衰的经典议题。

总体而言，通过对内涵与外延的阐释、研究者旨趣的澄清以及关注点的分析等具体手段，可以较为清晰地把握概念间的关系，正如扬·阿斯曼对集体记忆与文化记忆概念的剖析所揭示的那样。换言之，这些概念之间存在着可辨识的界限。然而，数字记忆则呈现出不同的特征，其技术维度与主体维度分属迥异的范畴，因此，无法在同一纬度区分数字记忆与个体记忆、集体记忆、文化记忆。实际上，数字记忆的概念涵盖了个体记忆、集体记忆和文化记忆。因此，数字记忆的研究并非旨在与其他概念进行简单比较，而是采用叠加的方式，如数字化的个体记忆、数字化的集体记忆以及数字化的文化记忆。这样的处理方式，相较于以往的研究，整合了两个维度，在继承传统核心概念内涵的同时，也凸显了技术的重要性。在数字技术日益"殖民"人类的记忆场景并成为人类记忆的主要方式时，数字记忆概念的提出有助于更好地理解和把握当下的记忆形式，但在纯粹采用数字记忆这一概念时，需警惕其可能削弱记忆概念的丰富内涵，将其简化为对记忆技术的表述。

（二）媒介记忆与数字记忆

在与个体记忆、集体记忆和文化记忆共同构成的概念体系中，数字记忆彰显了其技术维度的特性；在媒介记忆概念及其依据不同媒介类型所区分的各类记忆（如报纸记忆、广播记忆、电视记忆、网络记忆及数字记忆）中，数字记忆则标志着基于最新媒介技术所形成的记忆形态。因此，可以认为数字记忆这一概念从根本上聚焦于记忆与媒介之间的关系，标志着媒介记忆发展进程中的一个新阶段。

审视记忆自身的发展历程及记忆研究的演进历史，可以清晰地观察到，记忆从个体层面扩展至集体层面，从历史维度延伸至社会维度，并伴随着媒介的变迁，由传统的媒介形式逐步转向数字媒介，记忆通过媒介的作用不断实现从个体内向传播到向外在世界传播的广泛拓展。

在讨论社交媒体时代的记忆议题时，我们主要聚焦于由社交媒体所构建的新媒介生态系统中记忆的构建、分享、存储与传播等核心环节。在此过程中，媒介被视为承载记忆的场所，而非记忆的主体，因此，我们并未采用个体记忆、集体记忆等主体视角来阐释媒介记忆的概念。然而，媒介与记忆之间的关系始终是记忆本质需直面的问题，也是决定记忆生产、存续及传承的根本所在，因此，它也成为记忆研究领域关注的关键问题。但从概念层面审视，无论是传统的报纸时代，还是随后的广播电视时代，均未对媒介记忆概念及其相关的细分概念，如报纸记忆、广播记忆、电视记忆等给予特别显著的强调。

虽然在电视研究中，如丹尼尔·戴扬和伊莱休·卡茨关于媒介事件的研究[1]，隐而不显地涉及媒介记忆的讨论，但媒介记忆概念本身尚未得到相应关注。

在数字媒介时代，数字记忆的概念已被广泛接纳并普遍应用，这一现象背后主要有三大原因：首先，数字技术的影响力极为深远，其对记忆所产生的影响远超以往任何媒介技术；其次，随着数字化记忆档案的持续累积与指数级增长，它们已成为记忆储存、分享及传播的关键形式，记忆研究对此无法忽视；最后，当前社会个体对数字化记忆的依赖程度日益加深，使其成为记忆的主要载体。我们正迫切地将所有信息数字化，无论是过去的历史和文化，还是当下的新闻和时尚，甚至我们的所见所闻、所思所想、所作所为以及情绪的微妙波动，都将被数字化，甚至有可能成为一种长期保留的记忆。数字化记忆已经成为当下人类一切记忆的终极归宿[2]。

关于如何准确把握数字记忆的概念，基于当前对数字记忆的研究成果，我们认为应关注以下几点。

首先，网络构成数字记忆存在的核心场域。诚然，数字化的记忆能够存储于独立的物理介质之上，但数字记忆的生产、存储、检索、提取、传播及共享等关键环节，主要在网络环境中进行。在当前时代背景下，这一场域主要体现

---

① 丹尼尔·戴扬，伊莱休·卡茨. 媒介事件 [M]. 麻争旗，译. 北京：北京广播学院出版社，2000.

② 邵鹏. 记忆 4.0：数字记忆与人类记忆的归宿 [J]. 新闻大学，2016（05）：67−72＋149.

为社交媒体主导的网络空间。正因为如此，今天的记忆研究领域已从"媒介记忆研究"发展到"数字记忆研究"的阶段，数字化、社交化的视听媒介已形成了新的记忆之场①。

其次，数字记忆兼具私人性与公共性特征。私人性体现为数字记忆涵盖了普通用户的日常生活轨迹、网络行为痕迹等私人性的内容；公共性则源于数字记忆置身于公共的网络环境之中，自然承载的公共属性。私人性与公共性在数字记忆中实现了对传统记忆领域界限的跨越，共同构成数字记忆的双重属性，这也是社交媒体记忆复杂性的根源所在。范·迪克②指出，网络社会最为显著的一个特征，便是分界线的消失：社会生活的宏观、中间和微观层次之间的分界线，公共和私人领域之间的分界线，生活、工作、学习、娱乐和旅行之间的分界线③。数字记忆兼具私人与公共属性，此特征恰为网络社会中私人领域与公共领域界限模糊的一种体现。吴世文等将数字时代背景下媒介记忆的转向概括为个体化趋向与"假肢记忆"。他们指出，媒介叙事呈现出明显的个体化倾向，个体记忆由此改变了以往的私人性，呈现出向外展演的特征。数字媒介的交互性使得人们可以参与"假肢记忆"的创造过程，而不只是被动接受文化产品所提供的"假肢记忆"④。

第三，数字档案构成了数字记忆存在的主要形式。随着数字媒介技术的广泛普及，大量新型的记忆形式得以产生，包括数字文本、可视化资料、虚拟影像、交互式视频以及时空数据等。这些记忆形式通过数字媒介功能的持续强化，已转变为一种可供全球共享的信息与资源，从而形成了人类记忆的新形态——数字记忆⑤。这些所谓的"记忆数据"构成了记忆的"数字档案"，涵盖了所有在数字空间内由用户创造或从线下数字化转移而来的事件信息、经历信息，以及在此过程中留下的数字化痕迹。与实体空间及传统档案中的记忆不同，数字记忆寓于数据之中，数据成为记忆的存在载体。数字记忆的本质特征

① 曾一果，凡婷婷. 数字时代的媒介记忆：视听装置系统与新记忆之场［J］. 现代传播，2023，45（01）：93−101.

② 本书引用了何塞·范·迪克两本译著和几篇论文，《网络社会》一书将其译为简·梵·迪克，为保持全书统一，正文中统一使用范·迪克的译法。

③ 简·梵·迪克. 网络社会——新媒体的社会层面：第二版［M］. 蔡静，译. 北京：清华大学出版社，2014：173.

④ 吴世文，杜莉华，罗一凡. 数字时代的媒介记忆：转向与挑战［J］. 青年记者，2021（10）：9−11.

⑤ 刘晗. 参与·网络·仓储：记忆实践路径下的数字记忆建构［J］. 新闻与传播评论，2023，76（04）：60−70.

之一是记忆的数字化，其结果是产生了大量的记忆数据①。

第四，数字记忆在改变记忆方式的同时引发了一系列新的问题。记忆的数字化过程进一步促使人类记忆外化，随着人们对数字记忆的依赖日益加深，由数字记忆的永久性所引发的一系列问题逐渐浮现，包括数字遗产、数字永生、记忆与遗忘等多个方面。例如数字遗产问题已切实成为亟待解决的议题。它在生者与逝者之间的数字互动中扮演着情感媒介、表演媒介以及记忆媒介的关键角色，具有深远的影响。通常而言，数字遗产，即 Digital Legacy 或 Digital Inheritance，是指个人可继承的数字物质遗产或数字精神遗产②。数字技术的不断进步使得数字记忆具备了长期乃至永久保存的可能性，进而引发了关于数字永生的相关议题。就当下而言，虚拟数字人与记忆数字化两项新兴媒介技术为数字永生的实现搭建了可供性对话③。

综上所述，在数字媒介时代，数字记忆已成为记忆的主要表现形式。其存在方式主要以数字痕迹、数字文本、数字影像、互动视频以及时空数据等构成的数字档案为主。数字记忆的生产、存储、提取、分享与传播均依赖于数字媒介技术，兼具私人性与公共性，并具有可永久保存、随时删除、随时提取等多重特性。

三、数字档案与社交媒体时代的个体记忆、集体记忆、文化记忆

数字档案是社交媒体时代记忆存在的主要形式，探究数字档案与个体记忆、集体记忆以及文化记忆之间的关系，是深入理解上述记忆核心概念在社交媒体时代意义变迁的根本途径。

雅克·德里达（Jacques Derrida）以"档案狂热"来描述数字传播和存储媒介所带来的档案的一系列变化，提供了"关于电子媒介，特别是电子邮件，无所不在的影响力的重要论述；而包含电子邮件在内的电子媒介对于人类的整个公共和私人空间均产生了深刻影响"④。德里达认为，档案最初被保存在一

---

① 吴世文，贺一飞. 睹"数"思人：数字时代的记忆与"记忆数据"［J］. 新闻与写作，2022（02）：16-24.

② 董嘉楠，谢巍. 记忆或遗忘——人们如何处理数字"身后事"［J］. 北京印刷学院学报，2024，32（02）：36-41.

③ 石中钰. 数字永生的幻影：虚拟数字人与记忆数字化［J］. 东南传播，2023（06）：28-32.

④ 尼古拉斯·盖恩，戴维·比尔. 新媒介：关键概念［M］. 刘君，周竞男，译. 上海：复旦大学出版社，2021：68.

个专有的空间，而传统意义上，这个空间由执法官或统治者所把控①。1994
年，德里达对档案进行分析之际，正值网络初步普及之时。彼时，以电子邮件
为代表的网络电子媒介与当今由社交媒体主导的数字网络世界相去甚远。尽管
德里达已敏锐地察觉到档案电子化与数字化的深远影响——档案正逐步趋向个
人化，不再以公共的、国家控制的形式存在于防范森严的私人空间里，而是日
益变得公开化，并允许个人来建构、维护和控制②，然而，当时的技术条件限
制了其想象的深度与广度，他未能深入地探讨未来数字时代档案与人类记忆之
间的关系。尽管如此，他所提出的路径方向和理论框架依然构成我们理解社交
媒体时代数字档案与记忆关系的重要理论基础，尤其是关于数字档案个人化方
面的分析。

　　在社交媒体蓬勃发展之后，档案领域所经历的变革至少体现在以下三
方面。

　　第一，档案的生产主体由原先掌握特定权力及技术的精英阶层，转变为涵
盖普通用户在内的多元化群体。鉴于书写、存储与传播媒介技术的限制，以及
档案所承载的社会政治功能，以往档案的编纂工作主要由专业的组织机构和专
职人员承担。换言之，技术与权力共同界定了档案的编纂者、内容及形式，并
决定了档案的检索路径。到了社交媒体时代，普通用户能担当档案的生产者与
使用者角色，这意味着普通个体的日常生活档案已成为数字档案不可或缺的组
成部分。鉴于普通用户群体的庞大基数，有理由推测，普通人的日常生活档案
在数量上极有可能超越通过制度化、机构化、专业化流程生产的档案。

　　第二，档案呈现多媒体化趋势。文字、声音、图像、视频等多种表现形式
均可作为档案的承载媒介，它们以丰富多元的方式，成为唤醒记忆的线索。

　　第三，档案存储方式的数字化。数字化技术消解了传统档案存储空间的局
限性，使其转化为一种虚拟的数字化的存在形态，为档案的存储提供了无限扩
展的潜力。其次，数字化使得档案的存取过程变得更为便捷高效，理论上看，
数字档案可以随时随地被访问和获取。此外，数字化档案所具备的开放性和连
接性特征，对传统档案的稳定性构成挑战。开放性和连接性表明，数字化档案
可能处于持续且动态的变化之中，例如在线协作式编辑的维基百科类档案。

　　上述特征既是"档案狂热"的外在表现，也是其内在结果。如何对待数字

---

　　① 尼古拉斯·盖恩，戴维·比尔. 新媒介：关键概念［M］. 刘君，周竞男，译. 上海：复旦大
学出版社，2021：69.

　　② 尼古拉斯·盖恩，戴维·比尔. 新媒介：关键概念［M］. 刘君，周竞男，译. 上海：复旦大
学出版社，2021：70.

档案？我们应树立这样一种观念：档案的存在并不局限于书面文字的形式，其起始与终结并非由书面文字所界定。相反，我们应当将档案视为一种更为广义的、形态多样的、存储数据的媒介。这意味着我们需要考察新媒介技术的多媒体性质（声音、文本和图像），以及在使用过程中所产生的非官方的档案形式①。

因此，在审视社交媒体时代的记忆现象时，从数字档案这一视角出发，不论是针对个体记忆，还是集体记忆乃至文化记忆，其原有的定义均随之发生改变。

（一）日常生活档案与个体记忆：个人经历的数字化

社交媒体时代对个人的一个重大影响便是个人生命历史的数字化，它改变了记录和回忆过去的方式，深刻影响了人们的社交互动和身份认同。根据融文与全球市场营销顾问公司 Kepios、全球性创意广告公司维奥思社（We Are Social）共同发布的《2024 年全球数字化营销洞察报告》，全球社交媒体用户已突破 50 亿，这标志着社交媒体档案的形成及其发展已成为一种全球化的趋势。此类档案以个人的日常生活经历为主要内容，构成了个体数字化身份的关键组成部分。

记录日常生活是吸引用户使用社交媒体的关键因素之一。尽管人们很早就采用写日记、拍摄生活录像等手段记录生活，然而，直至社交媒体的兴起，人们才真正实现随时随地记录、分享及永久保存日常生活点滴的可能。在漫长的人类历史进程中，个体记忆主要依赖人体自身作为媒介，而书写媒介的演进促使个体记忆向外拓展，并实现了相对稳定的保存。然而，此类记忆方式受限于书写技术、印刷技术以及个人书写能力等诸多因素，其普及程度远不及社交媒体所带来的记忆方式。

早期的摄影摄像技术所提供的记忆手段也是如此。这一状况的根本改变发生在社交媒体广泛流行之后。随着可随身携带且随时使用的作为连接终端的手机的出现，记录日常生活的真实状态成为可能。这些记录构成了日常生活的海量档案，它们是齐格蒙·鲍曼（Zygmunt Bauman）所提出的"个体化"（Individualization）这一社会与文化过程的一部分。这一过程包括了家庭私人兴趣渗透进入公共空间和广场集市。在鲍曼看来，这一演化令人担忧，因为它

---

① 尼古拉斯·盖恩，戴维·比尔. 新媒介：关键概念 [M]. 刘君，周竟男，译. 上海：复旦大学出版社，2021：72.

伴随着公共场所和政治的庸俗化以及市民（在他看来是指集体心智）蜕变为消费者（那些仅仅追求个人需求和欲望的人）的过程①。鲍曼的论点针对档案的个体化特征，同时隐含着从个体记忆维度观察到的重要变化。

首先，个体记忆逐步改变以往主要依赖于人体自身、较大程度上局限于私密空间的状态。现今，它既包括以自身作为媒介的记忆，以及以日记形式存在且具备较高私密性的记忆，同时也涵盖了以社交媒体为平台，呈现为日常生活数字档案的个体记忆，后者以其可设置的公开性和交互性改变了个体记忆的私人性和私密性。

其次，从记忆的神经基础与社会基础方面分析，可以清晰地看到，在社交媒体时代，个体记忆的构建模式已显著不同于以往以神经基础为主导的情形，愈发凸显出社会基础对其产生的深远影响。尤其值得关注的是，技术和商业逻辑已成为塑造个体记忆的两大核心力量。例如，用户可能会遵循商业的流量分配原则来进行个体记忆的生产与构建；同样，用户也可能仅仅出于娱乐消遣等消费目的而利用这些记忆内容。这一现象正让众多学者深感忧虑，如邵鹏所指出的那样，新媒体似乎并不在意信息传播的目的，也不在意媒介信息有多少真正被受众所接收，并转化成个体记忆、集体记忆和媒介记忆。受众也不在意一轮疯狂地点击之后大脑能记忆什么，得到什么。思维"短路"的受众"总是乐此不疲地消费着，毫不思考地接受这个消费社会所提供的一切，不知其中许多东西是完全不必要的。②"

个体记忆进入公共空间后，可能构成对集体记忆与文化记忆的某种挑战。集体记忆与文化记忆之所以持续受到关注与研究，其根本动力源自它们所具备的独特社会功能。集体记忆侧重于记忆的社会属性，而文化记忆则着重于记忆的文化属性。在发挥社会功能方面，两者均强调记忆在身份认同与社会整合方面的力量，并高度重视情感在其中所扮演的角色。换言之，集体记忆与文化记忆均蕴含着政治性与公共性的特质。然而，社交媒体中大量由个体日常生活经历构成的档案，因其商业性、日常性及私人性特征，无疑会对这种政治性与公共性产生一定的消解作用。当然，对此也存在不同观点，如迈克·费瑟斯通（Mike Featherstone）就认为，数字档案将我们的生活延伸至公共空间，并由此拓展了集体记忆的能力。这一发展再次产生了复杂的影响，因为它孕育了一

---

① 尼古拉斯·盖恩，戴维·比尔. 新媒介：关键概念［M］. 刘君，周竞男，译. 上海：复旦大学出版社，2021：73.

② 邵鹏. 新媒体对个体记忆的冲击与影响［J］. 当代传播，2013（02）：80-82.

种新的文化，这种文化具有自我创造并存储无数自身轨迹的能力。因此，没有什么是可以被简单排除在档案之外的，这一点从根本上改变了过去档案形式的逻辑——无论其结果好坏①。

徐贲曾在《人以什么理由来记忆》一书中指出，人类以人性道德的理由记忆。群体中的任何一个人都有责任努力确保记忆被保存下来，即使他们的记忆零碎而不全然可靠，即使他们只能拥有局部的记忆，但只要叙述出来，记录下来，流通到公共信息的交流中去，就会成为有用的历史证据②。尼古拉斯·盖恩（Nicholas Gane）和戴维·比尔（David Beer）则认为，新媒介档案既是个体化的，又具有高度协作性，它们成为新的大众记忆形式出现的场所；这些记忆既保存了日常的、司空见惯的现象，也是新的权力形式可能产生的场所——尤其是超越了福柯所提出的权力/知识的新的权力/信息形态的场所③。而且，上述变化也说明了在社交媒体时代关注个体记忆的重要性。正如刘亚秋所指出的，在社会记忆研究领域，个体记忆经常被研究者提及。不过，一般都作为集体记忆的影子出现，是依附性的。它的主体性也以一种与"结构""集体记忆"对照的方式呈现，而不是独立的。我们一般只能在"缝隙"中找寻这样的存在。因此，"记忆的微光"这一概念存在的意义并不微小。社交媒体时代，个体记忆的凸显及其作用下记忆的复杂性更增加了个体记忆研究的意义④。

（二）数字档案与集体记忆

尽管集体记忆最终通过个体记忆得以体现，但与个体记忆高度依赖于记忆主体自身的特性不同，集体记忆更多地依赖外部媒介实现共享、保存及传承，以达到确认群体身份、维护合法性及凝聚记忆群体的目的。哈布瓦赫指出，所有集体记忆均遵循同一原则：它并非简单保存过去，而是借助过去遗留下来的物质遗迹、仪式、经文和传统，并借助最近的心理方面和社会方面的资料，也就是说，现在重构了过去。换言之，他探讨了各种档案与集体记忆之间的紧密

---

① 尼古拉斯·盖恩，戴维·比尔. 新媒介：关键概念 [M]. 刘君，周竞男，译. 上海：复旦大学出版社，2021：77—79.

② 徐贲. 人以什么理由来记忆 [M]. 北京：中央编译出版社，2016：11.

③ 尼古拉斯·盖恩，戴维·比尔. 新媒介：关键概念 [M]. 刘君，周竞男，译. 上海：复旦大学出版社，2021：81.

④ 刘亚秋. 从集体记忆到个体记忆：对社会记忆研究的一个反思 [J]. 社会，2010，30（05）：217—242.

联系，即经由这些档案重构过去①。此外，他还指出集体记忆具有双重性质：

> 既是一种物质客体、物质现实，比如一尊塑像、一座纪念碑、空间中的一个地点，又是一种象征符号，或某种具有精神含义的东西、某种附着于并被强加在这种物质现实之上的为群体共享的东西②。

此理解为数字档案成为集体记忆提供了理论支持。数字档案既可以是物质客体及现实世界的数字化表征，也能是运用多样符号手段构建的象征性符号体系。在社交媒体盛行的当下，这些数字档案，特别是社交媒体平台上的数字档案，对集体记忆产生了怎样的影响？换言之，社交媒体如何塑造集体记忆？

首先，社交媒体中的集体记忆表现为多元主体既协作又博弈的共同建构。乔治·奥威尔说："谁控制了过去，谁就控制了未来；谁控制了现在，谁就控制了过去。"因此，就集体记忆而言，鉴于其独特的功能性，并基于权力与政治的考量，集体记忆的建构权主要掌握在权力机构、专业组织以及这些机构或组织所授权的个体手中，普通个人难以凭个体身份成为建构者。随着大众媒介的兴起，其强大的社会功能有力地促进了集体记忆功能的实现，从而迅速成为集体记忆建构与传播的主导媒介。然而，在多数情况下，普通个体仍被排除在这一过程之外。进入社交媒体时代后，这一状况才发生了根本性变化，个体不仅成为集体经历的参与者、观察者及见证者，更成为记录者。

凭借公开性和可见性，关于集体经历的私人化档案成为集体记忆档案的重要组成部分，个体因此也能参与集体记忆的建构。此类记忆实践不仅可能发生在规模较小的集体内部，同时也因网络所具有的跨越地域的特性，而能够在全球网络范围内展开。黄顺铭、李红涛将"维基百科作为全球记忆空间"，对"南京大屠杀"这一中文条目进行个案考察，揭示了在线记忆社群如何通过协作与争夺来建构集体记忆，发现它蕴含了一种全球性的"文本间性"的文化意识③。

主体变动映射出集体记忆构建权力格局的变动，媒介形态变迁所引发的媒

---

① 莫里斯·哈布瓦赫. 论集体记忆 [M]. 毕然，郭金华，译. 上海：上海人民出版社，2002：200.

② 莫里斯·哈布瓦赫. 论集体记忆 [M]. 毕然，郭金华，译. 上海：上海人民出版社，2002：335.

③ 黄顺铭，李红涛. 在线集体记忆的协作性书写——中文维基百科"南京大屠杀"条目（2004—2014）的个案研究 [J]. 新闻与传播研究，2015，22（01）：5-23+126.

介生态与传播环境的变革，则是推动这一变动的重要力量。媒介形态的演变对集体记忆的构建产生了深远影响。随着人工智能等新技术的迅猛进步，以短视频为典型代表的新型融合媒介，引发了集体记忆全面性的变革，深刻影响了集体记忆构建中的权力分配以及生产消费机制。传播技术的迅猛发展，打破了原有的时空格局，构建出流动的传播语境；传播语境的变革引发社会集体记忆建构权力的流动，使集体记忆建构在"相互协作"与"多元协商"中展开①。

其次，在社交媒体时代背景下，互动与分享已成为多元主体构建集体记忆的主要方式。集体记忆的形成与变迁，已非单纯依赖传统媒体渠道，而是借助网络平台上的互动与分享机制得以实现。全球范围内，超过 50 亿的社交媒体用户，通过发布信息、发表评论、参与讨论及转发内容，共同构筑起一座规模庞大的集体记忆数据库。此外，算法技术的运用，促使对特定事件及话题感兴趣的用户得以汇聚并相互连接，从而进一步增进互动，并在这一过程中塑造并维持对事件的集体记忆。正如社会学家哈罗德·加芬克尔所言："记忆是社会性的，它在社会互动中产生和维持。"社交媒体正是凭借社会互动这一途径，持续不断地对集体记忆进行塑造与重塑。

当然，此类塑造与重塑过程亦引发了对于历史记忆的深切忧虑。一方面，社交媒体使得历史事件触手可及，用户仅需键入关键词，相关历史事件的档案便能迅速呈现；另一方面，纷繁复杂且不断更迭的动态档案信息令人倍感困惑，平台上的信息存在被篡改、删除或遭新叙述覆盖的风险。相较于传统媒体时代，如何甄别历史真相、如何确保历史记忆的稳定性，已成为更为艰巨的课题。换言之，社交媒体在历史事件的记忆保存与重塑中，既开辟了新的路径，也带来了新的责任与挑战。刘于思针对互联网与数字化时代背景下中国网民集体记忆的变迁开展研究，认为互联网为集体记忆的公民化书写提供了可能，并可与官方记忆形成竞争与对话②。这无疑令社交媒体时代集体记忆变得更加复杂。

第三，情感连接是社交媒体中集体记忆构建与维持的内在驱力。从情感维度对比个体记忆与集体记忆，个体记忆凸显出鲜明的情感性和私人性特质，而集体记忆则更多地展现出理性与选择性的特征。这一根本差异源于集体记忆旨在实现身份认同、合法性等社会层面的目标，而个体记忆则侧重于满足人的自

---

① 夏德元，刘博."流动的现代性"与"液态的记忆"——短视频在新时代集体记忆建构中的特殊作用［J］. 当代传播，2020（05）：38-42+53.

② 刘于思. 数字化时代中国网民的媒介使用、集体记忆及其再生产［J］. 首届长三角青年传播学者论坛. 杭州：浙江大学，2013.

我同一性等个体心理层面的追求。然而，在社交媒体时代，由于社交媒体本身所具备的特质，社交媒体中的集体记忆显现出强烈的情感色彩。在讨论互联网时代背景下的怀旧情感与集体记忆时，常江指出：

> 互联网时代的共识恐怕不会是一种逻辑共识，而更多是一种情感共识，网民通过短暂的情感共享仪式获得力量，并在不断的情感消费行为中消解负面情绪，在现实生活中不断前行①。

其他针对社交媒体集体记忆的研究同样凸显了其情感特质。这一特征的关键根源在于社交媒体的社交本质以及个体在集体记忆构建过程中的积极参与。社交本质界定了社交媒体集体记忆构建相较于传统媒体时代集体记忆构建的独特性，即唯有能够激发情感共鸣的记忆，方能真正转化为集体共享的记忆。个体的参与则将个人情感融入集体记忆的构建之中，进而实现了私人记忆与集体记忆的连接。一项针对微信朋友圈庆祝中国共产党建党 100 周年的研究，对此现象进行了阐释。该研究表明，人们不仅记忆了庆典这一事件本身，更以此为载体，形成了对"党－国家"情感的集体记忆。这种情感表达具有私人性，真实地体现了人们对党和国家的认同②。

个体记忆和集体记忆的互相转化成为社交媒体时代记忆的另一个重要特点。集体记忆和个体记忆的关系反复被讨论，哈布瓦赫在研究集体记忆时便指出：

> 人们可以说，个体通过把自己置于群体的位置来进行回忆，但也可以确信，群体的记忆是通过个体记忆来实现的，并在个体记忆之中体现自身③。

前文已提到，个体记忆的数字档案化赋予其"可设置"的公开性与可见性特征。"可设置"指在社交媒体时代，技术为用户提供了关于可见与公开范围的设置功能。当然，此类可见性与公开性仍受限于平台的基本规则，诸如微信

---

① 常江. 互联网、怀旧与集体记忆 [J]. 青年记者，2019（16）：92.

② 昌隽如，孙清凤，孟庆波. 私人情感与集体记忆：朋友圈里的庆祝建党 100 周年 [J]. 新闻界，2021（11）：65—70+75.

③ 莫里斯·哈布瓦赫. 论集体记忆 [M]. 毕然，郭金华，译. 上海：上海人民出版社，2002：72.

与微博在社交范围界定上的差异，以及由流量与算法所决定的可见程度。但与传统媒体时代相比较，社交媒体时代的个体实质上已具备选择公开或隐匿个体记忆的权力。社交媒体的社交特性促使用户开放个人档案，使其具备了与他人共享的条件，并有可能最终转化为集体记忆。个体记忆会受到记忆主体的寿命、价值观、社会经历的深刻影响，会随着时间的推移不断褪色，而经过记忆的外化、加工、张扬、接受等过程融入集体记忆的部分可以最大限度地延伸记忆的持久性①。

反之，在社交媒体时代，集体记忆的数字档案因其易于获取的特性，成为个体记忆内容的现象亦屡见不鲜。

总之，正如胡百精指出的，互联网改造了人类的时空观和现代社会的权力关系，为集体记忆的书写和阐释带来了挑战：祛魅、断裂、窄化、公共舆论主导、常人社会消费和部落化等。这些挑战加剧了现代认同与合法性危机，同时也潜隐着再造社会团结与共同体生活的可能性②。

（三）数字档案与文化记忆

前文已详细阐述了记忆研究领域从个体记忆探究逐步拓展至社会集体记忆研究，进而深化至文化记忆研究的演进历程。阿斯曼夫妇构建了文化记忆理论框架，通过明确区分交往记忆（即哈布瓦赫的集体记忆实际所指）与文化记忆，来界定文化记忆的概念（见表 3-1），并深入剖析了其与档案之间的关系。扬·阿斯曼进一步指出：交往记忆通常在三代人之间循环，如果我们把这种循环称作一个共时性的记忆空间的话，那么文化记忆则指向遥远的过去，形成另一个历史性的时间轴。

文化记忆的概念与雅克·德里达所说的"档案"概念、理查德·伯恩斯坦所说的"传统"概念遥相呼应，它们都与弗洛伊德从历史心理学的维度所作的深刻剖析有关。与交往记忆相比，文化记忆包含那些久远的、边缘的、被放逐的记忆；与集体记忆、纽带记忆相比，文化记忆则包含那些非工具化的、异端的、破坏性的、遭到否认的记忆，即个体记忆的神经因素和社会因素③。

基于上述界定，分析社交媒体时代数字档案对文化记忆所产生的影响，可明显察觉到既存在显著的机遇，也面临着深刻的危机。

---

① 万恩德. 个体记忆向集体记忆的转化机制——以档案为分析对象［J］. 档案管理，2018（02）：7—10+88.

② 胡百精. 互联网与集体记忆构建［J］. 中国高校社会科学，2014（03）：98—106+159.

③ 扬·阿斯曼. 什么是"文化记忆"？［J］. 陈国战，译. 国外理论动态，2016（06）：18—26.

相较于交往记忆，社交媒体时代的数字档案为文化记忆提供了一种更为适宜的表现形式。与交往记忆侧重于共时空间的构建，以及追求通过记忆形成共识和群体凝聚力不同，文化记忆所涵盖的"那些久远的、边缘的、被排斥的记忆"，以及"那些非工具化的、异端的、破坏性的、遭到否认的记忆"，均能在数字档案中找到栖身之地。

表 3-1 阿斯曼夫妇关于文化记忆和交往记忆概念的比较①

	交往记忆	文化记忆
内容	自传体记忆框架中的历史，不远的过去	神话史，绝对的过去的事件（"那一刻"）
形式	非正式的各种传统和日常交往的种种类型	高度的型构（Formation），礼仪交往
媒介	生活，形象化记忆，以本土语言沟通	以各种文本、图像、舞蹈、仪式和表演为中介；以"典雅的"或其他正式的（各种）语言为中介
时间结构	80~100 年，在交互作用的 3~4 代之间滚动	绝对的过去，神话的原始时间，"3000 年"
参与结构	扩散状	记忆的专门载体，分层结构

数字档案从两个方面提供了支撑：一是其储存的时空相对于人类当下的需求来说几乎是无限的。交往记忆最多涉及上下三代人，有较为清晰的群体边界。文化记忆可以涉及从久远的过去到遥远的未来的记忆，数字档案存储能力完全可以满足这一需求。二是数字档案的多元性、开放性为那些被交往记忆所排斥、遮蔽、否认的记忆提供了可能。哈布瓦赫开展的集体记忆研究有一个前提，那就是集体记忆意味着选择性、建构性，只有那些符合集体记忆需求的内容才进入到集体记忆中。换言之，集体记忆或交往记忆涉及对特定记忆的舍弃与遗忘，且这些记忆亦涵盖于扬·阿斯曼所论述的文化记忆范畴之内。此类记忆在过去难以留存，故有面临永久遗忘之虞。然而，在社交媒体时代，数字档案所具备的多元主体参与、多媒体呈现及开放性等特性，为这些文化记忆的存储、分享及传承提供了可能。

另一方面，社交媒体时代的文化记忆遭遇深刻的危机。阿莱达·阿斯曼认为，在电子化时代，人们被淹没在信息的海洋中，丧失了深度思考的机会，进而弱化了深度思考能力，从而引发文化记忆危机。她不无担忧地说：

---

① 扬·阿斯曼. 什么是"文化记忆"？[J]. 陈国战，译. 国外理论动态，2016（06）：18-26.

　　这个问题在今天比任何时候都更有现实意义：记忆还能在我们充满分散注意力的消遣的世界里居住多久？没有记忆能够抵御电子的媒介以及它们提供分散注意力的消遣的潜力①。

　　这一观点与其他人关于电子媒介对人类自身影响的忧虑如出一辙，体现了人类在电子媒介影响方面的共同关切。从记忆的角度出发，这进一步彰显了人类将记忆视为自身基本能力的立场。阿莱达·阿斯曼指出，在记忆由"术"向"力"的历史性转变过程中，维柯是一个很好的例子。他成功地将记忆从雄辩术的语境中抽离，并将其融入人类学的维度之中。维柯将记忆理解为除想象力和创造力之外，人类所具备的三种精神能力之一……在他看来，记忆不再仅仅是一种复制的能力，而是一种确确实实具有生产力的能力②。借荣格关于记忆和回忆两个概念的区分，阿莱达·阿斯曼指出：

　　　　回忆和遗忘这种不可捉摸的相互作用的背后，有一种人类学的力量，这种力量是动物和机器都没有的。机器可以存储，人借助某种记忆术也可以在一定范围内做到这一点。但是人还可以回忆，这是其迄今为止无法做到的③。

　　电子媒介已对诸多方面产生了深远影响，而当前的数字媒介更是对人类的记忆力——准确地说，是储存能力——提出了严峻的挑战，并促使我们重新审视记忆的本质。

　　刘亚秋借鉴滕尼斯在《共同体与社会》一书中提出的有机社会/无机社会概念探讨记忆问题，认为"有机"记忆与人的生命本能及日常生活紧密相连，具有社区情境在地化的具体性。从根本上讲，记忆就是人的一种自然能力；若没有记忆，人类文明的各个方面就无从谈起。在此基础上，她对数字时代的"无机"记忆进行了深入分析，指出：

---

　　① 阿莱达·阿斯曼. 回忆空间：文化记忆的形式和变迁 [M]. 潘璐，译. 北京：北京大学出版社，2016：478.
　　② 阿莱达·阿斯曼. 回忆空间：文化记忆的形式和变迁 [M]. 潘璐，译. 北京：北京大学出版社，2016：23—24.
　　③ 阿莱达·阿斯曼. 回忆空间：文化记忆的形式和变迁 [M]. 潘璐，译. 北京：北京大学出版社，2016：22.

"无机"作用的机制是，由于过度强调记忆的技术，导致记忆从具体的社区情境中脱域，在这一过程中人们丧失了记忆发挥作用的社区情境，进而使得记忆作为一种有机性社会力的功能在日渐衰弱。可以说，数字化过度凸显了记忆作为一种技术存在的特征，这是数字记忆从有机转向无机的基本机理①。

与阿莱达·阿斯曼的分析路径一致，刘亚秋着力于从数字技术如何影响人的基本能力——思考能力，分析其如何影响人类的文化记忆。

作为"城邦、国家、民族、社会的机构化的记忆"②，"对档案的控制就是对记忆的控制"③。因此，无论是现实社会中的政治、文化领域，还是记忆研究的范畴，均展现出对档案的极大关注。在社交媒体时代背景下，数字档案相较于以往所发生的变化，以及其作为数字记忆主要载体的角色，促使记忆相关理念均相应产生了改变。鉴于此，我们从数字档案的视角出发，对个体记忆、集体记忆以及文化记忆等所涌现的新特征进行剖析。尽管我们并未对这些概念进行重新界定，但对它们在新的记忆场域中发生变化的分析与阐述，有助于我们具体理解社交媒体时代记忆正在经历的改变。

---

① 刘亚秋. 数字时代的文化记忆危机与建设 [J]. 探索与争鸣，2023（8）：120－130＋179.
② 阿莱达·阿斯曼. 回忆空间：文化记忆的形式和变迁 [M]. 潘璐，译. 北京：北京大学出版社，2016：399.
③ 阿莱达·阿斯曼. 回忆空间：文化记忆的形式和变迁 [M]. 潘璐，译. 北京：北京大学出版社，2016：398.

第四章　社交媒体时代的个体记忆

——以微信朋友圈为例

在上一章阐述概念时，已对个体记忆在社交媒体时代发生的三个重要变化进行了分析。它们包括：其一，个体记忆因日常生活的数字化、档案化而具有了可设定的公开性与社交互动性；其二，社会技术的影响显著增强，特别是技术与商业逻辑成为塑造个体记忆的两大核心力量；其三，个体记忆进入公共空间，既对集体记忆与文化记忆构成挑战，也为集体记忆实践开辟新的路径。上述特性使社交媒体时代的个体记忆呈现出独特性与复杂性。因此，有必要再次引述刘亚秋所说的一句话：社交媒体时代，个体记忆的凸显及其作用下记忆的复杂性更增加了个体记忆研究的意义①。

本章以微信朋友圈作为研究对象，旨在探讨在社交媒体时代个体如何在社交媒体平台上记录与表达他们的个体记忆。通过这一视角，我们试图更深入地阐释和理解社交媒体时代个体记忆的独特性与复杂性。

一、研究回顾：社交媒体时代个体记忆研究的关键议题

（一）社交媒体时代个体记忆的凸显

社交媒体飞速发展，We Are Social 发布的《数字化 2022：中国》报告显示，中国当时的社交媒体用户数有 9.83 亿，占中国人口总数的 68%，其中女性用户占总用户数的 48.8%，男性用户占 51.2%，女性用户与男性用户的数量基本持平。在互联网主流用户群中，微信的月使用率高达 77%，用户喜好

---

① 刘亚秋. 从集体记忆到个体记忆：对社会记忆研究的一个反思 [J]. 社会，2010，30（05）：217—242.

度达 40.2％，均居排行榜第一①。互联网的技术架构决定了连接性是其基本属性，人与人的连接始终是互联网应用的核心②，且现实的时间流逝越来越多地被抽象为社交媒体中的"时间线"，日常生活碎片在这些时间线上被重组。人们的自我记录与记忆，不再被藏在日记本里，而是被"晒晒"在各种社交媒体平台中。哪怕加上"三天可见""仅自己可见"等权限，仍然变成了一种媒介化的内容，变成由平台所掌控的数据③。进入社交媒体时代，特别是微信的勃兴，造就了一种以"群"的状态存在的生活方式④。在此背景下，社交媒体成为个体记忆的新场所，过去隐而不见或小范围可见的私人性个体记忆在社交媒体中凸显出来。此现象为记忆研究者所关注，他们对社交媒体中个体记忆的动机、性质、特点、功能等展开探索。

由于社交媒体的公开性、公共性、连接性、传播性等特点，社交媒体中的个体记忆被视作一种公共知识生产活动。龙彦儒在创伤记忆的基础上探寻个体在社交媒体上进行个体记忆书写的动机与作用。他认为，当记忆文本成为一种公共知识能产生相应的社会影响后，对于记忆主体而言，他们在新媒体记忆空间中进行的包括书写、释意在内的记忆叙事，就具有了满足自身叙事动因的潜能⑤。例如，2008 年发生的四川汶川地震给众多个体带来严重创伤，借助社交媒体进行记忆书写成为许多人进行自我疗愈的一种方式。社交媒体的文本可见性与互动性使得这些记忆文本不仅仅是个体记忆的一种自我表达，还成为记忆书写者寻求自我价值实现、身份认同的途径和渠道。龚新琼将这种社交媒体上的个体记忆定义为"数字日记"，重点关注社交媒体中个体记忆的书写过程与特点，认为数字日记不断展示、表演、互动、分享的过程构成了社会公共景观和文化记忆的一部分，数字日记帮助日记主及相关互联网用户融入更广泛的社会群体及其意义生产实践中⑥。

有研究关注了使用社交媒体进行个体记忆的人群的特征及背后动机。例如查尔斯·B. 斯通（Charles B Stone）进行相关调查，以回答人们"为什么喜

①　We Are Social. Digital 2022 China［EB/OL］［2022－02－08］. https：//wearesocial. com/cn/wp-content/uploads/sites/8/2022/01/DataReportal-GDR100－20220208－Digital－2022－China－v01.

②　彭兰. "人－人"连接的升级及其隐忧［J］. 新闻论坛，2018（01）：9－11.

③　彭兰. 媒介化时空重塑的日常生活［J］. 新闻与写作，2022（06）：1.

④　苏涛，彭兰. 反思与展望：赛博格时代的传播图景——2018 年新媒体研究综述［J］. 国际新闻界，2019，41（01）：41－57.

⑤　龙彦儒. 新媒体空间中"5·12 汶川地震"的个体记忆研究［D］. 南京师范大学，2021.

⑥　龚新琼，邢江. 诸众记忆·日常书写·存在安全——疫情期间数字日记的记忆与流行［J］. 青年记者，2021（08）：42－43.

欢在互联网上分享回忆"的问题。研究结果显示，成年人和老年人在社交媒体上发布个人经历主要是出于社交原因，此外，更孤独、自尊较低的人更有可能出于治疗原因在社交媒体上发布个人经历①。

（二）社交媒体时代个体记忆与集体记忆的关系

从记忆研究史看，个体记忆经常被放置于与集体记忆的关系场域中。哈布瓦赫在《论集体记忆》一书中解释了个体记忆如何在群体成员的互动之中被塑造，他论述说，"记忆只是在那些唤起了对它们回忆的心灵中才联系在一起，因为一些记忆让另一些记忆得以重建。但是记忆联合起来的诸种模式，源自人们联合起来的各类方式。只有把记忆定位在相应的群体思想中，我们才能理解发生在个体思想中的每一段记忆。②"从这个角度来看，哈布瓦赫是重视个体记忆的，尽管他意图将个体记忆从关注个体心理、脑神经基础拓展到对社会基础的关注。他还强调了个体联合的方式，以及个体在群体中的定位，但显然他忽略了个体的能动性，以及个体在社会结构中所处的不同层面与不同维度。

关于个体记忆与集体记忆的关系，有学者持怀疑甚至批判态度。如安妮特·库恩（Annette Kuhn）通过电影、家庭照片和相册来探讨记忆和集体身份问题。他认为，虽然家庭照片和相册可以作为记忆的替代品，但它们也被编辑和所有者用在私人、互动、集体，有时甚至是公共环境中表现记忆的提示。一张照片或一本相册可以用多种方式处理：一方面，它可以被简单地视为"证据"；另一方面，它可以被询问非公开/非明显的含义，产生"反记忆"。因此，相册是一种展演工具，即个人照片可能是记忆口头表演的道具③。

刘亚秋在个体记忆的研究中敏锐地发现集体记忆与个体记忆之间确实存在着一种对立关系，这种对立可理解为对抗，她指出，"个体记忆中存在着太多我们无法靠近的东西，对于这一问题，仅靠社会记忆研究范式是无法解决的。④"我们认为，记忆的真正主体只能是个人，集体记忆是一个隐喻的概念，须以个体记忆为载体方能存在和传承，需借助个体记忆及其负载的情感和

---

① Stone C B, Zwolinski A. The mnemonic consequences associated with sharing personal photographs on social media [J]. Memory, Mind & Media, 2022, 1 (12)：1—11.

② 莫里斯·哈布瓦赫. 论集体记忆 [M]. 毕然，郭金华，译. 上海：上海人民出版社，2002：93.

③ Kuhn A. Screen and screen theorizing today [J]. Screen, 2009, 50 (1)：1—12.

④ 刘亚秋. 从集体记忆到个体记忆：对社会记忆研究的一个反思 [J]. 社会，2010, 30 (05)：217—242.

意义①。

个体记忆和集体记忆的互相转化是社交媒体时代记忆的一个重要特点，我们已在第三章中对相关研究进行了介绍，此处不再赘述。

（三）社交媒体与个体记忆的关系

社交媒体与个体记忆的关系作为媒介与记忆关系的子问题被赋予重要地位。个体是个体记忆研究的对象，社交媒体是个体记忆的载体与途径，社交媒体作为个体记忆之场，是个体进行记忆实践、记忆保存和记忆分享的场所。乔安妮·汉森（Joanne Garde-Hansen）在论述个体、集体与媒介化的新记忆话语时分析了个体记忆与媒介之间的关系，认为媒介对个体及个体记忆有塑造作用，并以个体之论述将"媒介"与"记忆"联系起来，而并非聚焦于个体记忆本身②，更关注个体记忆与媒介的关系而非两者各自的内涵。

罗伯塔·巴托莱蒂（Roberta Bartoletti）认为媒体和个体记忆的相遇是一种相互塑造的形式，是一种动态关系，其结果是不可能事先预见的。换言之，记忆被认为是一种复杂而分散的心理能力，它不能忠实地重建过去，而是负责产生个体记忆的持续过程，这取决于所赋予的意义和与个人具体经历相关的情绪③。我国学者邵鹏以批判态度探究了新媒体在传播过程中的角色，基于社交媒体时代信息传播所呈现的加速度的块状的传播形态（信息传播由特色鲜明的传统媒体演变成了个性模糊的基于网络平台的信息超市中的商品展示，个人的信息接收和记忆也正在进入快速的块状的采购和消费时代）而视新媒体为"瓦解个体记忆的幕后黑手"④。

未来社交媒体与个体记忆关系也是研究者关注的问题。李红涛提出将社交媒体视作"中介化平台"，在深度媒介化的情境之下，各类社会实践与数字媒介及其基础设施的连结更加紧密，记忆活动从倚重媒介到日益依赖媒介，发帖、链接、点赞、滚动、转发构成的"分享"既是人们在社交媒体上习以为常的连接实践，也是任何数字记忆实践的起点。在日常生活和连接性文化的脉络之下，各类平台连接着个体的观点、经验和记忆，构造、打破与重组自我与他

---

① 李里峰. 个体记忆何以可能：建构论之反思 [J]. 江海学刊，2012（04）：171－176.

② Owain Jones, Joanne Garde-Hansen. Geography and memory explorations in identity, place and becoming [M]. New York：Palgrave Macmillan Memory Studies, 2012：100－102.

③ Bartoletti R. Memory and social media：new forms of remembering and forgetting//Pirani B (eds.). Learning from memory：body, memory and technology in a globalizing world [C]. Newcastle：Cambridge Scholars Publishing, 2011：82－111.

④ 邵鹏. 论媒介记忆活跃与凝固的尺度和张力 [J]. 新闻爱好者，2015（09）：32－37.

者、公与私的边界，构成记忆能见度和公共性的基础，社交媒体逐渐成为"中介化记忆"的平台①。总之，社交媒体时代，以社交媒体为代表的各种网络平台为个体记忆和集体记忆提供了新的可能，实现了记忆与技术的耦合以及对自我档案的控制。

二、研究问题

上述研究回顾表明，社交媒体时代个体记忆的特点和复杂性得到了学者关注，现有研究对其基本特点，其与集体记忆和社交媒体的关系进行了探讨。但多数研究采用文本分析法，以社交媒体用户为研究对象的实证研究不多。基于用户自身阐释角度考察其个体记忆实践行为有助于我们准确理解和深入把握社交媒体时代的个体记忆。因此，本章我们将采用深度访谈为主的方法，以微信朋友圈为例，来具体研究社交媒体时代的个体记忆。拟就以下三个问题进行探究：（1）微信朋友圈中的个体记忆的主要内容是什么？（2）微信朋友圈中的个体记忆的内容有何特征？（3）微信朋友圈在个体记忆实践中扮演何种角色？

三、研究方法

本章主要采用半结构访谈法，辅以参与式观察法。半结构访谈法强调描述过程和解释，关注情境和研究对象，适合于理解个体使用微信朋友圈进行记忆书写的过程性实践。而且，深度访谈能根据被访谈者的谈话内容进行追问，拓展访谈深度，更准确、深入地理解研究对象在社交媒体进行个体记忆的行为和动机。参与式观察指研究过程中直接通过线上参与方式观察研究对象的朋友圈情况，以第一人称的视角观察研究对象在朋友圈的行为实践，获取其公开的朋友圈的具体信息，从而准确把握研究对象在社交媒体进行个体记忆实践的实际情形。

（一）访谈对象的选择

我们的研究对象为微信用户，选择研究对象时，遵循以下标准：第一，有在微信朋友圈进行个体记忆书写的习惯；第二，微信朋友圈"设置为仅三天可

---

① 李红涛，杨蕊馨. 把个人带回来：数字媒介、社会实践与记忆研究的想象力 [J]. 新闻与写作，2022（02）：5—15.

见"的用户不纳入访谈对象选择范围；第三，至少需要将近一个月的朋友圈内容设置为可见。第二个要求是基于微信作为社交媒体具有的开放性、社交性特点，我们期望更具有典型意义的研究对象是那些充分利用媒体特性的微信用户，而不是刻意回避其特点的用户。第三个要求则是考虑研究的便利性，特别是在参与观察期间，如果研究对象的朋友圈不可见，就无法通过此方法了解研究对象在微信朋友圈发布个体记忆的实际情况。

遵循资料饱和度与可获得性原则，研究选择了15位微信用户。在完成对每位研究对象30~60分钟的半结构式访谈后，随机抽取4位受访者的微信好友进行拓展访谈。因此，本研究共有受访者19人（见表4-1）。

表 4-1 访谈对象信息表

编号	性别	年龄	学历	职业	微信朋友圈发布频次
A01	男	25	硕士	硕士研究生在读	一周一次
A02	女	25	硕士	硕士研究生在读	一月一次
A03	男	31	初中	个体工商户	一年两至三次
A04	女	53	高中	个体工商户	一年两至三次
A05	男	24	硕士	硕士研究生在读	一月一次
A06	男	54	大专	个体工商户	一年一至两次
A07	女	27	本科	外企员工	两周一次
A08	女	28	本科	公务员	一周一次
A09	男	30	硕士	国企员工	一月一次
A10	女	25	本科	公务员	两周一次
A11	男	26	硕士	国企员工	一年一至两次
A12	男	32	硕士	国企员工	一月一次
A13	男	44	博士	高校教师	两周一次
A14	女	22	本科	自由职业	一周一次
A15	女	38	本科	公务员	一月一次
A16	男	21	本科	本科在读	一年一至两次
A17	女	26	硕士	高校教师	一月一次
A18	男	28	硕士	私企员工	一年两至三次
A19	女	33	本科	公务员	一年一至两次

19 位受访者基本情况如下：从性别分布看，男性 10 人，女性 9 人，性别平衡；从年龄分布看，以青年为主，分布在 21～54 岁之间，年龄跨度较大；从学历水平看，涵盖高中、专科、本科、硕士、博士等；从职业分布看，包括硕士在读学生、个体工商户、公务员、国企员工等多种职业。综上，访谈对象尽量考虑到性别、年龄、学历与职业的差异，以最大程度覆盖微信主要用户群体，使研究对象更具代表性。

（二）研究过程说明

首先，根据研究问题拟定访谈提纲；然后对访谈对象进行粗略分类，针对不同类别修订提纲；最后在初步了解访谈对象的基础上，进一步优化相应的提纲内容。拓展访谈时不完全遵循访谈提纲，而主要考虑其所对应的访谈对象的访谈内容，旨在进行拓展和补充，以了解研究对象微信朋友圈的互动与回应情况。

访谈内容主要包括个人基本情况（个人信息及微信朋友圈发布的频率）、最新与最热门的微信朋友圈内容、微信朋友圈中个人相册的发布渠道、微信朋友圈中的互动情况与人际交往四个部分。

所有访谈均通过线下面访或微信语音聊天进行，对部分受访者进行了二次和三次访谈。涉及隐私的部分均遵循知情同意原则，并进行了技术处理。

四、敞开心扉：与你共享我的生活与记忆

在互联网飞速发展的时代，社交媒体成为个体记录日常生活经历的主要媒介。微信朋友圈的"熟人圈子"标签加强了个体与熟人之间的情感联系。这种关系促使个体以更为开放和坦诚的方式在朋友圈中分享日常生活经历，发布的朋友圈建构起一个互动和交流的场域——从记忆的角度看，就是一个记忆之场。朋友圈发布后，微信好友以阅读、点赞、评论，甚至转发的形式进行互动，不仅在发布者和好友之间形成对话关系，而且发布者的好友之间也可以进行互动和交流，由此一个以朋友圈为核心的记忆场形成。

这种现象反映了社交媒体时代个体记忆方式发生的变化。与过去依赖于私人化的媒介（如人体自身、纸张日记本、录像机等）的个体记忆不同，具有开放性、社交性的社交媒体成为个体记忆的重要媒介，由此个体记忆也相应具有公开可见性。尽管因为媒体定位的差异，这种公开和可见存在差异（如微博和微信不同的用户关系模式），但整体来说较之以往个体记忆的私密性、私人性，

社交媒体时代的个体记忆特别是社交媒体中的个体记忆具有公开性、公共性的特点。具体到微信来说，个体的生活经历成为微信朋友圈中的数字化档案，在朋友之间共享，成为个体在微信朋友圈建构个体记忆的主要内容。

哈布瓦赫指出，人们对过去的回忆可以通过两种方式进行，一种是回忆那些对应着过去的事实或场景的特定意象，一种是回忆来自过去的"熟悉的感觉"①。朋友圈中与个体记忆相关的内容主要是个体在微信朋友圈发表的个人的日常生活经历，具有日常化记录的特征。根据哈布瓦赫的分析，其更接近于两种方式的结合，既在回应昔日的场景，也在寻觅昔日的情感。

从内容看，微信朋友圈有关个人日常生活经历的内容非常丰富，难以使用某个统一标准进行分类。根据访谈对象的表述和我们在朋友圈观察的实际情况，大致将它们分为日常生活体验分享（主要包括美食、美景、音乐分享等）、亲密关系体验分享（主要包括家庭记忆、朋友记忆等）、地方经验分享等三大类。

（一）日常生活体验分享

从具体内容看，受访者朋友圈中呈现的个人日常生活经历主要涉及美食分享、美景打卡、音乐欣赏等内容。15 名研究对象中，超过半数的个体会在微信朋友圈中发布上述内容。其中，进行美食分享的有 8 位，美景打卡有 9 位，发布自拍照片的有 5 位，发布家庭影像的有 6 位。可以说，微信朋友圈中有关日常生活的记录承载了个体的味蕾体验、视觉感官需求、自我呈现及情感需求。

1. 美食体验分享

分享美食体验是微信朋友圈的重要内容。15 位研究对象中有 8 位经常进行美食分享，且一般都采用影像方式将自己日常生活中的美食经历记录下来，然后发布在朋友圈。例如小红书账号运营者 LXY（样本编号：A08）介绍说：

> "我发朋友圈一般就是出去吃喝玩乐，拍了好看的照片便发到朋友圈去，而且我也很讲究'朋友圈先吃'，要等菜都到齐了我再给它们拍一个大合照后 po 在朋友圈了我再开始吃，这可能跟我作为媒体人的工作习惯有关。"

---

① 莫里斯·哈布瓦赫. 论集体记忆［M］. 毕然，郭金华，译. 上海：上海人民出版社，2002：122-123.

LXY 的描述很有代表性，反映了微信用户分享个人美食体验、美食经验信息时的社交和心理机制。她提到的"朋友圈先吃"现象，不仅成为诸多微信用户日常生活中习以为常的"仪式"，也是个体在社交媒体上进行自我呈现和互动的一种方式。在这个过程中，食物不仅是一种物质存在，还成为一种社交符号，为个体与朋友之间进行情感交流与互动提供中介。

从社会学的角度来看，食物作为一种共享的物质，具有很强的情感共鸣特性和社会凝聚力。因而，在中国传统文化中，共享美食成为建立、维系和发展关系的重要方式。微信朋友圈中的美食分享，具有类似功能。个体以美食为媒介与朋友圈中的他人建立和保持联系。

于是，食物作为一种媒介，活跃于社交媒体上。餐前的拍照并非单纯记录生活，而是为发布微信朋友圈进行的"准备工作"。"食物媒介"蕴含着互动双方的经历、认知、情感等共同拥有的稳定因素，人际交往在食物话题上容易形成同盟关系[①]。FL（样本编号：A14）描述了自己如何因美食与闺蜜形成更亲密的关系：

> "我经常给我闺蜜的朋友圈点赞就是因为她很擅长做美食，而且还拍得很好看，很会构图。看她的朋友圈是种美的享受，而且下次去她家还可以指定让她给我做这一道菜尝尝。"

FL 的叙述表明，她与朋友之间通过美食分享发生的连接将不同场景勾连起来，从线下朋友关系到线上微信朋友关系，再到线下朋友关系，美食媒介建立起"线下-线上-线下"场景链，朋友之间的社交联系更加丰富，联系也更加紧密。

在社交媒体中，个体通过分享美食信息，表达自己对美食的热爱和品味，吸引他人参与对食物、烹饪过程、烹饪技巧与方法的讨论，共同的兴趣和情感纽带使得个体之间产生认同感和归属感，甚至在社交媒体催生一个新的共同体。这里所说的共同体（Community），采用周晓虹的界定，指单个的人以聚合、联合、集合、认同甚至想象等有机方式构成的某种实际的或概念（想象）的群体，从家庭（家族）、邻里、友伴、班组、社团（Association）、厂矿、村庄、街道及城镇等人类生活的常见单位，直至宗教（群体）、阶级、种族与民

---

① 陈湘妍. 社交媒体女性用户"晒"美食行为动机的探析——以微信朋友圈为例［J］. 长沙大学学报，2023，37（04）：44－50＋64.

族都可以囊括在内，因此又统称人群共同体①。虽然相较于其他的社交媒体，比如微博、抖音等，微信是建立在"熟人关系"基础上的，这方面表现并不是特别突出，但也可以窥见这种可能性。FL 的描述便初步呈现了社交媒体中因美食而汇聚形成共同体的可能性。

2. 美景体验分享

美景体验分享是微信朋友圈个体记忆的又一重要内容，也是个体记忆不可或缺的部分。15 位研究对象中，经常进行美景体验分享的有 9 位。

美景分享多是微信用户拍摄记录旅游中所见美景。将美景和对美景的体验分享至微信朋友圈，成为社交媒体时代旅行的重要内容。正如 ZC（样本编号：A03）所言：

> "我在自己长期生活的城市拍到了好看的照片一般是不会发出来的，顶多发一下夕阳之类的，但是出去旅游会发圈，换了一个新的生活场景会更有新鲜感。"

ZC 提到自己一般不会发布自己长期生活城市的景观照片，除非是某些特殊的，比如夕阳，关于这一点我们会在后面地域体验与记忆中进行讨论。同时，他强调异地旅游时的新鲜感和好奇心是美景分享的重要内在动力。"新鲜感"一词在访谈中多次被提及，这种"新鲜感"源自个体对新奇事物的发现和感知，对未知环境的探索和体验。正是这种新鲜感激发了个体对旅游经历的书写欲望，希望通过微信朋友圈的记录功能来捕捉和保存那些独特而难忘的瞬间。

如果说，新鲜感是促使微信用户记录和分享美景的内在动力，那么，社交则是他们分享美景的社会动因。个体将旅游所见美景、经历和感受在朋友圈中进行分享，其实质是与微信好友建立起一种社交关系，加强与他人的联系，形成一种基于共同爱好、兴趣和情感的社交网络。这样的交往还可能影响朋友圈中他人的行动，比如去同一目的地旅游，或者在同一景点打卡。FL（微样本编号：A14）看了朋友发布的关于旅游所见美景之后，就期待自己能去同样的地方旅游，她说：

---

① 周晓虹. 集体记忆：命运共同体与个人叙事的社会建构 [J]. 学术月刊，2022，54（03）：151－161.

> "我看见好朋友去了新的旅游地方发了照片，我自己挺羡慕的，想着以后自己也可以去那个地方玩一下。"

FL"想着以后自己也可以去那个地方玩一下"，透露出在看到好友分享的旅游美景及经历时产生的情感和情绪特点，既可能是情感的共鸣，也可能产生羡慕、向往等情绪。本次研究发现，研究对象直接或暗示朋友圈与旅游有关的美景打卡类内容会激起社会比较，且无论哪个年龄段，都存在这种情况。所谓社会比较，即个体通过与他人进行比较来评估自己的地位和价值。从这个角度看，微信朋友圈中个体的日常生活经历书写不单纯是个体生活经历的记录，也成为个人身份地位或价值观念的表征，"炫耀式"朋友圈是其典型代表。

3. 音乐体验分享

和美食、美景一样，音乐也成为人们情感表达和社交互动的重要媒介。微信朋友圈为用户提供了一个独特的平台，让他们通过分享喜爱的音乐来记录生活、表达情绪，构建个体记忆。伴随社交媒体的发展，音乐分享成为一种新社交方式。WDM（样本编号：A12）便会通过在朋友圈分享音乐的方式记录自己的心情，他说：

> "我有时也会在朋友圈转发音乐，一般都是有特别的心情或者重大的社会事件的时候，比如这次李玟去世，我在微博里看见消息特别震惊，立马打开QQ音乐去听李玟特别有名的《刀马旦》和《想你的365天》，因为觉得《想你的365天》特别符合当下的事态和心情，还把这首歌转发到朋友圈，转发音乐的时候其实就不在乎多少人点赞，主要是记录一下当下的心情，记录给自己看。"

尽管访谈对象强调自己并不在意社交互动的状况，但微信作为社交媒体所具有的天然的社交属性，决定了用户发布的朋友圈的社交属性。"不在乎"表明当时的动机主要是个人的情感表达和情感经历记录，这是微信用户发布朋友圈的动机之一。但整体看，微信朋友圈中的音乐分享以情感寄托与表达为主，背后的动机呈现出丰富多样性：其一，音乐作为一种强有力的情感载体，个体在经历特定情绪时，以激起共鸣的音乐作品作为情感的出口，并因这种情感而在朋友之间引起共鸣，产生朋友之间的社交互动。其二，在朋友圈分享音乐，不仅可以表达情感，还可以通过分享特定的音乐，向朋友展示自己的个性、兴趣和审美偏好，以音乐为媒进行社交互动，寻找与自己具有相似或相同音乐品位和爱好的朋友，加深彼此之间的情感联系，获得社交认同。其三，个体在朋友圈中的音乐分享还具有记忆保存与回顾的动机，且对"社交数据"持温和态度。音乐具有强大的记忆触发功能，当个体听到某首歌曲时，可能会联想到与之相关的特定场景或人物，在朋友圈分享这样的音乐，实际上是在重温和保存那些珍贵的记忆片段，唤起记忆。此时，如访谈对象所言，"不在乎多少人点赞"，音乐分享更关注自我的情绪表达，不追求其社交属性，因而朋友点赞与否、评论与否都不会影响个体对音乐分享行为的体验和判断。

（二）亲密关系的体验、记忆与分享

基于熟人社会关系的微信成为亲密关系维系的重要媒介。朋友、恋人与亲人是微信社交关系网络中最核心的节点。朋友圈中，个体对亲密关系中的交往、体验进行描述、分享是个体日常生活体验分享的又一重要内容。而且，相较于美食、美景，此类分享将私人化的交往带进社交场域，从记忆角度看，就是将私人性的个体记忆带进更大的记忆之场。这里，我们以有关家庭的个体记忆为例进行分析。按前面提到的共同体概念，家庭是一种血脉相连的共同体。个体关于家庭的记忆对于个体和家庭共同体都具有重要意义。正如哈布瓦赫说的，"每一个家庭都有自己的仪式，特别的节日、仪式、祷词、颂歌全都是这个家庭宗教的基本组成，它们是一份祖传遗产。家庭的生命一如其成员的生命，都是在相同的时间框架中度过的。"① 微信朋友圈中与家庭有关的内容多侧重于具有特殊意义的时间节点中的家庭情感体验，HRX（样本编号：A06）谈到对于他来说特别重要的两个日子：

> "记忆最深刻的是 2022 年 5 月 8 日，是我妈妈去世一周年的日子，我发了个朋友圈纪念一下，大家点赞很多。第二个记忆点是 2020 年 4 月 8 日，我湖南的侄儿子寒假来我家玩，因为疫情一直留在武汉了，那一天政府派车把他送回去，感受到了政府的强大与关怀，趁着上车前大白围绕着他，我就赶紧给他拍照，发了朋友圈，那一天点赞也很多。"

和 HRX 对母亲的悼念一样，在我们对社交媒体时代的记忆进行研究时发

---

① 莫里斯·哈布瓦赫. 论集体记忆［M］. 毕然，郭金华，译. 上海：上海人民出版社，2002：97+102—103.

现，悼念逝者是社交媒体记忆中的重要内容，既包括对名人的悼念（我们将在第六章进行研究），也包括个体对亲友的悼念。这种悼念既是情感表达，也是个体记忆的重构。

首先，悼念是个体情感表达的一种方式。在微信朋友圈中，个体通过影像、文字等表达自己对逝去的亲人的思念与不舍。这种情感表达，既是个体情感的外化，也是个体对家庭记忆的维护。其次，访谈对象多次提及"发布在朋友圈"的悼念亲人的内容获得"点赞多"，我们据此反思朋友圈的悼念对个体的家庭记忆的影响。通过微信朋友圈，个体选择性地将私人性的家庭亲密关系和情感放置到一定的公共视野中，过去这种关系和情感仅在现实生活中的特定时间和场合被允许在一定范围内呈现。朋友圈尽管主要属于熟人社交圈，但随着社交媒体使用的普及，朋友圈中的朋友已经远远超出了传统的"朋友"概念，而成为一个广泛的社交网络。因此，我们这里使用了"公共视野"的概念。选择性既包括记忆对象的选择，也包括内容的选择。当对亲人的悼念在朋友圈得到回应，甚至因社交媒体记忆场时间的特点而周期性悼念和获得周期性回应时，个体与亲人的亲密关系、情感的记忆也被强化和重构，并由此强化、重构了个体的家庭记忆。

除了悼念亲人这种特殊的情感表达外，个体对家庭经历的其他回顾内容也通过个体在微信朋友圈的书写得以分享和保存。这样，关于家庭的个体记忆不断被建构、传播。上述过程的影响在不同的关系中有不同的表现，但都呈现出双向性：在家庭亲密关系圈中，个体记忆可能影响其他人的个体记忆和家庭记忆，同时他人的回应与参与也可能影响个体的记忆，最终通过共享强化对家庭的共同记忆；当这种私人性记忆溢出亲人圈，在记忆者和他的非亲属"朋友"之间也产生双向影响，一方面他人的回应影响个体的家庭记忆，另一方面个体的记忆影响他人对记忆者个体及其家庭记忆的认知。BMN（样本编号：A07）便谈到这种情况：

> "我身边一个伯伯是很喜欢在朋友圈晒家人的，主要是以自己的小孙女为主，其次就是和他老婆的恩爱照片了。记得他春天带小孙女去看樱花，还特意给自己配了一套粉色的衬衫，记忆深刻，平时去接送小孙女上下学也会拍照发圈，美慕。"

哈布瓦赫在《论集体记忆》中指出，"名字这个符号本身没有什么意义，但是能在共同思想中唤起我们共同的特定回忆"①，访谈对象多次提及她注意到的那个伯伯（拟亲属称谓，并非真的亲属关系中的伯父）朋友圈发布的有关"孙女""老婆"等家庭成员的照片，可以看出其对伯伯所拥有的亲密关系的认知，并表达了自己观看朋友圈后所产生的羡慕之情。这里，朋友圈个体记忆对亲密关系圈外人的影响显而易见。

上述分析表明，朋友圈中个体关于家庭的记忆引发的社会互动发生在两个不同的关系网络之中，一是家庭亲密关系网，二是在微信朋友间形成的更强大的社交关系网络。在亲密关系网络中，通过分享和讨论家庭经历、情感，个体与亲人进行情感联系和互动，加强家庭成员之间的联系，彼此影响，共同分享和建构家庭记忆，并可能通过这种方式进行家庭记忆的代际传承，增强家庭乃至家族凝聚力，形成共同的家庭身份和认同。当互动延展至更大的社会关系网络中，个体通过朋友圈实现个体记忆的对外传播，使家庭文化成为社会文化的一部分。正如第三章讨论个体记忆概念时提到的，"任何一个人都有责任努力确保记忆被保存下来，即使他们的记忆零碎且不全然可靠，即使他们只能拥有局部的记忆，但只要叙述出来，记录下来，流通到公共信息的交流中去，就会成为有用的历史证据"②。

（三）地方经验的体验、记忆与分享

记忆与地方的关系是记忆研究关心的问题，有时候我们以空间概念置换地方概念。本研究中，由于我们的研究对象均属于武汉市的常住人口，所以这里的地方经验主要指研究对象在发表朋友圈时强调自己在武汉的体验。同时，由于研究对象也包括外地迁移至武汉的人，因此，地方经验中也包含其他地方，特别是受访者家乡的内容。DY（样本编号：A09）就是其中的一个代表，他介绍说：

> "我自己是媒体工作者，闲暇时也会背着单反四处走街串巷拍美照，精修后发布在朋友圈。我是山西人，定居武汉，多数时间在武汉生活，经常拍武汉的桥梁、楼宇和街巷，有机会回乡探亲时，我会选择拍摄家乡的古建筑，替家乡旅游业做宣传。"

---

① 莫里斯·哈布瓦赫. 论集体记忆 [M]. 毕然，郭金华，译. 上海：人民出版社，2002：123.
② 徐贲. 人以什么理由来记忆？[J]. 法制资讯，2009（02）：33—35.

微信朋友圈中美景、记忆与乡愁的连接是个体对家乡记忆的呈现方式，也是社交媒体时代"地缘文化"的独特表达方式。个体记忆中的家乡美景往往与乡愁紧密相连，包括了记忆者对家乡的热爱与思念之情。访谈对象多次提及"我是山西人，定居在武汉"，说明个体记忆与家乡美景的关联还与其身份认同密切相关，即个体通过记录和分享家乡美景来表达对家乡的认同感和归属感，这种认同感和归属感有助于克服个体与家乡之间的空间分离，实现个体家乡身份的再次确认。同时，拍摄家乡古建筑，为家乡做宣传还体现了社交媒体中个体记忆的社交性，借助家乡美景信息的传播与他人进行互动，既加强了与他人的联系，又起到传播家乡美景的作用。

生活在特定地域的人们在日常工作生活中逐渐与地域建立起深度的情感连接，他们在微信朋友圈中发表有关该地域的体验，形成个体对于所处地域的独特记忆。XZY（样本编号：A04）这样描述自己微信朋友圈里关于武汉的记忆：

> "我朋友圈主要是宣传武汉、发一下雪景和春景，去看球赛也要打卡一下，虽然看不懂，以及如果家里做了什么武汉的美食，我也会仔细找角度拍照后放到朋友圈或微信的亲人群，欠一下（武汉方言）朋友圈的亲朋好友们。"

一座现代化的城市容纳了无数个体，特别是像武汉这样拥有千万人口的大城市，每个个体从自己独特的视角看待这座城市，个体对城市的记忆可能是独特的。但这些独特的记忆又因为共同的对象而在朋友圈中引起共鸣，共同建构着个体对于城市的记忆。访谈对象WT（样本编号：A13）就结合自己的人生经历谈到朋友圈中的武汉记忆：

> "我上次po了一张粮道街和武汉长江大桥的图在朋友圈，一个是因为我自认为拍得很好看，另一个因为我觉得这座城市承载了我太多的青春记忆，发个朋友圈抒发一下。第一次去武汉就是在光谷，光谷是我工作了8年的地方，有一种独特的情怀；长江大桥是因为个人喜欢桥与建筑，走在桥上觉得心情愉悦。"

这里，既看到了因个体独特的青春记忆和个人喜欢而赋予城市记忆独特的面貌，又看到"武汉长江大桥""光谷""粮道街"等武汉有代表性的地点，正是这些地点使朋友圈中个体对城市的记忆具有唤起他人共同记忆的可能。

而且，微信用户还可以运用朋友圈的地理位置标识功能展示个体记忆的地域性。需要注意的是，附加地理位置标记一方面使得城市记忆与特定的地点相连，另一方面，定位功能的开启也可能使个体的城市记忆受到商业因素的影响，比如根据位置信息推送商业信息等。

微信朋友圈中个体的城市记忆有何特点？对城市记忆又可能发生怎样的影响？我们认为，个体在朋友圈中关于城市的记忆和社交媒体中的其他个体记忆一样，首先因为其数字化的形式更易储存和传播，同时检索的便捷性也使它更容易被发现而成为朋友圈中的共享信息。这有助于形成关于城市的集体记忆。其次，个体对城市的记忆容易引起朋友圈的共同关注，成为朋友圈社交互动的内容，从而强化个体的社交关系网络和共同记忆。此外，社交媒体具有的灵活性、流动性等特点也表现在微信朋友圈个体的城市记忆中。个体随时记录和分享新的经历和体验，实时更新对城市的记忆，这使个体的城市记忆更加鲜活。同时，个体记忆的多样性和碎片化同样表现在微信朋友圈城市记忆中，使之既具有丰富多样性，又具有碎片化的特点。

根据所获得的访谈资料，除本部分所提及有关具体地点的城市记忆外，朋友圈中与地方体验相关的美食、美景也应该是个体城市记忆的组成部分。我们将它们分列在日常生活经历和地方体验中进行分析，只是基于不同的侧重点考虑。

整体看，微信朋友圈中，个体对上述内容的书写主要采用影像、音乐与文字等表现形式，三种形式或者独立使用，或者组合使用，它们共同构成了个体记忆表达的丰富性和多样性。

在社交媒体出现之际，文字是主要的信息传播手段，这一特征在微信朋友圈中尤为显著，用户借助文字来记录并分享个人的生活点滴。随着智能手机与数字化媒介技术的不断进步及广泛普及，图片逐渐占据了社交媒体传播内容的重要地位，在微信平台上，人们开始倾向于通过图片来捕捉并分享生活中的精彩瞬间，图片或"图片＋文字"的组合模式成为微信朋友圈的主要形式，且至今仍保持着其在微信朋友圈的重要地位。此后，影像记录的兴起成为社交媒体发展历程中的一个关键节点，标志着个体记忆的电子化存储方式从文字、图片转向影像，使个体记忆进一步数字化。

影像作为一种媒体形式，扮演着视觉信息载体的角色，具备直观再现过往场景与事件的能力，有助于个体唤起对特定事实或场景的记忆。通过微信朋友圈平台分享照片及视频，个体能够激活与这些影像相关联的记忆，进而记录和留存其对过往的感知及体验。音乐，作为情感表达的载体，拥有强烈的情感共鸣效应，能够唤起人们的情感记忆，使个体在听觉享受中追溯过往的情感状态及经历。在微信朋友圈分享的音乐，不仅是个人情感的抒发途径，也是个体记忆的一种外在表现形式，有助于强化个体与熟人之间的情感纽带。同时，情感作为内容的重要组成部分，构成了个体记忆中最为核心且深刻的元素。个体的情感体验往往与特定的记忆相关，通过微信朋友圈分享情感体验，个体能够展现其内心世界，与他人形成情感上的共鸣。

尽管相较于影像信息，文字在直观性上有所不足，也不具备音乐信息那样强烈的情绪传播力，但文字却能够以一种灵活、直接且深刻的方式，精准传达作者的思考与情感。个体通过文字进行公开表达，往往能够触动人心，激发共鸣，进而促使朋友点赞或发表评论，构建起一个情感支持或共鸣的网络。这一过程不仅增强了朋友间的社交联系，同时也深化了个体的记忆。因此，文字无疑是朋友圈叙事的重要手段。例如，访谈对象 YX（样本编号：A11）在朋友圈发文悼念奶奶去世时，选择文字的原因之一便是其便利性。他说：

> "我奶奶去世时我是发了一段类似于声明的悼亡在朋友圈，没有配图，那时候的心情不知道配什么图合适，也没有心思去打理朋友圈。发朋友圈主要是告知亲友们。"

当然，在微信朋友圈中，个体记忆的呈现更多地采用了三种方式的组合策略，以充分发挥各自的优势，使个体记忆展现出更为丰富的内涵与更强的感染力。

五、微信朋友圈的交流：共同建构"我"的记忆

微信朋友圈作为一种供个体使用的媒介平台，既是用户记录日常生活、抒发个人情感的载体，也在此过程中将个体记忆数字化、档案化，从而使朋友圈具备了个体记忆存储的功能。同时，以发布的朋友圈为纽带，形成一个微信好友间互动的空间。在此空间内，朋友们以朋友圈为媒介进行沟通与交流，进而建立、维护并强化个体在微信朋友圈中的社交关系网络。正如前文分析微信朋友圈中个体亲密关系记忆时指出的，个体与朋友间的互动具有双向性，即个体记忆能够影响他人对记忆主体的认知与理解；相应地，对于微信用户而言，他人的参与也在一定程度上塑造了个体记忆。接下来，我们将通过详细阐述微信

朋友圈中的互动行为过程，进一步探究这种影响机制的具体运作方式。

（一）微信朋友圈的主动书写与发布：个体记忆交流场所的诞生

微信用户采用影音、文字、图片等多媒体方式主动记录和书写个体日常生活经历、表达生活体验和情感，穿梭于线下场景与线上空间，展现自我，建构个体记忆。微信朋友圈成为现实生活体验和情感的在线表达，个体凭借朋友圈发表的文本跨越地域和时间的限制，与他人共享和交流个体经历和情感体验。这样，一个以微信朋友圈为媒介、以个体发布的文本为中心的交流场（朋友圈及其评论区）被建构起来。

从个体记忆的角度审视，微信朋友圈作为一个交流与互动的平台，承载着记忆的功能。我们可以从互动主体、互动关系、互动方式等多个维度理解这一记忆场所的独特性。

就互动主体而言，当前微信的功能特性与用户行为习惯，共同决定了哪些人能够进入微信朋友圈的个体记忆场。具体而言，主要受两个因素影响：一是朋友圈发布者所设定的可见范围；二是被允许查看该朋友圈内容的用户是否实际进行了阅读或观看。从互动内容来看，虽然主要以朋友圈的文本内容为核心，但也可能延伸与拓展至其他相关内容。在互动关系方面，互动行为不仅发生在微信发布者与其朋友之间，还可能发生在发布者的朋友之间，从而至少构成了两种不同类型的互动网络。从时间与空间的角度看，一旦朋友圈文本被发布且处于可见状态，互动行为即可持续进行。在互动的具体形式上，本研究主要关注的是点赞与评论这两种形式。

（二）微信朋友圈的互动：个体记忆的交流

微信是建立在熟人关系网络之上的社交媒体。朋友圈作为微信实现其社交功能的主要形式，吸引了用户的普遍使用与参与。因此，关注朋友圈，阅读、观看朋友发布的内容，基于社交考虑或者基于对内容的关注和兴趣都可能引发朋友圈的交流与互动。

1. 交流的内容

在朋友基于微信好友个体记忆进行的交流中，根据交流内容与朋友圈内容的关系，大致可以分为三种：围绕朋友圈的内容展开信息交流；围绕朋友圈表达的情感进行情感互动；从朋友圈内容延展至相关信息交流。

围绕朋友圈的具体内容进行互动是最常见的形式。参与交流者对好友在朋友圈里记录和书写的个体生活经历、经验发表自己的意见，无论是点赞还是针对具体内容信息进行评论互动，不论其影响是正向的还是反向的，都参与了个体记忆的建构过程，个体记忆因之可能被强化、改变，甚至遮蔽。

虽然本书一直强调社交媒体时代记忆的数字化使记忆不再像过去那样受到容量的限制，但哪怕理论上具有完整记录个体日常生活经历的可能性，实际上也不会有人对自己的日常经历进行全过程记录。社交媒体发布的个体记忆无疑都是在考量各种因素的基础上选择的个体更愿意记住和分享的经历，往往是对个体而言具有意义和价值的经历。微信朋友圈自不例外，个体期望通过朋友圈告知、分享、记忆个体的重要经历，也期望获得社交网络中的"朋友"的关注和支持。例如，对于年轻人来说，在朋友圈发布恋爱消息就是重要的个体记忆内容，常常会引起朋友圈大范围的关注和评论，ZC（样本编号：A03）介绍了自己的经历：

> "我也是谈恋爱官宣的朋友圈点赞最多，评论区都在关注女朋友长相，很好奇和八卦，也很支持，让我印象深刻的是一个朋友在下面问我什么时候删除这条朋友圈，就很搞笑。"

ZC 的经历表明，通常情况下，微信朋友圈内围绕个体记忆展开的互动，因发生在熟识的人际网络之中，呈现出一定的可预测性。然而，传播的双重偶然性特征使这种可预测性并非绝对。互动过程中参与者的不确定性，使微信朋友圈在较大概率的可预测性之外，又呈现出不确定性。类似 ZC 朋友圈互动中出现的超乎预期的情况时有发生，令朋友圈中围绕个体记忆的内容展开的互动呈现出复杂的一面。除了正面的"赞美"与"鼓励"之外，还存在一些中性、负面或方向不明确的情感、态度及行为，诸如"恶意打趣"与"阴阳怪气"的互动表现。尽管这些负面或不明确的互动属于少数情况，但它们仍然能够对个体的记忆产生影响，甚至成为个体对所发布的朋友圈"印象深刻"的记忆片段。

人是社会性动物，有情感表达和获取情感支持的需求。因此，情感体验和记忆是朋友圈个体记忆的重要内容。个体在朋友圈中的情感记忆既可以结合具体的人和事，也可以选择直接表达情绪和情感，而无须交代其来龙去脉。作为个人进行自我表达的平台，朋友圈没有严格的写作规范限制，呈现出高度的灵活性与随意性。围绕个人情感记忆所展开的情感交流，最能彰显朋友圈作为"朋友"间社交互动媒体的本质属性，个体在彼此互动中收获情感共鸣与支持，不仅增强了朋友间的紧密联系，也强化了个体记忆。我们以围绕亲密关系产生的情感记忆为例来简要分析朋友圈中的情感互动。仍以亲人悼亡类朋友圈为例。按照我国的传统习俗，尽管人们对逝去的亲人怀有持续不断的怀念之情，但传统的悼念活动通常仅限于亲人去世之时以及少数几个特定的时间点（如逝世一周年和三周年纪念日），在特定的场所及亲友范围内举行。然而，随着社交媒体的兴起与普及，这一状况逐渐发生变化，社交媒体渐渐成为个人进行悼念活动的场所。例如，通过朋友圈，普通个体能够在线上进行周期性的悼念。在任何时候，当记忆被唤起时，个体可以借助朋友圈表达自己的怀念之情。HRX（样本编号：A06）谈到这一点时说：

> "昨天在家人的小群里发了一下我去世老妈还健在时帮忙收碗的视频，感慨很多吧，老人的生老病死很正常，但还是很想念。以前忌日时也会在微信朋友圈感慨一下，不舍，想念。"

朋友圈互动的第三种情形是从朋友圈内容拓展的互动，因互动主体及具体内容的多样性而展现出显著的差异，难以一概而论。在此，我们仅以美食与美景体验的记忆内容为例进行简要分析。美食与美景作为个体记忆构成的重要内容，在吸引朋友关注个体经历的同时，亦可能唤起他们对于美食与美景的憧憬。因此，在评论区中的互动，有可能进一步延伸至他们所关心的话题，诸如旅游规划、美食美景的具体地点信息等。研究对象 LXY（样本编号：A08）便时常遇到此类情形，她说：

> "我发美食照片时一般会带一个坐标定位，但有时如果没带，评论区就会有好友评论或者私信问我，美景也是这样的，大家会比较关注打卡地点，而不是单纯的东西好不好吃或者景色好不好看了。"

她频繁使用"坐标"与"定位"等表述，由此可见，地理位置不仅是个体记忆所关注的对象，也是个体记忆向外传递的一个重要信息。基于这一认知，我们认为，位置标记对于个体记忆而言，并非仅仅是一种形式化的仪式行为，而是承载着实际意义的信息。无论是对于记忆者本人，还是其社交圈内的其他成员，位置标记都具有重要意义。尽管这些意义的具体内容各不相同，对于记忆者而言，位置是记忆所指向的目标和具体内容；而对于他人而言，位置则代表着现实生活中的实际需求。

2. 交流的特点

以朋友圈个体记忆为媒介，在朋友圈个体记忆场域内进行的交流活动具备何种特征？依据当前朋友圈所提供的社交功能、对研究对象的阐述以及我们所观察到的实际情况，可大致归纳出以下几点。

一是持续在场的朋友圈作者。从记忆理论的角度对朋友圈互动进行分析，隐含的前提是将朋友圈所发布的内容（无论其形式为音频、视频、图片还是文字）均视为文本。在这一意义上，微信朋友圈的发布者被视为作者，而互动则构成了作者与其读者/观众朋友间的交流。从文本的角度来看，朋友圈的作者始终保持着在场状态，无论其是否通过回应的方式参与对话。这种在场状态对于作者自身、朋友圈的互动者以及那些仅浏览而不直接互动的用户而言，均是明确可感知的。这一点从根本上区别于传统文本的生产与传播时代，后者如同罗兰·巴特所言，文本一经完成，便处于"作者已死"的状态。因此，从这一角度出发，只要朋友圈中存在点赞与评论的行为，无论作者是否予以回应，均具备对话性。基于此，我们认为，无论其影响程度如何，朋友间的互动均在一定程度上参与了个体记忆的建构。

二是交流具有不同的方向性。应当关注朋友圈发布者还是关注自我？这一方向性决定了互动更可能对哪一方产生显著影响。在先前对互动内容的分析中，已明确指出互动通常针对朋友圈的内容进行，由此可推断，互动主要以指向朋友圈作者为主。然而，在实际互动过程中，除了针对作者外，互动还可能指向互动者自身。类似地，发生在作者之外的朋友间的互动同样具有双重指向性，既可以指向作者，也可以指向互动的双方。例如，在扩展朋友圈内容信息的互动分析中，我们提及了关于地址、旅游规划等信息的询问，这些询问便是指向互动者的。与针对朋友圈作者的互动主要影响个体记忆不同，指向参与互动的其他朋友圈成员的互动，最终可能会对他们的体验、情感乃至行为选择产生深远影响。

三是朋友圈交流的浅表性。与线下交流和记忆场为互动双方提供深度交流可能性不同，围绕朋友圈形成的个体记忆场提供浅表交流可能性。主要原因在于深度交流多发生在两种传播情境中——正式的或私人的，前者是基于某些正式需求而进行深度交流，后者为在私人场合进行具有私密性的交流。社交媒体记忆场是一个公开的场所，微信的熟人社交网络决定了其公开的最大可能性，但依然不损害其公开性的特点。这个特点决定了朋友圈互动多采取点赞和简短评论的形式。

3. 交流的影响

访谈过程中，我们深切感受到受访者对于朋友圈内交流与互动的重视。他们不仅关注自己是否受到朋友的关注，还会受到朋友间互动、交流具体内容的影响。例如，LJX（样本编号：A05）向我们阐述说：

> "我发过一个秀恩爱的朋友圈，原因是我要去外地出差很久，于是发了一个朋友圈留恋武汉，不仅舍不得这座城，也舍不得这座城里的人。这条朋友圈大家都疯狂互动，主要是祝福和嫉妒，我的炫耀心理也得到了满足。"

LJX 的描述表明，个体在运用微信朋友圈这一工具时，不仅视其为进行信息分享与交流的重要平台，也重视其作为社交媒体平台所产生的社交效应。前文已提到，个体在朋友圈中记录日常经历与体验、抒发情绪情感的动因是多样且复杂的，然而可以确定的是，一旦采用此媒介，便不可避免地会对社交功能产生相应的期待。"不仅舍不得这座城，也舍不得这座城里的人"表达个体的情感，"这条朋友圈大家都疯狂互动，主要是祝福和嫉妒，我的炫耀心理也得到了满足"则展露出个体对朋友圈引发的互动带来的喜悦和满足，体现了个体对微信朋友圈社交功能的追求。

访谈中，LJX 还提到了另一个问题——隐私问题，这涉及朋友圈围绕个体记忆进行互动产生的其他影响。他说：

> "我在朋友圈秀恩爱、发美食，但不论我发什么，我设置的是朋友圈三天可见，所以三天后大家都看不见了，我对这个功能还是很放心的。"

隐私问题是社交媒体时代的一个重要问题，很多人将它描述为悖论。社交媒体频繁的隐私泄露引起了用户的关注，但用户仍会在社交媒体自我表露，表现出"隐私悖论"[①]。个体往往需要通过出让某些隐私权以换取社交媒介的使用权。如果说这里的隐私权更多针对的是用户和平台之间的权利关系，那么在微信等社交媒体使用过程中还涉及更加普遍和广泛的隐私风险问题。本研究重

---

① 张文德，孔畅，陈龙龙. 社交媒体用户信息隐私悖论产生与应对策略研究［J］. 情报探索，2024（08）：27—33.

点关注的个体日常生活经历、亲密关系体验、个体情感等内容中，涉及的隐私信息相当多，因此隐私问题不可回避。访谈对象表示，会出于隐私考虑对朋友圈的可见范围进行设置，由此改变朋友圈互动的条件。

鉴于微信朋友圈中的互动通常具有公开性，除了隐私方面的顾虑，个体还面临着一定的社交压力。包括担忧自身发布的动态未能获得点赞或评论、所发表的评论未得到回应，以及访谈对象提及的由"炫耀"和"嫉妒"等情感引发的压力等。为降低隐私泄露的风险并减轻社交压力，用户可通过设定可见范围来调控信息的传播时限与范围，从而在满足情感表达需求的同时，有效保护个人隐私，并缓解社交压力。然而，随着越来越多的人开始设定朋友圈的可见范围，将时间范围从全部可见调整为三天、一个月或者最近半年可见，微信朋友圈正逐渐由"全透明"状态转变为"半封闭"状态。

六、敞开个体记忆之门：公共议题进入个体记忆空间

在第二、三章的论述中，我们提及社交媒体赋予个体权力，使其可见性得以提升，进而具备了转化为集体记忆的潜力。相应地，公共议题也有可能渗透至具有一定私密性质的个体记忆领域，转化为个体对于公共议题的记忆。或者，通过朋友圈内的交流与探讨，这些议题能够成为互动群体关于公共议题的集体记忆。

例如，我们探讨了朋友圈中对于亲人的缅怀之情，然而，与此相比，社交媒体上对名人的悼念往往能吸引更多的社会关注。作为一个更具公共性质的议题，名人悼念不仅触及个人的情感体验，还蕴含着更为深远的"家国情怀"。相较于亲密关系中更为私人化的情感表达，这一点尤为显著。第六章对微博平台上悼念金庸先生的个案研究，对此进行了阐释。在论及微信朋友圈中对于名人的悼念时，我们的研究对象也提及了这一点，如 XML（样本编号：A15）指出：

> "我发过两次悼念他人的朋友圈，一次是袁隆平，一次是最近的coco。关于袁隆平，主要是觉得他让中国人不再饥一顿饱一顿，能吃饱饭了，也听过父辈讲饥荒年代的故事，那时对袁隆平就是格外的尊敬与崇拜。关于coco，主要是出于一种女性共情，觉得女性为自己的小家庭付出太多，同时也要受到原生家庭影响，看到新闻coco那样的名人都会受此困扰，自己也会对生活里的苦难释然，但还是很惋惜她的离世。"

哪些公共议题更易于进入微信朋友圈的个人领域？公共议题在个人领域中的表达方式具备何种特征？此外，公共议题是如何通过个人领域的表达及互动，转化为个体对于公共议题的记忆，或是成为个体所在朋友圈对公共议题的共同记忆的？以下将针对上述问题逐一展开分析。

（一）进入个人空间的公共议题

在社交媒体时代，社交媒体已成为人们首选的媒体形式。一方面，社交媒体主要为普通用户所使用，他们能够自行决定发布信息的时间、内容及形式等，这赋予了其显著的私人化特征，因此，社交媒体也被称作"自媒体"。另一方面，社交性作为社交媒体的基本特征，使其具备一定的开放性和公共性。这些特性共同促使社交媒体成为一个理想的信息表达、交流与共享的平台，也使得公共议题得以渗透至个人空间。在微信朋友圈这一私人领域，个人与公共议题之间产生了关联与互动，个体及其朋友圈内的朋友也围绕公共议题展开了相应的关联与互动。我们首要关注的是，哪些公共议题更容易进入个人空间？

根据访谈数据，我们发现，微信用户选择进入个人空间的公共议题主要包括三类：一是与人们生活密切相关的议题。此类议题涵盖教育、医疗、住房等广受关注的领域，它们对人们的日常生活和福祉具有直接影响。例如，在我们的访谈对象中，有中小学生家长提及在朋友圈发布关于所在区域中小学升学考试的议题，这些议题因其共鸣性强，获得了较高的关注度。二是能引起强烈情感共鸣的议题。与日常生活相关议题有所不同，此类议题虽不直接作用于个体的日常生活，但往往能够引发较高的社会关注度和强烈的情感反应，如某些社会热点事件。三是引发广泛讨论的议题，包括政治改革、文化冲突、科技进步等。这些议题通常涉及多方面的利益和观点，因而容易成为公众瞩目的焦点。

综上所述，个体在选择公共议题时除考虑个人生活相关性和兴趣之外，更多考虑的是社交互动可能性，倾向于选择吸引朋友关注和讨论的公共议题。

（二）个人空间中公共议题的表达特征

社交媒体个人空间对公共议题的表达展现出以下特点。

1. 议题多元，传播速度快

腾讯公布的 2024 年第一季度财务报告显示，微信的月活跃用户已经接近

14亿人①。庞大的用户群体决定了微信用户在朋友圈中所关注和探讨的公共议题具备多样性，展现出复杂且分散的特点。与此同时，微信作为人们日常沟通交流的基础性媒介工具，凭借其使用的便捷性和高频率，使通过微信朋友圈发布的信息能够迅速传播。

对于微信用户中的每一位个体而言，基于其个人生活及兴趣，所关注的公共议题往往呈现出一定的稳定性和集中性。无论是发布信息，还是在接收与参与讨论的过程中，个体都可能对特定议题表现出更高的关注度。然而，从整个微信朋友圈审视，个体间的多样性和差异性，决定了微信朋友圈中公共议题的复杂性和丰富性。个体在选择公共议题与朋友圈中其他人进行交流互动时，常会在转发相关信息的基础上，直接或间接地表达自身的态度和见解，这一行为不仅丰富了公共议题的信息内容，也促进了围绕公共议题展开的讨论。

微信朋友圈既可以作为个体发布、分享信息的渠道，也可以作为个体获取信息的渠道，还可以是交流和讨论的渠道。尽管微信朋友圈的传播范围存在一定的局限性，即限于个体社交网络的边界内，且受到微信好友功能的限制，其传播范围的上限约为微信好友人数的最大值（约10000人）。然而，在这一特定的社交群体中，由于熟人之间建立的紧密联系和高度的关注度，信息传播极为迅速，能够在信息发布后即时有效地覆盖朋友圈内的每一位成员。

访谈资料表明，微信朋友圈作为一座沟通的桥梁，其在公共议题中所展现的强连接性尤为显著。微信朋友圈将宏大的社会议题与日常生活的小事紧密相连，个体的关注焦点既可以是宽泛而深远的重大议题，也能够具体到如"动物园重新开放，票价定为40元"这样的琐碎话题；微信朋友圈促进了"个体"与"他人"之间的连接，来自不同背景、拥有不同经历的人们能够在共同关心的议题上找到共鸣与交集；同时，它还架起了"已知"与"未知"之间的桥梁，使个体能够获取新的信息，并对已有知识进行更新与丰富；此外，微信朋友圈还实现了"微观视角"与"宏观议题"或"微观议题"与"宏观视角"之间的衔接，允许个体从微观层面探讨宏大的议题，或是将微观议题置于宏观视野下进行审视。

2. 观点多样化与表达隐喻化

微信朋友圈作为个体对外沟通与交往的重要平台，既是个人展示其日常生

---

① 腾讯控股有限公司. 腾讯公布二〇二四年第一季业绩［EB/OL］［2024－05－14］. https://static. www. tencent. com/uploads/2024/05/14/6c813f619346ebb2634fc0693a8f6b81.

活经历、体验及情感记忆的窗口，同时也是其就公共议题发表观点、与朋友圈内其他成员交流的媒介。在公共媒体平台，个体可能因多种因素而较少就公共议题发表看法；线下的日常生活中，由于话语权受限、琐事缠身以及社交圈层限制等诸多因素，个体往往难以充分表达自身观点。微信、微博等社交媒体则为个体提供了就公共议题进行探讨的场所。在微信朋友圈中，个体可自由选择关注的公共议题，表达自身的态度与思考，并在与他人的互动交流中了解彼此的观点，从而可能形成对公共议题的多元化观点。

相对于传统延时交往而言，微信是一次社交革命①。在这个空间里，个体可以即时发布、接收、交流有关公共议题的官方新闻报道与非官方话语。微信朋友圈这一私人动态分享平台逐渐成为分享和讨论公共议题的空间②，ZSQ（样本编号：A02）谈到自己朋友圈中如何表达公共议题时说：

> "我是会讨论一些公共事件的……我会习惯性转发一些官方消息或通告……但是网络上一些很情绪化的相关表达我是绝对不会转发或点赞的，不愿意加入混战。"

从中可以看出她会对自己关于公共议题的表达进行严格管理。

在微信朋友圈中，当个体记忆的书写关联至公共议题时，其表达方式往往倾向于采用隐喻手法。尽管微信朋友圈的讨论在一定程度上展现了公共性特征，但个体倾向于规避在个人空间内引发剧烈冲突，即便采用批判性方式，也持谨慎态度。此现象背后蕴含的原因较为复杂，既包含个体对私人空间的保护意识，也涉及防止网络安全风险及应对平台管理的考量。若议题较为敏感，个体则可能更倾向于采用隐喻手段进行表述。

尽管将公共议题引入私人空间的现象具有一定的普遍性，但根据访谈数据的分析结果，几乎所有个体都会在社交媒体平台上分享其个人的日常生活经历，相比之下，仅有部分人会主动在社交媒体上发布关于公共事件的议题。为何访谈对象在社交媒体上避免讨论公共事件？在访谈过程中，此问题也被提及，QH（样本编号：A01）与XML均就此问题发表了看法：

---

① 蒋建国. 微信朋友圈泛化：交往疲劳与情感疏离［J］. 现代传播（中国传媒大学学报），2016，38（08）：67—71.

② 欧健. 微信朋友圈的有限公共性——基于结构、再现与互动的探讨［J］. 新闻界，2019（8）：45—58.

"我会关注这些时事动态，但不喜欢在朋友圈发这些公共事件，因为我身边的同学很少关注这些，所以即使我发了也没有人和我互动，能和我交流，所以不如不发，以免他们还打趣我'矫情'，微博我也很少互动，如果是 B 站我可能会互动多一些。"

"因为我自己的工作性质原因，工作日的工作时间我肯定不会在网上发表言论，而且社会事件我也不太好去评价甚至转发，都有风险，我就想在互联网上做个小透明。"

两则访谈资料显示，社交互动的可能性以及信息发布所涉及的风险问题，成为受访者决定是否回避公共议题的关键因素。此外，QH 也提及了在微信、微博及 B 站等不同平台上互动的差异。经分析，我们认为其主要缘由在于微信朋友圈构成了一个"熟人社交圈"，其成员主要包括家人、朋友及同事等熟人。在这一特定的社交背景下，个体对于社交风险的担忧更为显著，他们会顾虑讨论公共议题引发争议或冲突，进而对人际关系产生不良影响。

3. 宏大视角与共情传播

师曾志指出，以互联网技术为支撑的社交媒介与平台经济更是联合发力，在迎合人们日常审美品位需要、与人们消费共情的基础上，实现了自身的发展[①]。不仅如此，社交媒体的社交属性使它成为一种适于进行共情传播的媒体。吴飞对共情传播的理论和实践路径进行探索，指出每一个人的共情和感受力是不一样的，共情需要满足一定的条件才能启动。所谓"物以类聚，人以群分"正说明了共情比较容易产生在认同度较高的群体内部[②]。

微信是基于熟人圈子的社交媒体，因此一定意义上可以说关注个体微信朋友圈的群体是一个比较容易产生认同的群体。当考虑如何让朋友圈发布的公共议题具有高关注度时，主要的策略便是选择能够引起共情传播的议题。朋友圈中的人们在物理空间上可能相隔甚远，但却因为关注公共议题产生情感共识而聚集在虚拟空间中。这种共识源于我们身处同一个时代，共同经历着社会变迁，因此在基于熟人关系网络的微信朋友圈中，会对许多公共事件有共同的关注，产生相似的情感体验，例如 QH 说他关注的一个小众艺术家劳伦斯先生

---

① 师曾志. 数智时代重现日常生活中的共情传播：邻近、交谈与势力 [J]. 北大新闻与传播评论，2023（00）：137—154.

② 吴飞. 共情传播的理论基础与实践路径探索 [J]. 新闻与传播研究，2019，26（05）：59—76+127.

（MR. Lawrence）病逝后，他在朋友圈进行悼念，抒发自己的情感，引起朋友圈很多人的关注和共同怀念。

在微信朋友圈的语境中，个体针对公共议题的记忆内容与日常记忆的分享展现出差异化的特点。相较于日常生活中的个体记忆，公共议题的讨论往往蕴含着更为深厚的家国情怀。此类讨论并不局限于对事件的简单陈述或评价，而是倾向于将事件置于更为宽泛的框架内，即对社会现象的深刻反思与探讨之中。当个体就公共议题进行表达时，无论是展现家国情怀，还是进行社会现象的深入思考，在表达策略层面，均较为注重情感连接的切入点，即自身如何与公共事件产生关联。以悼念社会公众人物为例，AH 回顾了自己在朋友圈中对袁隆平先生逝世时的记忆表达。

> "袁隆平爷爷去世时我还在读高中，当时和同学一起趴在窗户上看外面的麦子，还在和同学讨论没有袁隆平爷爷的话我们现在有可能吃不饱饭，话音刚落就收到了袁隆平爷爷病逝的消息，新闻铺天盖地地来了，那一刻真是震惊与惋惜。"

这段记忆将袁隆平先生去世的时间和自己当时所处的生活情境联系起来，从他为解决人民吃饱饭所做的巨大贡献的角度表达了对袁隆平的敬仰和怀念。这种情感是人们的共识，因而微信朋友圈的分享能够与他人产生深度共鸣，共同关注和思考这些重要的议题。

在访谈过程中，当被访者讨论公共议题时，共情这一情感因素被屡次提及。除了之前所述关于公众人物的悼念议题之外，某些突发性灾难事件同样容易引发人们的关注与共鸣。例如，访谈对象 YX（样本编号：A11）分享了其在朋友圈中对于韩国梨泰院踩踏事件的记忆：

> "一说起这个我就想起去年年底的韩国梨泰院踩踏事件，当时朋友圈的更新是很快的，一直持续刷着新闻或者非官方消息，一整晚没睡着，因为被踩踏者都是年轻人并且也是亚洲地区的，狠狠共情了，这个公共事件发生后我自己也会格外注意人身安全，也替年轻生命惋惜。"

在哈贝马斯看来，传媒的公共性可以理解为报刊、广播和电视作为公共领域的媒介，通过给公众以信息，促进公共舆论在该领域当中的形成①。社交媒体时代，公众通过自己掌握和使用的微信、微博等社交媒体表达对公共议题的关注与意见，并在社交媒体中进行讨论，这已经成为社交媒体时代舆论形成的重要方式，对公共议题发展的作用也不容低估。就微信朋友圈而言，其成为公共议题讨论平台的原因主要有两方面：一方面，微信朋友圈中公共议题的呈现具备情感传播的特性，这是我们在先前讨论中所强调的公共议题传播的关键特征。与在其他场合下公共议题讨论较注重理性分析不同，微信朋友圈作为个人的社交空间，情感是维系个人社交关系的基石。另一方面，基于熟人关系的社交圈更易于达成共识并形成一致意见。这两个内在因素共同促使微信朋友圈中关于公共议题的讨论更容易推动舆论的形成。

（三）微信朋友圈里的公共议题：个体记忆与集体记忆的互动

考察了微信朋友圈中公共议题的基本特征及其表达方式之后，我们进而触及一个更为深刻的问题：微信朋友圈中的公共议题究竟对个体记忆产生了怎样的影响？针对此问题，存在多种解答路径。在本研究中，我们选择从集体记忆与个体记忆相互作用的视角出发，以深入理解其影响。

1. 公共议题：作为个体记忆和集体记忆互动的桥梁

先前我们已指出，个体微信朋友圈中出现的公共议题能够引发广泛关注与深入讨论，进而构成一个针对该议题的舆论场，对舆论的形成起到推动作用。此分析路径隐含着一种立场，即将个人与公开的舆论场相结合，探讨公共议题进入个体记忆领域后所产生的影响。我们将继续沿用这一思路，分析公共议题如何充当个体记忆与集体记忆之间互动的桥梁。

本研究将微信朋友圈界定为个体记忆场，个体日常经历与体验的数字化记录，以及进入其朋友圈的其他信息所构成的数字档案，均被视为广义上的个体记忆内容。显然，与具有私人性质的个体日常生活经历的个体记忆不同，因其本身的公共属性，以及朋友圈内围绕其展开的讨论所具有的公共性特征，公共议题并不隶属于关乎个人生命历程、生活史的个体记忆范畴，而是属于个体对社会公共生活、历史事件的记忆。因此，可以将其视为进入个体记忆领域的集体记忆。据此，我们认为公共议题是连接个体记忆与集体记忆的桥梁。

---

① 尤尔根·哈贝马斯. 公共领域的结构转型［M］. 曹卫东，王晓珏，刘北城等，译. 上海：学林出版社，1999：218—230.

2. 共情传播与情感共识：个体记忆和集体记忆互动的纽带

公共议题，作为社会各界瞩目的焦点及公众利益的重要体现，常能深刻触动人心，激起广泛深入的讨论与共鸣。个体在社交媒体平台，如朋友圈，对公共议题进行分享与探讨，既彰显了对公共议题的密切关注，也是个人情感表达的一种途径。这些议题和个体的情感、态度及观点在朋友圈内传播，引发他人的关注与互动，进而形成共情传播，达成情感共识，这将深刻影响个体及朋友圈内其他成员对该议题的认识、理解与记忆。这种情感认同并非简单的赞同或反对，而是一种深层次的情感连接，使个体感受到自己并非孤立无援，而是与他人并肩面对同一挑战，共同担当责任。情感认同的力量极为强大，它不仅能够强化个体间的联系与互动，成为他们紧密相连的纽带，而且能有效促进集体记忆的形成。对同一公共议题的情感反应汇聚成一种集体的情感氛围，不仅蕴含着对公共议题的共同关注与理解，更寄托了对社会、对生活的共同期待与追求，成为集体记忆中不可或缺的一部分。

微信朋友圈等社交媒体为个体构建了一个专属的记忆空间，既便于个体在此记录并保存个体记忆，又为集体记忆的形成创造了契机。前述分析揭示了公共议题如何通过个体的筛选、理解及表达进入个体记忆领域，随后借助情感联系在朋友圈内引发互动与交流，并最终对个体间就该议题的共同记忆产生影响。因此，微信朋友圈中公共议题的书写与传播，不仅构成了个体记忆与情感抒发的途径，也是集体记忆构建的重要途径。朋友圈内对公共议题的共同聚焦与互动沟通，促进了情感认同在朋友圈中的形成，最终促使公众议题向个体记忆与集体记忆转化。

3. 记忆的非周期性再现与重构：个体记忆与集体记忆互动的时间特征

时间积淀与记忆巩固是一个错综复杂且意义深远的社会心理演变历程。伴随着时间的流逝，那些引发公众关注、讨论并产生共鸣的公共议题，会逐渐沉淀，进而转化为个体对于集体的记忆。在此过程中，社交媒体赋予了这些记忆可随时回溯的时间特性。

对于微信用户而言，微信朋友圈是一个随时可供访问的平台。若不对朋友圈的可见时间范围进行设定，朋友圈好友均可随时浏览其发布的内容。因此，个人用户可以随时选择重新浏览涉及公共议题的朋友圈内容，回顾当时的情境、思考及情感，进而强化自己对公共议题所形成的集体记忆。对于朋友圈中的其他用户而言，只要其朋友圈对其开放，同样可以随时重温相同的情境、思考与情感。在此过程中，朋友圈中的文本、互动内容（诸如点赞、评论及回复等）均有可能成为唤起回忆的媒介，引领重访者重返往昔的记忆场景。甚至在重返时，重访者还可以进行新的互动，开启新的记忆构建或重构过程。

七、微信朋友圈：个体记忆的新场域、情感承载与数字档案

当下，数字化社交媒体已成为人们日常生活中不可或缺的基础设施。微信作为一款广泛应用的社交软件，其朋友圈功能尤为突出，围绕微信用户发布的文本内容，构建了一个全新的个体记忆场。我们的研究结果显示，微信朋友圈在个体记忆中占据着举足轻重的地位，是表达个体情感记忆的主要渠道之一。同时，朋友圈等社交媒体平台的兴起，使得个体记忆逐渐呈现出数字档案化的显著趋势。

（一）微信朋友圈：一个新的个体记忆场

微信朋友圈是微信提供的基本功能，既为个体提供记录、存储、记忆功能，也为个体与其朋友圈中的他人提供社交互动的平台，因此成为个体记忆的新场域。作为数字化的社交媒体平台，微信朋友圈为个体记忆的表达提供了多元途径。用户可以通过文字、图片、影音等多种形式记录生活经历、情感体验、思考感悟。无论是日常琐事还是公共议题，个体都可以通过微信朋友圈予以分享和讨论。多元化的表达方式不仅丰富了个体记忆的内容，也令记忆更加生动，因而更有可能引起社交互动。

作为个体记忆场，微信朋友圈最突出的特点便是开放性和互动性。正是开放性和互动性，使他人可以参与个体记忆的建构，并在此过程中加深其对个体记忆的认识和理解。同时，开放性为公共议题进入个体记忆场提供了条件，经过共同关注、讨论和交流，逐渐形成朋友圈对该公共议题的集体记忆。

（二）微信朋友圈：个体情感记忆的承载者

1. 微信朋友圈为个体情感记忆提供表达和互动反馈的渠道

在本项研究的访谈及观察中，我们发现微信朋友圈既是个体情感记忆表达的重要途径，也是获取情感反馈的重要渠道。无论是分享日常生活记忆，还是围绕公共议题展开的讨论，情感表达均构成微信朋友圈中个体记忆的关键内

容。具体而言，分享美食美景体现了个体的愉悦之情；分享家庭及亲密关系体验，流露出个体的思念之意；缅怀公共人物，展现了个体的哀悼之情。据此，我们认为微信朋友圈承载着个体情感记忆的功能。在微信朋友圈这一记忆"中介平台"的推动下，个体情感记忆经历了一个表达、互动与重构的过程。通过朋友圈内"熟人圈子"的交流讨论，个体获取情感反馈，强化或重构其情感记忆。

同时，微信朋友圈围绕个体情感记忆展开的互动，因其参与性与可见性特征，得以在更广的范围内实现传播与共享。即便那些未直接参与互动的朋友，也可以观看并阅读朋友圈内容。这不仅有助于他人理解朋友圈发布者的情感记忆，同时也可能对关注和参与互动的用户的情感记忆产生影响。此类互动不仅推动了信息传递与情感交流，还进一步加深了个体间的情感联系，为个体提供了反思与审视自身情感记忆的机会。未来，通过回顾以往的朋友圈动态，人们能够重新感受当时的情感状态，审视自身的成长与变迁，进而促进个体记忆的连贯性与动态性。

2. 微信朋友圈作为情感记忆的疗愈者

微信朋友圈不仅是个人情感记忆表达与构建的媒介，还是个人情感记忆的治愈媒介。在访谈中，多位受访者提及，在遭遇困境或挫败之际，他们曾在微信朋友圈中寻求慰藉与支持，或仅通过发布个人情感与情绪体验的方式，来抒发内心情感。他们普遍认为，此类做法能够有效减轻压力与苦楚。对于微信朋友圈的用户而言，朋友圈宛如一个隐形的社交互动平台，一旦发布内容，它便显现其存在，朋友们以直接或间接的方式提供情感上的支持与陪伴，为个体在应对困难与挑战时提供了必要的情感支撑，从而使微信朋友圈具备了情感疗愈的功能。当然，这种情感疗愈过程本身也构成个体情感记忆的一部分，有助于个体更好地调整情绪，更好地面对生活中的挑战和困难。基于朋友圈的熟人关系网络，情感表达获得的基本上都是正面的、积极支持的反馈，因而可以预期情感疗愈的正向作用。

（三）微信朋友圈：个体记忆的数字档案

微信朋友圈为个体记忆构建了一个可随时进行重构、存储及访问的数字档案系统，从而使个体记忆展现出更高的灵活性、变动性和丰富性。

其一，数字档案的特性首先体现在内容的多样性和丰富性上。多样性主要表现为微信朋友圈个体记忆的多媒介性，包括但不限于文字、图片、影音等任意形式及其组合。丰富性则侧重于微信朋友圈个体记忆所能容纳的内容范围。个体用户拥有自主权，可自由决定发布朋友圈的数量及具体内容，随时上传照片、视频或文字记录，将生活中的每一个瞬间永久定格为珍贵的记忆。相较于传统的存储方式和容量限制，数字档案的存储容量无疑具备突出的优势。

其二，数字档案具有提取与访问的便捷性。个人在社交媒体平台如朋友圈发布的文本信息及其相关的互动记录，均以数字档案的形式存在。若未经权限设置限制，这些档案均可供个体及其朋友圈内的其他成员随时访问。朋友圈内容以线性时间轴的方式有序呈现，极大地方便了用户对过往内容的回顾与重温。此外，通过关键词检索、时间筛选等手段，用户能够迅速定位至特定的记忆片段。个体记忆的数字档案不仅极大地丰富了记忆内容，还确保了记忆的永久留存。无论是美好的瞬间还是难忘的经历，一旦被记录于数字档案之中，均可随时回溯，为个体重新唤起当时的场景、思绪与情感提供了重要的线索。

其三，数字档案具有管理的便捷性。一是个体记忆文本管理的便利性。用户可以不受时空限制地发布朋友圈内容，并且同样能够随时随地对已发布的记忆文本进行重新编辑、修改后再发布，或者执行永久删除的操作。这一特性显著区别于传统媒体及人自身作为传播媒介时的个体记忆管理方式，赋予个体随时记录、随时修改及随时删除的自主权。其次，个体记忆的存储与删除操作同样便捷。从理论层面而言，数字档案既可实现长期乃至永久性的存储，也可执行永久性的删除。这意味着依托于数字档案形式的微信朋友圈个体记忆，同样享有被永久保存或被永久删除的可能性。然而，在此需特别指出，微信朋友圈作为社交媒体平台，其运作机制与基于生物神经功能的个体记忆系统存在本质区别。数字档案具备永久保存或"一键删除"的功能，但个体记忆并非如此。但在人类记忆日益趋向数字化的背景下，这种存储与删除的便捷性赋予了个体更大的记忆管理自主权。再者，以个体记忆文本为桥梁的朋友圈社交网络连接展现出极大的便利性，这一特性根植于数字档案的开放性之中。鉴于社交媒体的社交本质，个体在微信朋友圈中存储的个体记忆档案，依据微信用户的设定，具有一定的开放性。个体自身及拥有朋友圈可见权限的其他用户，可随时通过数字档案建立联系，既可通过回顾过往的文本重温昔日的情境与记忆，亦可经由文本激发新的互动与沟通，从而形成新的连接。可以说，数字档案在存储、传递个体记忆信息的同时，也在记忆主体与其朋友圈之间构建了不同层次的情感纽带。

本章以微信朋友圈为例解读社交媒体时代个体记忆的特点，强调个体记忆的丰富性、生动性，特别是情感性。进而，我们讨论了进入个体记忆空间的公共议题及其对记忆的影响，认为以公共议题为媒介，个体记忆与集体记忆通过微信朋友圈进行互动，最终促成个体对公共议题的集体记忆。最后，我们简要讨论了微信朋友圈作为个体记忆的新场域、情感记忆的承载者以及个体记忆的数字档案化等三个问题。数字化、档案化是社交媒体时代记忆的趋势，这对于记忆到底意味着什么？我们将在本书结语部分进一步展开讨论。

第五章　社交媒体时代的集体记忆与文化记忆

——对社交媒体中武汉市红色记忆的个案考察

自哈布瓦赫开创记忆的社会学研究路径以来，集体记忆始终占据着记忆研究领域的核心地位。在第二、三章中，我们已探讨了社交媒体时代背景下集体记忆所发生的变革。本章将通过具体的个案研究，来深入理解和剖析这一变化。

所选个案聚焦于城市红色历史文化记忆，案例甄选基于以下几点考量：首先，该案例在社交媒体时代的集体记忆中具有代表性。红色历史文化在当代社会生活中发挥着举足轻重的作用，对于国家与社会均有极其重要的价值，其代表性不容置疑。其次，从记忆主体与记忆内容的关联性分析，随着亲历红色革命、红色历史人群的逐渐消逝，自传体记忆与交际记忆正面临日益严峻的消失风险。鉴于社交媒体已成为年轻人接触和使用的主要媒介，社交媒体平台上的红色历史文化记忆对于其保存、传承及传播具有深远意义。最后，选择城市作为研究范畴，是考虑到城市拥有相对集中的红色文化资源。尤为重要的是，武汉作为中国革命史上具代表性的城市之一，同时也是当前中国改革与建设发展中极具影响力的城市之一，以其作为研究对象，具有较强的典型性。

一、研究背景及方法概述

（一）研究背景与研究问题

红色历史文化是增强文化自信的重要资源，城市红色历史文化则是新时代城市精神的重要内核，因此，城市红色历史文化记忆的保持和传承具有重要的意义。武汉在革命年代具有重要的地位，是中国共产党革命史上一个重要的城市，由此形成了武汉市丰富的红色历史文化资源。武汉共有48个红色景点，包括27个革命历史遗址，11处革命历史人物故居，以及10个革命烈士纪念园。武汉的红色文化是城市历史文化的核心内容，承载着宝贵的红色精神。

武汉的红色历史文化，源于中国新民主主义革命和社会主义建设时期，是武汉人民在党的领导下，通过实践积累形成的历史经验结晶。它承载了中国共产党的优良传统，汇聚了诸多重要的红色资源，包括关键的革命遗址、杰出的革命先驱、丰富的革命历程以及崇高的革命精神。

随着新时代的到来，城市红色历史文化记忆（在本章中简称"红色记忆"）的重要性愈发显著。挖掘、保护、弘扬及传承城市文化，已成为塑造城市精神内核、展现城市形象及提升城市竞争力的关键途径。人类记忆实践及相关研究均表明，媒介在记忆构建中扮演着不可或缺的角色。步入数字化的社交媒体时代，社交媒体已成为城市红色记忆的重要载体，而数字媒介技术作为一项新兴技术，对人们记忆塑造的过程产生了深远影响，导致红色记忆相较于其在传统媒体时代发生了显著变化。社交媒体用户群体以年轻人为主，关注社交媒体中的红色记忆，有助于我们深入理解年轻一代保持红色记忆的方式，从而进一步推动年轻人传承并弘扬红色文化精神。

本研究旨在发掘并重新审视以微博为代表的社交媒体中武汉红色记忆的呈现，探究在社交媒体这一新型记忆场域中，社交媒体用户如何书写武汉红色记忆？他们所构建的城市红色记忆的具体内容是什么？以及这些记忆构建的逻辑与运作机制如何？明确上述问题，对于讲述和传播武汉乃至中国的红色故事，具有深远而重要的意义。

本研究所说的社交媒体中的"武汉红色记忆"，指社交媒体用户在各类平台上对武汉红色历史文化的呈现，具体包括：纪念活动的记载与记录、红色旅游日记的撰写、红色故事的讲述，以及有关红色历史文化的感悟与情感抒发等。研究选取我国极具影响力的社交媒体平台——微博 APP 的广场及超话区域中与"武汉红色记忆"相关的文字文本作为主要研究样本。具体研究问题包括：（1）社交媒体用户如何表达关于"武汉红色记忆"的内容？（2）社交媒体上关于"武汉红色记忆"的文本具有哪些特征？这些文本构建了怎样的武汉红色记忆？（3）社交媒体作为一个新兴的红色记忆空间，其运作逻辑与内在机制是怎样的？

（二）研究目的与意义

本研究从记忆理论出发，对以微博为代表的社交媒体中有关武汉红色历史文化的记忆文本进行解读与分析，旨在通过把握红色记忆的主体、内容和记忆建构的内在逻辑与运作机理，理解社交媒体中红色记忆的建构、保持和传承的机制，为社交媒体时代更好地继承和发扬红色精神提供理论支持，并加深对新的数字化媒介时代媒介与集体记忆关系的理解。

近年来，红色记忆逐渐成为我国记忆研究的重点领域。许多学者对红色记忆的内涵、特征、教育意义、资源开发利用等进行了深度探讨，并取得了丰富的研究成果。然而，专门聚焦于城市红色记忆的研究还不多，特别是在新闻传播学领域，关于城市红色记忆的学术探讨不够丰富。从理论价值角度来看，社交媒体中的城市红色记忆研究既丰富了红色记忆研究的对象和内容，也有助于丰富和发展社交媒体时代的集体记忆理论。同时，在实践方面，研究至少具有以下几个方面的意义。

一是为拓展红色记忆的传播途径提供理论支撑。社交媒体是城市红色文化传播的新途径，本案例对社交媒体平台上武汉红色记忆的研究，可为今后更好地利用社交媒体进行城市红色记忆的建构、保护和传承提供理论支撑。

二是为提升红色记忆的影响力提供理论支持。与传统媒体相比，社交媒体在一定程度上消除了时间和空间的限制，扩大了信息传播的范围，加快了信息传播的速度。通过理解和把握社交媒体城市红色记忆的内在逻辑与运作机理，有助于丰富和发展红色记忆的传播方式，提升红色记忆的影响力。

三是为理解其他城市社交媒体红色记忆提供参照。武汉作为一座历史文化名城，又在当代中国城市发展中处于重要位置，对社交媒体中武汉红色记忆的研究，有助于我们理解其他城市的记忆，有助于在新的社交媒体时代充分利用社交媒体社交性、互动性特点，让更多的用户参与到城市红色集体记忆的建构、传承中，以发扬红色文化精神，凝聚共识、推动城市发展。

（三）研究回顾

最近十多年的时间里，多个学科领域，包括社会学、传播学、人类学和历史学等，不断将社交媒体记忆作为记忆研究关注的核心。前面几章已经对社交媒体记忆研究的进展进行了梳理。这里，我们聚焦于案例分析所关注的社交媒体城市红色记忆相关问题，对已有研究进行简要描述和分析。

1. 城市记忆研究

城市记忆概念辨析

当前，国际和国内学术界对于城市记忆的定义尚未形成统一看法。学者们分别从档案学、城市规划、建筑科学、新闻传播学等多个学科的角度对城市记忆进行深刻的阐释和扩展性的探讨思考。比如，在档案学的视域中，城市记忆的研究着重于记录并追溯城市的发展历程,详细记载了城市发展中的时间、地点、人物和事件等关键要素。从建筑学的视角来看,建筑被视为城市记忆的重要物理承载体①。从新闻传播学视角来看,城市记忆与历史文化息息相关,其覆盖时间、空间、历史人物与历史事件以构成一个城市的集体记忆②。

与集体记忆的关系是国内外关于城市记忆概念理解的重要维度。以往的西方记忆研究中,城市记忆通常被看作城市集体记忆的同义词,它代表了特定社群成员间共享过去经历的过程与成果③,城市则是这一集体记忆活动发生的地点。城市记忆的形成与发展是一个动态过程,由社会集体不断地创造、修改、重构甚至遗忘,从而与集体记忆存在一定程度的交集。因此,城市记忆主要涉及城市空间中历史记忆的形成,反映了城市社会群体随时间形成的对物质及非物质文化遗产的共有认知。这样来看,城市记忆在很大程度上实际上就是城市的集体记忆的映射④。

基于上述理解,结合本研究的主旨,我们主要从三个方面把握城市记忆的内涵:首先,城市记忆是关于一个城市的历史、文化的记忆,即城市是记忆的对象和内容;其次,由于城市概念本身就包含了空间、场所之意,且有关城市的历史、文化必然与城市中的特定空间和场所相关联,所以城市记忆会特别关注那些承载着城市记忆的物理场所/空间;此外,从记忆类型看,我们主要将城市记忆理解为对城市的集体记忆。但在社交媒体时代,个体记忆有可能经过用户在社交媒体平台的共同建构而成为集体记忆,所以我们既将个体视作集体记忆的承携者,也将他们视作城市集体记忆的共同建构者。

城市记忆的媒介建构

影视、文学作品和报纸等传统媒体和网络新媒体都是城市记忆的载体,许多关于城市记忆的研究都从媒介建构的角度展开。社交媒体兴起,既成为城市记忆的重要的新的载体,也成为社交媒体用户参与城市记忆生产的重要平台。这里,我们对有关城市记忆媒介建构的研究进行简单梳理,并重点关注社交媒体中的城市记忆建构研究。

---

① 谢佳琪. 微信自媒体中的城市记忆建构——以上海为例 [D]. 上海外国语大学,2023.
② 周玮,朱云峰. 近 20 年城市记忆研究综述 [J]. 城市问题,2015 (03):2—10+104.
③ 李娟. 西方记者非虚构写作中的中国城市书写研究 [J]. 未来传播,2019,26 (03):14—20+109.
④ 周玮,朱云峰. 近 20 年城市记忆研究综述 [J]. 城市问题,2015 (03):2—10+104.

传统媒体在城市记忆建构中的作用是研究者比较关注的问题，如孙玮关注上海，通过对《申江服务导报》这一地域性媒体如何塑造都市空间的过程进行深入分析，揭示了该媒体是如何构建起一种关于"上海人"身份的集体意象①。社交媒体时代的关系网络打破了物理空间对时间和身体的局限，将人类的交流提升至前所未有的层次。在传统的地理和亲缘关系逐渐淡出人们生活的同时，大众传媒为现代社会织就了一张整合与团结的新网络②。

关于社交媒体城市记忆建构的研究，微信、微博、抖音等作为我国最具影响力的社交媒体，受到最多关注。如刑梦莹对新浪微博中与非典有关的微博文本进行内容分析，其研究表明，不同行动者之间的记忆书写竞争和协商呈现出一个动态、协商、复杂的过程。从记忆内容看，城市历史文化、旅游美景、美食等是社交媒体记忆的主要内容，有关研究也围绕不同的内容展开。如吴世文以深圳为例，探究深圳旅行者记忆中的城市文化符号、城市个性以及城市印象③。吴月从集体记忆的角度出发，对味觉的视觉化体现进行了深入的研究，通过各式各样的视听符号将味觉记忆转化成为短视频形式，在时间与空间两个方面，都对集体记忆产生了一定的影响：在时间维度，家庭记忆与传统节日中的仪式对城市集体记忆起到了保存和传递的作用；在空间维度，构建了城市中不同居民所共同拥有的想象空间④。

从书写方式看，社交媒体有静态文字和图片表达，也有动态的视频发布。吴月使用抖音短视频作为数据源，探究它们如何描绘和书写扬州的形象⑤。徐丹丹和秦宗财研究了微纪录片通过"符号加工—场景展示—群体认同"的表征过程，不仅再现了城市集体记忆的现代性，还促进了"城市集体记忆的文化流传"⑥。

---

① 孙玮."发现上海"——《申江服务导报》都市空间生产分析［C］//复旦大学信息与传播研究中心，复旦大学新闻学院."传播与中国·复旦论坛"（2008）：传播媒介与社会空间论文集. 2008：17.

② 孙玮. 作为媒介的城市：传播意义再阐释［J］. 新闻大学，2012（02）：41－47.

③ 吴世文，房雯璐，贺一飞，等. 网络游记中的旅行体验与城市记忆——以深圳的城市旅行者为例［J］. 新闻与传播评论，2022，75（04）：116－128.

④ 吴月. 集体记忆的味觉书写——美食短视频建构城市记忆研究［J］. 东南传播，2022（02）：128－131.

⑤ 吴月. 集体记忆的味觉书写——美食短视频建构城市记忆研究［J］. 东南传播，2022（02）：128－131.

⑥ 徐丹丹，秦宗财. 符号表征与意义生产：微纪录片中的城市集体记忆生产研究［J］. 传媒，2021（10）：88－90.

城市作为记忆的场所

城市的物理环境作为图像、记忆和"归属感"的来源和线索，在建造和未建造时，显然容易塑造和指导个人体验。瑞布勒（Reible）试图了解城市漫步者的看法。即使在人口稠密、交通堵塞的有争议的都市中，他们也选择步行。研究发现，在城市空间内步行是收集与过去的人、地点和时间的有形联系的渠道，塑造了独特的城市记忆，完成了审美的表达，体验了感官的存在以及实现了自我参照的、顿悟的意义①。又如，桥梁作为一种公共交通工具，也构成城市的公共空间。黄骏探讨"交通工具"与"记忆传播"间的差异，并探讨传播物质性转向的可能性，即国家通过对武汉市长江大桥此实体物质载体的新闻报道构建了新中国初期"想象的共同体"，加深了民众对于民族国家同一性和政治体系完整性的认同②。

除了城市内部空间和地标景观，街道也有记忆的轨迹，即将街道和城市空间作为记忆的场所。法国人类学家马克·奥格（Marc Augé）将城市街道描述为讲故事的人，将一个地方的含义翻译成路人，在一系列招牌上向路过的司机展示其历史，这些招牌加起来是一种名片③。周薇（ZhouWei）以孔子寺街区为例，运用认知地图、口头访谈和地理信息系统空间统计来研究居民对城市街道和车道空间的认知记忆，研究认为步道作为城市公共空间的重要组成部分具有保护居民集体记忆的功能④。另有学者关注城市的失忆现象，城市街道和车道的原始生态环境和文化生活氛围退化，城市记忆丧失，呈现出同质化的趋势。

关于城市记忆研究的文献梳理表明，城市记忆研究既重视城市记忆的内容分析，也关注了不同媒体的城市记忆建构，还对城市作为记忆场所进行了探究。城市记忆的媒介建构研究中，针对当下所处的网络环境，有研究指出，互联网对日常生活的深入渗透催生了新型社会活动，进一步增强了公众与城市记忆之间的互动和交流。在构建和传播城市记忆时，应为多样化的记忆内容和形

---

① Reible H L. Walking as knowing：an interpretative phenomenological analysis of leisure in the lived experience of urban walking [D]. Urbana：University of Illinois at Urbana-Champaign，2013.

② 黄骏. 作为媒介的交通设施：武汉长江大桥的国家符号与城市记忆（1954—2018）[J]. 新闻界，2019（11）：71—79.

③ Manca S，Passarelli M，Rehm M. Exploring tensions in Holocaust museums' modes of commemoration and interaction on social media [J]. Technology in society，2022，（68）：101.

④ Wei Z. Residents' collective memory of urban street and lane spaces：a case study of the confucius temple block in Nanjing city [J]. Journal of landscape，2016，000（006）：61—67+72.

式创造空间，致力于打造以人为核心，注重提升人类体验和解放的城市环境①。

2. 社交媒体中的城市红色记忆研究

在中国知网以"社交媒体""红色记忆""城市记忆"或"社交媒体""城市红色文化记忆"两组关键词检索 2021 年 1 月至 2024 年 3 月之间的文献，文献类型涵盖公开发表的期刊论文、硕博士论文，除去与研究主题无关的文章，研究社交媒体中城市红色记忆的文章共 13 篇，数量较少，这些研究大概可以分为社交媒体城市红色记忆的文化整合功能、社会建构问题、文化传播与红色旅游功能四个主题。

社交媒体城市红色记忆的文化整合功能

红色文化承载了党领导各族人民革命、建设、发展的百年记忆，将各族人民凝聚于实现中华民族伟大复兴的历史脉络之中，是团结激励中华儿女的重要精神力量。社交媒体城市红色记忆研究的一个重要内容便是对城市红色记忆的文化整合功能进行考察。如马伟华对民族地区红色文化资源传承利用的整合机制进行分析，探讨了红色文化资源对加强中华民族共同体意识的影响，并考察其在构建民族共有精神家园中的作用②。龙柏林指出，在铸牢中华民族共同体意识的过程中，红色记忆有效发挥其文化整合功能，激发公众对符号性记忆的共鸣，以此触发对共同体红色历史的基础性认识③。

社交媒体城市红色记忆的社会建构问题

记忆建构问题是社交媒体城市红色记忆研究的另一主题。李开渝提出，节点、仪式和符号对新时代红色记忆进行构建的唤醒作用不容忽视，注重通过多样化的"记忆场"进行媒介化连接，进一步塑造红色记忆共享的空间，同时，应结合国家话语和微观记忆中的亮点，使新红色记忆的构建与社会认同相契合④。记忆争夺一直是记忆研究的重点问题之一，围绕红色记忆，不同主体之间也可能存在记忆资源的争夺，如杜建华观察到"红歌"作为红色记忆传播的途径和载体，在当前社会变革力量的影响下，各方根据自身需求围绕"红歌"

---

① 邓庄. 空间视阈下城市记忆的建构与传播 [J]. 现代传播（中国传媒大学学报），2019，41（03）：50－55.

② 马伟华，李修远. 认知、情感与互信：铸牢中华民族共同体意识的三维视角思考 [J]. 西南民族大学学报（人文社会科学版），2022，43（05）：18－24.

③ 龙柏林，潘丽文. 文化整合的红色记忆维度 [J]. 南京社会科学，2018（04）：128－136.

④ 李开渝，曹茹. 唤醒、共享与认同：社交媒体用户红色记忆呈现研究 [J]. 中国出版，2022（03）：52－56.

这一意识形态的象征进行争夺，试图建立对自己有利的社会记忆，并最终达成一种"协商"。杜建华认为，这种现象不仅有助于理解当代中国的实际情况，也证实了迈克尔·舒德森（Michael Schudson）关于"集体记忆是协商妥协结果"的观点①。

社交媒体城市红色记忆与文化传播研究

有学者对上海（中国共产党的诞生地）的红色记忆与传播进行研究，探讨了影像传播作为一种独特媒介如何颠覆并重塑人与城市的互动关系，并特别关注在后现代信息环境下主体间的新型互动模式②。另有研究关注广州记忆，探讨了用户参与"城市记忆"工程的可行性及其与传统模式的区别。以"新加坡记忆"与"广州记忆"作为案例，分析这两个项目的实施情况和产生效果差异的根本原因③。

社交媒体城市红色记忆与红色旅游研究

城市红色记忆资源是红色旅游资源的主要组成部分，围绕如何利用社交媒体城市红色记忆促进城市红色旅游的研究也成为社交媒体城市红色记忆研究内容中的一部分。如李卫飞认为红色旅游以一种创新的模式，在传递、唤起和巩固红色记忆中发挥的作用越来越明显。他尝试运用文化记忆理论和互动仪式链理论，构建红色旅游传承红色记忆的理论逻辑和动态过程理论框架，在建构理论框架的基础上，进一步对红色旅游与红色记忆之间的关系进行讨论④。

综上，现有关于社交媒体城市红色记忆的研究数量虽不多，但研究视角多元，研究内容也较为丰富。

（四）核心概念

社交媒体中的城市红色记忆主要涉及历史记忆、集体记忆和文化记忆，第三章中已经讨论了集体记忆和文化记忆的概念，这里我们再简要介绍一下历史记忆。

历史记忆的理论起源可以追溯到法国学者。20 世纪 70 年代，集体记忆成

---

① 杜建华."红色记忆"的嬗变：对"红歌"媒体呈现的考察（1979—2011）[D]. 上海：复旦大学，2012.

② 孙玮. 镜中上海：传播方式与城市 [J]. 苏州大学学报（哲学社会科学版），2014，35（04）：163−170.

③ 颜运梅. 用户参与"城市记忆"工程建设探究 [J]. 图书馆界，2014（04）：78−81+88.

④ 李卫飞，方世敏，阎友兵，等. 红色旅游传承红色记忆的理论逻辑与动态过程 [J]. 自然资源学报，2021，36（11）：2736−2747.

为法国历史学者的研究焦点，这也在一定程度上促进了法国记忆史研究的进展①。前文提到了法国学者皮埃尔·诺拉提出的"记忆场所"概念，它是研究集体记忆和历史意识的关键工具。他认为，某些特定的物理或非物理的"场所"，比如纪念碑、文献、国歌或政治口号，可以触发并强化一个国家或民族的共同记忆以及认同感。诺拉的"记忆场所"为理解一个民族或国家的共有记忆提供了独到的分析框架，突出了历史事件、人物、物品或观念在形成集体记忆中的作用。

所谓历史记忆，区别于传统历史学的研究范畴，常聚焦于民族、族群或社会群体间的深层次情感纽带②，它牢固地把群体凝聚在一起，因此王明珂也曾称"历史记忆"为"根基历史"。历史记忆主要由学校教育、社会仪式、公共媒介等渠道进行强化③，由于它常常与特定社会、国家或民族的主流观念紧密相连，对现行体制的正当性、合法性起到支撑作用，因此，这些机构往往运用自己掌握的权力资源来确保历史记忆的传递和持续。

（五）研究方法

个案研究是一种以小见大的研究方式，具有高操作性，通过对不同个案的连接、描述与分析来宏观、完整与深刻地描述现有的情况。本章以武汉为个案考察社交媒体中的城市红色记忆，主要采用内容分析法和文本分析法。

1. 内容分析法

伯纳德·贝雷尔森将内容分析法定义为一种传达交流内容的研究工具，强调了方法的客观性、系统性和量化特点。内容分析法的核心在于分析和量化文献内容中的信息及其变化情况，其研究的宗旨是基于数据分析对内容做出可靠且有效的推论④。本章采用内容分析法，对微博中有关武汉的红色记忆文本进行研究，以把握社交媒体中武汉红色记忆的整体面貌。

2. 文本分析法

文本分析法立足于符号学，多运用文化研究领域的理论视角，对采集到的

---

① 沈坚. 法国史学的新发展 [J]. 史学理论研究，2000（03）：76−89.

② 王明珂. 历史事实、历史记忆与历史心性 [J]. 历史研究，2001（05）：136−147+191.

③ 余霞. 历史记忆的传媒表达及其社会框架 [J]. 武汉大学学报（人文科学版），2007（02）：254−258.

④ 李本乾. 描述传播内容特征 检验传播研究假设——内容分析法简介（下）[J]. 当代传播，2000（01）：47−49+51.

文本资料进行深度的分析和诠释，属于一种定性研究方法。本章中，我们收集的原始数据样本来源于微博 APP 内"武汉红色记忆"相关的微博文本，语言文字与图像和音频的易变特点以及在触发记忆方面的限制相比来看，更有助于内容被个体长期记忆系统所吸收，并构建起稳固的逻辑理解。鉴于此，在内容分析的基础上，我们将聚焦于微博中的关键文本，深入探讨社交媒体中武汉红色记忆的特点与内在的记忆逻辑。

二、研究设计

（一）案例选择

本章以武汉为个案进行城市红色记忆研究。之所以选择武汉，是因为武汉拥有丰富的红色文化资源，红色文化是武汉宝贵的精神财富，是武汉城市记忆的重要内容。

武汉在中国革命历史发展过程中经历了复杂的社会变迁，一方面，社会变迁令武汉饱经风霜，历经磨难；另一方面，武汉因此积累了丰富的历史文化资源，特别是中国共产党成立以来，武汉作为党领导中国革命的重要地点，留下了多个历史故事、多处遗址，还有不计其数的红色人物。在新的时代背景下，为了保护和传承武汉的红色文化精神，更好地塑造武汉城市形象，武汉市非常重视红色文化资源的挖掘、保护和传承工作。记忆作为红色资源保护和传承的重要路径，引起诸多关注。作为当下人们最经常使用的社交媒体，微博成为人们进行红色记忆实践的主要媒介之一。因此，以武汉为个案，并以微博为对象，对社交媒体中的武汉红色记忆进行研究。

（二）数据获取

研究的数据来源于微博平台，主要基于以下几点考虑。

首先，微博是我国最具代表性的社交媒体之一。相比于其他中文社交媒体，微博在我国诞生较早，影响力也一直持续，是人们表达观点、参与公共讨论、关注公共议题的重要平台。微博综合性和多样性的信息传播机制增强了它作为公共讨论平台的发声能力；微博简洁的信息发表方式降低了沟通成本，满足了人们对于快速阅读的需求；微博高度的开放性吸引了大量用户，广泛的第三方应用支持和相关网站的链接转发则进一步扩大了其传播能力。其次，微博的功能和内容分区为研究提供了便利。超级话题社区、"大家都在搜"、热门话题、热门微博等功能既有助于微博用户实时了解当前热点，也让研究者可以快速聚焦于研究问题获取核心样本。第三，就研究关注的问题看，微博广场和武汉超话社区提供了较好的数据来源。

数据获取的具体过程中，为把握研究对象整体情况，研究采取宏观和微观两种方式进行初步检索。宏观上，先在微博中全范围以"武汉红色记忆"为关键词进行搜索。然后，从微观考虑，将"武汉红色记忆"的对象具体化，例如对武汉红色人物、武汉红色史实、武汉红色场所等进行具体考量。在此过程中，我们参考了中共湖北省委党史研究室所编著的《红色荆楚》一书。经过文献查找与人工筛选，最终确定"京汉铁路工人大罢工""五卅运动""武昌中央农民运动讲习所""中共五大""八七会议"为本研究中武汉红色记忆的具体内容①。然后，分别以"京汉铁路工人大罢工""五卅运动""武昌中央农民运动讲习所""中共五大""八七会议"为关键词进一步进行检索。检索获取文本数量多，但许多数据不符合研究主题要求。如，在微博全域以"京汉铁路工人大罢工"为关键词进行搜索时，因京汉铁路工人大罢工的活动地点并非仅发生于武汉，在初步爬取的数据中包含了许多有关郑州二七广场、郑州二七纪念塔的微博博文。为规避这一问题，我们添加了地域限制，即博文所书写的红色史实必须发生在武汉。这样，修改后的检索关键词为："京汉铁路工人大罢工 武汉""五卅运动 武汉""武昌中央农民运动讲习所""中共五大 武汉""八七会议 武汉"。

数据检索过程中，基于两点考虑，我们重点关注"武汉超话社区"中的文本。

首先，"武汉超话"定位为本地生活类服务平台，旨在"分享武汉美食、旅游、身边趣事，并同时兼顾同城交友功能"，是塑造城市形象、书写城市记忆的重要平台。关于数据选择，若仅在"武汉超话社区"中进行关键词搜索，我们会发现公众所发布的相关文本与评论较少，以"五卅运动""武昌中央农民运动讲习所"这一类关键词在"武汉超话社区"中进行搜索，几乎无人进行相关博文的发布。于是我们将搜索范围扩大至微博全领域，不拘泥于某一超话或某一热门话题，但仍关注"武汉超话社区"中的文本。

其次，从微博的浏览量数据来看，"武汉超话"社区在微博上发布的文本内容，自然传播后获得的阅读量普遍超过一万次，有显著影响力。从微博的用户来看，武汉超话的武汉微博用户中，既有土生土长的武汉本地人，也有武汉

---

① 中共湖北省委党史研究室. 红色荆楚［M］. 北京：中国和平出版社，2016（02）：5-28.

的外来人口。对外来人口来说，对武汉这座城市的了解与熟悉来自日常的生活体验、电影视频等影视作品的介绍与社交媒体的互动。与帕克所说的"边际人"有异曲同工之妙，其虽处于城市的实体空间内，但真正融入一座城市的文化与记忆需要认同感的加强与积累。因此，我们从媒介的定位、影响力和受众三个层面考虑，将"微博广场"及"武汉超话社区"作为具体的研究数据的主要来源。

采用 Python 软件编写程序，按上述两种方式分别从宏观与微观两个层面梳理文本，作为研究的初步数据。

（三）数据清洗

1. 初步筛选

对初步获取的数据，按下列标准进行筛选。

（1）时间标准。考虑到"时间跨度"与"时间精度"是判断是否成为记忆的首要条件，我们选择中国共产党成立 100 周年的重要时间节点作为样本入选的时间范围。2021 年为中国共产党建党百年纪念的时间，中国处于实现"两个一百年"奋斗目标的历史性交汇点，预示着社会主义现代化建设新征程的开始。本研究将样本出现时间限定在 2021 年 1 月 1 日 24：00 至 2021 年 12 月 31 日 24：00，超出这一时间范围的样本将不包含在最终研究的样本中。

（2）空间标准。我们将空间限定在"武汉"，即作为记忆对象的事件和场所属于武汉，作为记忆对象的历史人物在武汉的经历。

（3）文本标准。记忆往往与具体的人、事、场所相关，否则缺乏记忆的线索和承载物，记忆难以传承。缺乏城市红色记忆具体事件的记忆难以叙述和传承。因此，本研究仅关注那些清晰记述了"何时何地发生何事"的文本，无论是微博中的简短发言还是完整的段落或文章，均作为我们的研究对象，而不对微博文本字数进行限制。

根据以上三个标准，对初步提取数据进行筛选，然后以传播力（点赞量、评论量、转发量之总和）进行排序，最终获得以"武汉红色记忆"为关键词的623 条文本数据，以"京汉铁路工人大罢工 武汉""五卅运动 武汉""武昌中央农民运动讲习所""中共五大 武汉""八七会议 武汉"为关键词的 193 条文本数据。

2. 数据清洗

数据清洗是在对数据进行分析处理时的一种关键预处理操作，通过数据清洗，对数据集进行详细的审查及修正，剔除无用的干扰数据，以确保后续在分析过程中数据的质量及可用性。本研究中，主要通过以下三个步骤实现数据清洗。

首先是系统初步删除。在使用 Python 进行数据爬取时，抓取到的微博文本通常保存为".xsl"格式。该格式不仅存储了网页的原始链接，还包含了乱码的符号，主要包括网络表情、图片和视频的编码。这些元素经常无法被数据分析工具准确地解析。因此，有必要对这些不易识别的信息进行筛选和清除，仅保留那些对于分析有效的、可以被工具准确识别的文本内容。

其次是人工筛选。得到初步数据后，我们发现数据虽在格式上可使用、可识别，但部分数据内容在爬取过程中有偏差且存在重复，因此我们再次通过人工筛选以尽可能地保证数据的准确性。人工内容筛选的两个指标为用户 ID 与内容。

在用户 ID 方面，对部分重复性高的博文采取以下筛选措施：若是同一 ID 的发布者原创的完全相同内容的博文，仅保留一篇；若是不同 ID 的发布者所原创或转发的完全相同内容的博文，予以保留；若博文主题一致（所叙述的内容为同一主题）或内容高度相似但不完全相同的博文，予以保留。例如，ID 为"青春态度星榜样"与"中国共青团杂志"都发布了类似的博文内容，但因 ID 不同且其用户类别不同，所以保留。

最后是转化。在对文本进行分词处理时，由于采用的是计算机程序化方法，因此需要将".xsl"格式的文件转换成程序能够识别的格式，我们将所获取的微博文本统一转换为".csv"格式，以便程序能够顺利地进行进一步处理和分析。

经系统初步删除与人工内容筛选后，从以"武汉红色记忆"为关键词检索获取的样本中剔除 47 个无效样本，最终获得 576 个有效样本。以"京汉铁路工人大罢工 武汉""五卅运动 武汉""武昌中央农民运动讲习所""中共五大 武汉""八七会议 武汉"等五个关键词检索获取的样本中剔除 1 个无效样本，最终获得 192 个有效样本。

（四）类目建构

本研究仅对以"京汉铁路工人大罢工 武汉""五卅运动 武汉""武昌中央

农民运动讲习所""中共五大　武汉""八七会议　武汉"等五个关键词进行检索获取的 192 个样本进行类目建构，出于两个考虑：其一，以"武汉红色记忆"为关键词进行检索所获取的 576 个有效样本主要用于宏观了解整个武汉红色记忆的全貌。且在数据清洗过程中，发现样本数量虽然较多，但较少涉及具体的红色历史文化内容。其二，以"京汉铁路工人大罢工　武汉""五卅运动　武汉""武昌中央农民运动讲习所""中共五大　武汉""八七会议　武汉"等五个关键词进行数据检索时我们严格限定了数据爬取时间，而且所获得样本内容更具体地指向记忆对象。因此，在此基础上，本文结合相关理论和已有研究进行编码，根据研究需要确定 7 个变量。

1. 用户类别

微博作为一种社交媒体，在传播信息时具有综合性、多元化的特征，这使得其"公共发声"的用户特性更加凸显出来，即不管是普通用户还是政府部门、企业和民间团体、专业媒体、名人大 V 及营销号，都拥有话语权。本研究将主动书写"武汉红色记忆"的微博用户分为政府部门、新闻媒体、普通用户、企业和民间团体、名人大 V 及营销号五类。进而将这些微博用户归入两大类别：一是"官方"，主要包括政府部门和媒体机构；二是"民间"，涵盖了普通用户、企业、民间团体、名人大 V 及营销号。五类用户具体界定如下：

政府，指各级政府及其相关机构正式注册并通过官方认证的微博账号；

媒体，各类媒体注册的官方微博；

普通用户，主动书写"武汉红色记忆"的普通微博账号；

企业和民间团体，各类企业和民间团体注册的官方微博；

名人大 V 及营销号，积累了大量粉丝，利用微博进行品牌推广和市场营销活动的账号，以及在各领域内具有权威性的专业人士开设的个人微博账号。

2. 信息来源

微博内容根据是否原创分为原创内容和转发内容两种。其中，转发类按来源进一步细分为：转发自政府部门、自媒体、普通用户、企业和民间团体、名人大 V 及营销号。

3. 表现形式

随着新媒体技术的不断进步，微博内容展现方式已经变得多元化，从最初仅限于 140 个字符的文本，扩展到目前包括文字、图片、视频与多维链接等多种不同的形式。在本研究中，微博样本的文本表现形式分为 6 种：纯文字、纯图片、文字结合图片、文字结合视频、文字结合链接以及其他形式。

4. 记忆主题

根据微博文本内容判断微博用户"武汉红色记忆"的主题。具体分为四大类：红色主题活动报道与记录、红色故事讲述、红色旅游日记、日常感悟及其他。每一类下面再细分为具体的内容，具体分类情况见表 5-1。

表 5-1　记忆主题类目表

编号	记忆主题		说明
1	红色主题活动报道与记录		通过微博平台发布各种相关内容，如宣讲活动、团体活动等。
2	红色故事讲述	历史故事	利用微博这一社交媒体平台，传播红色历史故事，传承红色历史文化，弘扬红色文化精神，保护与推广当地的红色文化遗产。
		人物故事	与"历史故事"强调党的历史、地方的历史或重要的历史事件而不强调故事相关的人（包括个人或者群体）不同，"人物故事"重点聚焦于具体的人，包括个人和群体。
		场所故事	即故事的书写对象为物质性的纪念场所，重点关注的是历史文化发生的具体场所，而不是具体的人物和历史故事本身。
3	红色旅游日记	本省游客	通过微博发起或记录红色旅游活动或进行红色旅游宣传推广活动。其中，判断微博用户是"本省游客"还是"外省游客"的依据为微博用户的 IP 地址，若 IP 地址显示在湖北，则纳入"本省游客"，若 IP 地址显示在其他省份，则纳入"外省游客"。
		外省游客	
		无法判断	无法判断文本作者来源地的纳入此类目。
4	日常感悟及其他		不具体针对事件、人物或者场所，只是表达情感、感悟等，以及无法包含在上述三种主题和日常感悟主题中的其他微博主题。

5. 是否附加坐标定位

为探究微博用户在传播"武汉红色记忆"时与实际物理场所的关联，即是否关注"武汉"所处的地域，本研究设置了坐标定位类目。通过分析微博文本是否附加坐标定位，来判断他们在传播"武汉红色记忆"过程中对地理空间因素的重视与呈现情况。

6. 是否有较大影响力

判断一条微博是否在社交媒体上产生了较大影响，本研究依据的是该微博样本的转发数、点赞数和评论数之和，根据样本信息显示的实际情况，我们以总和是否超过 100 作为衡量的标准。

7. 是否涉及其他城市的红色记忆

在分析微博内容时，将考察博文是否提及其他城市的红色记忆，以此来识别和理解跨地域的红色文化的传承与交流。

（五）信度检验

编码任务由两位编码人员完成，为了检验编码的可靠性，随机选择了 30 个样本进行预编码，并采用霍斯提系数（Holsti's coefficient）进行评估，信度的计算公式是：信度＝2M/（N1＋N2），其中 M 是两位编码员之间达成一致的编码数量，我们将第一位编码员给出的独立编码数量命名为 N1，将第二位编码员独立编码数量命名为 N2，所得信度为 0.92，这高于普遍认为可接受的 0.70 的信度标准。

三、社交媒体中"武汉红色记忆"的内容分析

集体记忆并非个体记忆的总和。社交媒体场域中对武汉红色记忆的书写是多元化的，既有普通用户的个体记忆书写，也有政府部门与媒体部门对集体记忆的描述。武汉红色记忆不仅随着时间的推移而变化，它还内嵌着一条从古至今乃至未来的叙事脉络。同时，武汉的红色记忆也与特定的地点紧密相连。这一部分，我们将对有关武汉红色记忆的微博文本进行内容分析，具体考察微博文本的整体特征、记忆主体、记忆形式、传播力与记忆主题，据此考察社交媒体中"武汉红色记忆"的整体面貌，为进一步理解社交媒体建构武汉红色记忆的内在逻辑提供基础。

（一）"武汉红色记忆"的基本特征分析

社交媒体时代，微博中不乏对"武汉红色记忆"的书写与讨论，我们将基于对原始数据的统计，从时间分布、空间分布与高频热门词汇三个维度描述微博中"武汉红色记忆"的基本特征。

1. 时间分布

微博作为一种集官方发布信息功能与大众情感表达功能于一体的社交媒体场域，在具有纪念性的时间节点——建党100周年，即2021年全年间，研究涉及的样本中共有百余位微博用户在微博社区进行了"武汉红色记忆"的相关表达与书写。

从发布数量的总体情况看，上半年远远高于下半年。2021年2—6月的相关微博发布量占全年的66.32%（1月发布量为0），2021年7—12月的相关微博发布量占全年的33.2%。结合微博用户的发文量看，平均每天有17位用户发布了18条相关的微博，全年有122天（33.4%）的微博数量超过了18条。单从微博文本发布数量来看，2021年全年共出现两次微博发布的高峰。其中，顶峰出现于2021年4月18日—29日，微博发布量为30条，占总量的15.5%。在此时间区间内的微博多关注武昌中央农民运动讲习所的相关信息，这类信息占此期间所有微博数量的60%。次峰出现在2021年6月20日—30日之间，共有微博19条，占总数的9.9%，多为有关武昌中央农民运动讲习所与五卅运动的内容。

从发表的博文时间分布看，除1月外，2021年间的每个月都出现了有关"武汉红色记忆"的微博文章，时间覆盖面广。

从微博文本内容所导向的具体红色历史与微博发布时间的关系来看，既存在不同红色历史事件相关微博文本数量差异，也存在微博文本时间分布的差异性。样本涉及的不同红色历史事件中，关于"武昌中央农民运动讲习所"的最多，占总样本的52.6%；"五卅运动"有关的微博文章占总样本的36.8%；另有10.5%的微博是关于"八七会议"的。从时间看，这些有关不同红色历史的微博文本相对集中于历史事件的纪念日及其前后，具体情况见表5-2。

表5-2　历史事件发生的时间与相关微博发布的时间对应表

序号	历史事件	发生时间	微博发布的高峰时间
1	京汉铁路工人大罢工	1922年1月—1923年2月	
2	五卅运动	1925年5月30日	2021年6月20日—30日
3	武昌中央农民运动讲习所	1927年3月7日	2021年4月18日—29日
4	中共五大	1927年4月27日—5月9日	2021年4月18日—29日
5	八七会议	1927年8月7日	

2. 空间分布

我们采用"京汉铁路工人大罢工 武汉""五卅运动 武汉""武昌中央农民运动讲习所""中共五大 武汉""八七会议 武汉"等关键词检索时,也抓取了微博用户的账号注册地或归属地,据此统计各省和直辖市的对应微博数量。

数据显示,在微博发表相关博文的用户注册地遍布全国 24 个省(自治区、直辖市、特别行政区),这表明关注"武汉红色记忆"的微博用户所处的空间十分广泛。由于本研究关注"武汉红色记忆",且武汉为湖北省的省会城市,从梳理的微博数量和发布微博用户数的绝对值来看,湖北地区占第一,微博数量占总样本的 65.2%。北京、江苏和江西三个地区位居其后,微博数量分别占总样本的 6.2%、3.6% 和 3.6%。随后依次为陕西、河南、上海、安徽、云南、四川、山东和湖南,以上地区的微博总量占总体的 13.98%。

根据《2023 年微博年轻用户发展报告》的基础数据分析,从地理分布看,微博用户主要集中在经济发展水平较高的区域,尤其以广东、江苏、浙江、山东和河南等省份的用户居多[①]。由于当地微博用户基数表缺失,我们无法对不同地区微博用户发布博文的相对比率(各地区发布微博者数量/当地微博用户基数)进行测算。但根据该报告的数据,其结果与我们所获取的"不同地区用户微博数量图"是大致相符的,除本研究的主要城市武汉外,江苏、河南、山东等地区发布相关微博的数量明显高出其他地区。由此我们推测,这些地区的微博发布数量较多与这些地区的微博用户数量较多有一定程度的关联。

3. 高频词汇

在进行高频词汇统计时,我们仍采用 Python 软件。设置至少出现 3 次的词语为高频词进行筛选,共得到 16 个高频词(表 5-3)。

表 5-3　16 个高频词汇

序号	词汇	出现的总次数	文本数量
1	武汉革命博物馆	51	34
2	二七	37	14
3	党史学习	33	22

① 微博数据中心. 2023 年微博年轻用户发展报告 [R/OL]. (2024-03-12)[2024-03-12]. https://data. weibo. com/report/reportDetail?id=471.

续表

序号	词汇	出现的总次数	文本数量
4	文旅	18	5
5	红色地图	12	6
6	黄鹤楼	10	10
7	爱国	10	9
8	百城百馆忆百年	8	8
9	枪杆子里面出政权	7	4
10	建党一百周年	6	6
11	知识工程	5	2
12	英雄城市	5	5
13	文化武汉	4	4
14	微博政务	3	3
15	童心向党	3	2
16	红色教育资源图谱	3	1

为理解这些高频词的意义，我们对它们进行定义和大致分类，然后统计包含这些高频词的微博文本数量，结果如表5-4所示。"武汉革命博物馆""二七"与"黄鹤楼"等"红色场所"占45.6%；"建党一百周年"属于"红色纪念日"，占2.8%；"党史学习""文旅""微博政务"与"红色地图"属于"红色主题"，占30.7%；"百城百馆忆百年""知识工程""童心向党""红色教育资源图谱"属于"红色教育活动"，占8.8%；"爱国"属于"红色情感"，占4.7%；"英雄城市"与"文化武汉"属于"城市形象"，占4.2%；"枪杆子里面出政权"属于"红色理念"，占3.3%。

表5-4　微博文本高频词汇的定义与分类统计①

序号	类别	定义	代表性高频词	出现总次数
1	红色场所	指以红色文化为主题，展示中国革命历史和红色文化的场所。	武汉革命博物馆、"二七"、黄鹤楼	N＝98（45.6%）

---

① 因四舍五入，各项百分比之和略高于100%。

序号	类别	定义	代表性高频词	出现总次数
2	红色纪念日	为纪念中国革命、建设和改革历程中的重要事件、人物而确立的纪念日。	建党一百周年	N=6（2.8%）
3	红色主题活动	以红色历史文化为主题，组织人们到红色纪念场馆或在其他场所开展的参观、主题学习和主题教育。	党史学习、文旅、微博政务、红色地图	N=66（30.7%）
4	红色教育	运用红色历史文化教育人民、特别是教育和鼓舞年轻一代，激励他们继承和发扬红色精神，努力进取，积极奉献。	百城百馆忆百年、知识工程、童心向党、红色教育资源图谱	N=19（8.8%）
5	红色情感	抒发对中国红色历史文化、对党和祖国的热爱之情。	爱国	N=10（4.7%）
6	城市形象	对城市内在能力、外在活力及其发展潜力的直观感受、总体观点和全面评估。	英雄城市、文化武汉	N=9（4.2%）
7	红色理念	中国共产党领导中国人民在革命、建设、改革各个时期所形成的伟大革命精神。	枪杆子里面出政权	N=7（3.3%）

统计数据表明，微博中武汉红色记忆重点指向红色场所、红色主题活动与红色教育等类别。红色教育类别下的百城百馆忆百年、知识工程、童心向党与红色教育资源图谱四个高频词，皆为微博热门话题。其中，知识工程与"城市记忆工程"高度相似。伴随着我国城镇化的高速发展，城市"失忆"现象越来越受到社会关注，知识工程旨在抢救并保存城市发展历程中的各种文化载体的档案工作，特别是城市记忆的书写与档案工作。百城百馆忆百年与知识工程指向城市记忆，关注城市中红色场馆的故事与延续城市记忆书写的政策，具有较强的科普与教育性质。童心向党与红色教育资源图谱主要是针对青少年进行红色教育。童心向党话题下的微博多由政府部门与媒体部门进行发布，以报道青少年学习党的知识与精神的主题活动为主；红色教育资源图谱话题的书写内容多聚焦于对青少年的红色教育，同时也是红色场所等物理空间的写照。

（二）"武汉红色记忆"的记忆主体分析

我们从微博账号注册的性别和类型对武汉红色记忆的主体进行分析。

首先，从性别看（见表 5-5），与微博用户的实际性别构成中女性用户多于男性用户不同，"武汉红色记忆"主题研究涉及的 192 个微博文本的账号主体性别构成中，男性占比更高。具体来说，注册性别为女性的占 22.4%，注册性别为男性的占 50.0%，另有 27.6 的用户性别无法识别。即便考虑到未识别部分，男性用户占比超过女性。

表 5-5　用户性别统计表

用户性别	人数	百分比	有效百分比	累积百分比
男性	96	50.0	50.0	50.0
女性	43	22.4	22.4	72.4
未知性别	53	27.6	27.6	100.0
总计	192	100.0	100.0	100.0

其次，从微博账号显示的类型看（见表 5-6），武汉红色记忆的主体以官方用户和媒体用户为主。官方用户（政府）出现 80 次，占比 41.7%，媒体用户紧随其后，出现 67 次，占比 34.9%，普通用户的微博发布数量位居第三，出现 20 次，占比 10.4%。企业和民间组织、名人大 V 及营销号出现次数均较少。总体看，官方用户（政府）的直接微博发布量更高，名人及大 V 用户的直接微博发布量最低。

表 5-6　用户类别统计表①

用户类别	次数分配表	百分比	有效百分比	累积百分比
政府	80	41.7	41.7	41.7
媒体	67	34.9	34.9	76.6
普通用户	20	10.4	10.4	87.0
企业和民间组织	13	6.8	6.8	93.8
名人大 V 及营销号	12	6.3	6.3	100.1
总计	192	100.1	100.1	

关于记忆主体，有两个特点值得关注：其一，政府与媒体等官方用户是主要的原创性记忆书写者；其二，政府与媒体作为社交媒体中的官方用户，其公信力是毋庸置疑的，这两类用户引起了民间用户的关注与大量转发。

---

① 因四舍五入，各项百分比之和略高于100%。

此外，统计数据表明，不同类别的记忆主体之间互动较少（见表 5-7）。在 192 个研究样本中，有 135 条属于原创。剩余的 57 条微博中，60％转发自媒体，39％转发自政府部门，仅 1 名微博用户选择转发普通用户的微博。也就是说，在进行武汉红色记忆书写时，除直接创造并主动发布的微博内容，媒体和政府发布的微博成为主要信息来源。

表 5-7 转发微博来源用户类别统计表

信息来源	博文篇数	百分比	有效百分比	累积百分比
转发自政府部门	22	11.5	11.5	11.5
转发自媒体	34	17.7	17.7	29.2
转发自普通用户	1	0.5	0.5	29.7
转发自企业和民间组织	0	0	0	0
转发自名人大 V 及营销号	0	0	0	0
原创	135	70.3	70.3	100.0
总计	192	100.0	100.0	100.0

（三）"武汉红色记忆"的主题分析

记忆什么是记忆研究关注的重要问题。研究中，我们通过微博文本的主题来了解"武汉红色记忆"的主题，因为微博用户在微博文本中表达的中心思想和基本观点反映了他们的主观倾向和记忆重点。通过编码与统计，我们发现"武汉红色记忆"主题分布大致如下（见表 5-8）："红色主题活动报道与记录"主题最多，占 44.3％；其次是"红色故事讲述"（包括历史故事、人物故事、场所故事）主题，占 32.9％；"红色旅游日记"主题占 13.6％；"日常感悟及其他"主题占 9.4％。

表 5-8 红色主题统计表①

主题	出现次数	有效百分比	累积百分比
红色主题活动报道与记录	85	44.3	44.3
红色故事讲述（历史故事）	28	14.6	58.9
红色故事讲述（人物故事）	13	6.8	65.7

---

① 因四舍五入，各项百分比之和略高于 100％。

主题	出现次数	有效百分比	累积百分比
红色故事讲述（场所故事）	22	11.5	77.2
红色旅游日记（本省游客来汉旅游）	17	8.9	86.1
红色旅游日记（外省游客来汉旅游）	9	4.7	90.8
日常感悟及其他	18	9.4	100.2
总计	192	100.2	

从主体看，多为新闻媒体工作者，而非普通用户。即"红色主题活动报道"多为媒体主导的对纪念仪式和活动的记录与报道，且在全年常规化出现。

"红色故事讲述"主题数量也较多，其中，又以"历史故事"与"场所故事"为主。表明微博用户在红色记忆的书写过程中，不仅关注红色史实，也关注红色场所在史实中的在场意义与日后的纪念意义。"红色场所"不仅包含发生红色故事的遗址，也包含现代的各种具有纪念性质的纪念馆。"人物故事"主题往往具有强烈的教育意义，通过讲述人物故事传递红色精神。表面看人物故事强调"某人做了何事"，实际是一种纪念性书写，是红色精神的宣传。

"红色旅游日记"主题中，本省游客来汉旅游的微博有 17 条，占 8.9%，外省游客来汉旅游的微博有 9 条，占 4.7%。此数据与前文"空间分布"数据分析结论一致，即社交媒体中的城市红色记忆书写主体以本地人为主。换句话说，城市红色记忆的书写也具有本地性，本地居民可能拥有更多的与地域相关联的情感连结，这成为激发他们从事城市记忆实践的内在力量。"日常感悟及其他"主题的微博数量较少，多为与"武汉红色记忆"有关的正面的情感表达。

（四）"武汉红色记忆"的表征形式分析

根据微博文本的形式特征，我们将武汉红色记忆按文本形式分为 6 种表征形式，分别是：文字、图片、文字＋图片、文字＋视频、文字＋链接、其他。同时，在统计中关注了是否附加定位。按这两个标准对研究样本进行统计，情况如表 5-9 所示。

从表现形式看，"单一的文字"与"文字与视频"这两种比较多。样本中有 72 条微博的呈现方式是"单一的文字"（占 37.5%），71 条微博的呈现方式是"文字与视频"（占 26.9%）。可见，微博用户仍然更倾向于使用文字来书写记忆，但在社交媒体时代，也有越来越多的微博用户采用"文字与视频"或者其他的形式进行表达。

对"表现形式"与"是否附加定位"的交叉分析显示（见表 5-9），在 192 个样本中，174 条并未附加定位（占 90.6%），可见微博用户更倾向于不带定位直接发送博文。细读 12 篇带定位的微博文本发现，定位多在红色场馆，如"武汉八七会议纪念馆"与"中共五大会址纪念馆"等纪念性场所。

表 5-9　表现形式与"是否附加定位"的交叉表

表现形式	附加定位	未附加定位	总计
单一的文字	12	60	72
单一的图片	0	4	4
文字与图片	3	28	31
文字与视频	3	68	71
文字与链接	0	14	14
总计	18	174	192

此外，我们还关注了微博文本中所使用的表情符号。以"红色故事讲述"主题为例，研究样本中，有 12.3% 的微博文本包含表情符号，使用频率最高的 4 个表情符号依次为"心"（78 次）、"小红花"（34 次）、"打 call"（13 次）和"蜡烛"（3 次）。

"心""小红花"与"蜡烛"三个红色表情符号具有明确的隐喻性："心"表达了温情与安慰；"小红花"是一种充满温暖的、有力量的、鼓励自我与他人的图像语言；"蜡烛"多用来表达哀伤与悼念。"打 call"是近年的网络流行语，多用于自我激励或勉励他人的正向情感表达。显然，这些符号元素与红色记忆的内容和情感相契合，一定意义上巧妙地将红色记忆话题的意识形态属性与微博平台的娱乐性结合在一起。

（五）"武汉红色记忆"的传播力分析

我们对研究样本进行"用户类别"与"是否获得较大影响"的交叉分析，结果显示（见表 5-10），在 192 条样本中，仅有 12 条获得了较大影响力。其中，政府和企业及民间组织各有 4 条，分别占比 33.3%，表明政府用户和企业及民间组织用户在社交媒体中的记忆文本书写更有可能获得较大影响力。名人大 V 及营销号虽拥有众多粉丝，但在红色记忆传播过程中，微博发布量不多且传播力较弱。

表 5-10　用户类别与影响力交叉统计表

用户类别	影响力较大的博文数量	影响力较小的博文数量	总计
政府	4	76	80
媒体	2	65	67
普通用户	1	19	20
企业和民间组织	4	9	13
名人大 V 及营销号	1	11	12
总计	12	180	192

四、社交媒体中"武汉红色记忆"的文本分析

在上一部分，通过对样本进行内容分析，我们把握了微博中武汉红色记忆的整体情况，特别是对记忆的主体、主题、形式和影响力的分析，让我们对社交媒体中的武汉红色记忆有了比较全面的理解。但是，基于文本内容的量化分析尚未深入到记忆文本内部，要全面深刻地阐释社交媒体中的武汉红色记忆，还需要对文本进行深入理解。因此，这部分，我们将按不同主题选择典型样本进行分析。

（一）红色主题活动报道与记录

"红色主题活动报道与记录"的博文主要由媒体用户发布。特定的纪念日和关键历史时刻为媒体进行红色主题报道提供了适宜且合理的时机与窗口，因为这些纪念性报道在维系个人与集体之间的联系，构建认同感方面起到重要作用，它们构成社交媒体中武汉红色记忆版图的重要板块，成为了解和探讨集体记忆的重要内容。

从文本内容看，微博用户多关注"京汉铁路工人大罢工""五卅运动""武昌中央农民运动讲习所""中共五大"和"八七会议"等相关的历史事件。区别于普通用户对历史事件的讲述，政府与媒体用户更倾向于将历史与当下结合，侧重报道"人们何以纪念这些历史"。媒体用户以历史为镜，以歌曲、话剧、画展等艺术形式为渠，以文字与影视为媒，呈现了人们对红色历史文化的传承与记忆，形成一种穿越时空却又内化于心的红色记忆，例如 C11 号样本：

【＃穿越英雄城唱支山歌给党听＃】6 月 19 日，在武昌中央农民运动讲习所旧址，一幅"60 年代学生参观农讲所"的老照片前，歌剧《洪湖赤卫队》第五代韩英的扮演者杨娟（中），与武汉音乐学院学生、"赓续奋斗血脉，百名追梦人重走红色足迹"队员和参观者一起唱响《唱支山歌给党听》。（微博发布时间：2021/06/29 微博用户名称：九派新闻）

此文本中有具体的时间——6 月 19 日，也有对"何人何地发生何事"的概括性叙述——歌剧《洪湖赤卫队》第五代韩英的扮演者杨娟与武汉音乐学院学生在武昌中央农民运动讲习所旧址一起唱响《唱支山歌给党听》。因此可以说，此条微博文本具有明显的新闻报道特征。新闻是新近发生的事，而不是历史。但当下发生的事与历史产生联系时，由今涉古，历史也具有了新闻价值。这样的新闻报道便具有了历史记忆的性质。此外，在该微博中，多次提及记忆的场所——武昌中央农民运动讲习所旧址等具有纪念意义的空间与场所，实现了历史记忆与空间场所的互动。武昌中央农民运动讲习所旧址既是具有特殊纪念意义的场所，也被建成红色历史文化、红色精神传承与教育的重要空间，更是历史文化与当下信息相互交融的实体空间。社交媒体将历史记忆与空间场所融合起来，建构了一个纪念性的、与历史文化相关的记忆场所。

前面已经分析过，此类主题多与某个纪念时间节点的纪念活动相关，因此微博发布相对集中。以"京汉铁路工人大罢工"主题为例，1923 年 2 月，以汉口江岸作为核心区的京汉铁路工人大规模罢工事件中，武汉的工人运动达到斗争浪潮高峰，展现了独特影响力。研究样本中，政府用户和媒体用户多次提及"京汉铁路工人大罢工"这一历史事件，微博文本多集中在 2021 年 2—6 月。例如 A17 号样本：

＃初心百年＃【追忆"不怕事不怕死"的劳工律师施洋】1923 年 2 月，武汉江岸汽笛长鸣，京汉铁路工人大罢工事件引起了全球的关注，标志着中国共产党领导下的工人运动首次达到了高潮。讲解员小姐姐带你追忆"不怕事不怕死"的劳工律师施洋。"初心百年——荆楚大地的追寻"，神龙汽车有限公司携旗下@东风标致 Peugeot 和@东风雪铁龙 CITROEN 全程支持。（微博发布时间：2021/02/23 微博用户名称：湖北日报）

与特定时间的关联还带来另一个特点，即相关的报道按时间呈现出常规化的特点，如围绕"历史上的今天""往年今日""党史上的今天"等周期性地进行书写。"党史上的今天"是典型代表，例如 C47 号样本：

> ＃跟着皖团学党史＃ ※1. 1927 年 3 月 7 日，毛泽东等人创办的武昌中央农民运动讲习所开始上课。恽代英、方志敏、彭湃、夏明翰等多位杰出的中国共产党党员曾在该地从事教学或职务工作。（微博发布时间：2021/03/07 微博用户名称：安徽省团委）

从报道的具体内容和指向看，此类主题特别重视红色教育。政府账号和媒体账号的文本中多次提及"党史学习""研学基地""爱国教育基地"等关键词。具体内容中，既有对往昔的回顾，叙述曾经发生的历史事实，也有在红色人物诞辰日举行的哀悼，还包括对各级政府部门、企业和机构所进行的爱国主义教育、党史教育活动的报道。例如 D1 号样本：

> ＃十九届六中全会＃【"中国好人"走进红色教育基地开展党史教育学习实践活动】为深入学习宣传贯彻党的十九届六中全会精神，传承红色基因，赓续红色血脉，进一步讲好新时代身边好人的故事。12 月 27 日下午，武汉市文明办组织"中国好人"等先进楷模走进红色教育基地——中共五大会址纪念馆，开展党史学习教育实践活动，让党史学习教育内化于心、外化于行，走深走实。"中国好人"刘培、刘继平、肖芳、刘泉、黄汉东、夏炳生、王辉、涂晓珍、刘俊、易有森、许文志、刘咸威等先进典型、李琢雅等武汉市新时代好少年代表、少先队员代表、部分干部群众参加活动。（微博发布时间：2021/12/29 微博用户名称：大成武昌）

"党史学习教育实践活动""红色教育基地"与"武汉市新时代好少年代表"等凸显出历史记忆的教育功能。从集体记忆传承角度看，个体（特别是未亲历某段历史的人）的历史记忆不是表现为对历史事件的回忆，而是常常表现为通过阅读文献、听取他人讲述，或参与历史纪念活动、相关的节日庆典等实践活动，激起相关的历史记忆。这种实践是多维度与多面向的，而社交媒体时代这些实践及其体验被符号化在社交媒体中进行再次传播，书写和传播的主体可以是参与实践者，也可以是媒介组织和其他组织者，经由多元主体的共同书写和传播，历史文化记忆得以在新的社交媒体记忆场被建构、保存和传播。

总的来看，微博中，借助对红色活动的报道与记录，实现了对历史的传承、对革命先烈的缅怀，对中国共产党领导下的红色历史文化的记忆与书写。

（二）红色故事讲述：历史、人物与场所

"红色故事"叙事具有独特性。既注重从历史和全球的广阔视角讲述中国革命历史故事，又采用外部观察者的角度，讲述对当前正在发生的事件的洞察，以及对将来可能发生的事件的预见①。"红色故事"包含红色场所、红色人物和红色史实三个基本元素，社交媒体用户以不同的视角、采用不同的主轴进行红色故事的书写、传播与记忆。具体看，与社交媒体草根性、平民化的特点相适应，社交媒体中的"红色故事"多以普通人的视角记录宏大的历史，以"小人物"之笔描述"大人物"的革命斗争经历，在"以小见大"的书写与传播中凝聚共识，以"红色故事"文本为载体，以"历史故事""场所故事"和"人物故事"为渠道，实现红色历史文化记忆的呈现、传播与记忆。

历史故事

"红色故事讲述"主题主要采用"何人何地做何事"的书写方式。微博发布的时间常常在相关的时间节点，如 1927 年 3 月 7 日是中央农民运动讲习所正式开课的日子，94 年后的 2021 年 3 月 7 日，政府微博用户"眉山天府新区"在微博（C46 号样本）中明确提及武昌中央农民运动讲习所开课的时间，并涉及何人于此任教，有何成果与纪念意义：

> ＃讲好党的故事 传承红色基因＃【＃党史上的今天＃ 武昌中央农民运动讲习所开课】杰出的共产党员如恽代英、方志敏、彭湃、夏明翰等都曾在此担任教职或进行工作。该讲习所成功培育了一系列精通马克思列宁主义理论并具备实践领导能力的农运干部。1931 年 3 月 7 日，红一方面军发布经毛泽东修改的关于地方武装开展游击战争、配合红军主力歼灭敌人的通令，对地方武装，《通令》详细而具体提出扰敌、堵敌、截敌、袭敌、诱敌、毒敌、捉敌、侦敌、饿敌、盲敌十项任务和十种办法。（微博发布时间：2021/03/07 微博用户名称：眉山天府新区）

人物故事

微博中书写的人物故事不限于那些做出丰功伟业的大人物，还关注那些为革命默默奉献的人，那些战场铁血但心怀家国柔情的平凡人。微博作为一种社

---

① 魏崇辉. 红色文化传播与讲好中国故事：内涵、关联与路径 ［J］. 新闻论坛，2023 （37）：19－21.

交媒体，对红色故事的记忆与书写并未采用宏大叙事的手法，而是善于在"危难中寻找真情"。不直接写革命运动的血雨腥风与千万个不眠日夜的苦难，而是透过看似平凡的人物经历，通过普通故事背后的爱国亦爱家、为大国舍小家和为全局舍自我的献身国家、家国皆难舍的情感来感染人。例如 D19 号样本讲述了中共五大代表罗亦农为母亲制作拐杖的故事，一个深爱母亲但为了革命不得不离开母亲的形象跃然眼前，感人至深：

> 武汉革命博物馆"紧急时期的艰难探索——中国共产党第五次全国代表大会历史陈列"展出罗亦农的拐杖。这是中共五大代表罗亦农为母亲制作的拐杖，长 110cm。20 世纪 20 年代初，罗亦农赴苏联学习前，想到母亲腿脚不便，就在山岭上精心挑选一根茶树枝，制成了拐杖。1928 年 4 月 21 日，罗亦农在上海龙华牺牲，年仅 26 岁。这根拐杖陪伴着罗亦农的母亲走过了四十余年的风风雨雨。（微博发布时间：2021/07/06 微博用户名称：武汉革命博物馆）

场所故事

历史发生在具体的场所中，当历史成为过往，场所便是记忆的承载者和唤起者，具有无可替代的价值，那些重要事件发生的场所更是如此。有关场所的故事虽然不多，但充分体现了这一点。涉及场所故事的样本中，微博用户多关注红色场所与坐标，如微博文本中出现的"二七纪念馆""二七纪念碑"与"江岸"等地点，属于京汉铁路工人大罢工运动的发生地和纪念场馆，它们为历史文化记忆赋予场所特征。历史记忆与场所故事之间的紧密联系，在红色历史记忆的传承中显得尤为突出。一方面，场所不仅是历史事件发生的空间背景，更是历史记忆与集体记忆形成和传承的重要媒介。红色历史事件的发生地，如"二七纪念馆"和"二七纪念碑"，以及与之相关的"江岸"，已经成为红色文化的重要组成部分。这些明确的物理地点不仅仅是物理空间的标识，更是历史事件的见证者和记忆的承载者，它们通过具体的地理位置、建筑风格、展览内容等，向公众传达着红色历史的精神内涵和时代价值。另一方面，此类历史坐标与历史场所在社交媒体中被反复提及与标记的现象，也反映了公众对于红色历史场所的关注和尊重。

对历史故事、人物故事与场所故事的持续记忆与关注，不仅有助于增强民族认同感和文化自信，还能够促进历史文化的传承和发展。如 A7 号样本所言：

　　二七纪念碑书写光辉而悲壮的史实 I 青年讲解员眼中的红色记忆，武汉二七纪念馆位于湖北省武汉市汉口解放大道 2499 号，是为纪念 1923 年 2 月 7 日京汉铁路工人在中国共产党领导下举行的震惊中外的二七大罢工这一历史事件而建立的专题性纪念馆。（微博发布时间：2021/06/13 微博用户名称：武汉发布）

　　前面讨论过记忆场所的多重意义，具体到本章的研究，其至少包含两层含义：一是社交媒体作为记忆场所，二是作为记忆对象的场所。就微博中的武汉红色记忆而言，我们从文本关注的是有关重要的历史文化的遗址、纪念场馆的故事。这些场所，通过故事，成为一个融合了时间与空间叙事的实体环境，作为记忆的对象而存在，并通过自身唤起记忆，令更为丰富的历史文化记忆得以保持和传承下去。

　　（三）红色旅游日记：打卡

　　从形式上看，红色旅游日记的发布是一种打卡式参与。社交媒体为城市红色记忆提供了新的数字化的场所。以红色旅游日记主题为例，它是用户传播的窗口，帮助其实现从线下体验到线上表征的转换，将线上与线下、现实物理场所和线上虚拟场所连接起来。例如 E25 号样本：

　　　　我正在做一个介绍武汉本地景点的栏目，包括八七会议会址纪念馆，之前我去实地拍过照片，现在又在网上查了一些相关资料。然后我就发现一般的文字介绍、最有名的纪念油画以及纪念馆内播放的 3D 动画都没能反映出一个真实的重点……（微博发布时间：2021/08/23）

　　该微博用户借助文字、影像、定位等多媒介来进行"红色旅游打卡"。多媒介方式传递了更加丰富、生动的信息。"红色旅游日记"这种旅游打卡过程中的记录，从本质上来说是一种赛博空间的个体记忆书写，用户通过打卡的方式在社交媒体上塑造自我形象、打造圈层。

　　从内容看，红色旅游日记多出现红色场所且呈串联状态。研究的红色旅游日记样本常以行程分享的方式提到多个红色坐标。不同于红色故事讲述中的场所故事，红色旅游日记中红色场所的数量更多且更密集，提及方式也更简洁。社交媒体上红色旅游日记的发布与传播既构建与丰富了个体记忆，又逐渐完成了个体记忆与集体记忆的连接。例如 D9 号样本：

疯狂开心的一天：又一次体会到了武汉公交的速度与激情路线：中共
五大会址→户部巷→武汉长江大桥→黄鹤楼→轮渡→江汉路，今天到处都
是国旗，巨有国庆的气氛！（微博发布时间：2021/09/30）

社交媒体中的红色旅游日记将历史记忆与物理空间场所、虚拟空间场所勾
连起来，为社交媒体时代的集体历史记忆研究提供了一个独特的视角。社交媒
体用户不仅在实地"打卡"红色景点，也在赛博空间中留下了丰富的数字化记
忆。借助文字、图片、影音等多种形式，将个体的红色旅游体验转化为虚拟空
间中的持久记忆。不论是红色旅游日记的书写与发布，还是社交媒体用户打卡
的物理空间场所，以个体实践和红色历史文化记忆为纽带串接起来。个体的记
忆片段，如同拼图一般，汇聚成社交媒体红色历史记忆的丰富叙事。这种自下
而上的记忆共建过程，是社交媒体时代集体记忆的特点，也体现了社交媒体时
代记忆的复杂性和动态性。

此外，红色旅游日记中的行程分享模式，进一步放大了红色文化传承的空
间维度。参与者通过连续打卡多个红色坐标点，实际上在数字地图上重构了一
条红色记忆之旅。这不仅加深了他们对红色历史的地理感知，也在无形中拉近
了他们与历史事件的情感距离。总的来看，红色旅游日记作为一种新兴的社交
媒体现象，不仅为个体提供了表达和记录红色旅游体验的平台，更在宏观层面
上促进了历史记忆与场所记忆的融合与交织。

我们还注意到，在进行红色旅游日记书写时，微博用户没有直接书写场所
的感受，而是罗列场所，将它们依次排列书写，形成独特的红色旅游日记。前
面分析的 D9 号样本如此，下面的 D48 号样本同样如此：

"武汉第二天：汉口江滩看放风筝玩打水漂→参观中共五大会址→路
过黄鹤楼→坐轮渡回江汉路看柯南剧场版→吃夜宵吃完打车十分困难。"
（微博发布时间：2021/05/04）

这些日记，虽然没有直接书写情感，但场所本身所蕴含的历史文化、红色
精神同书写者的身体实践相结合，在不言之中传递出丰富的情感信息，体现了
日常生活情感与国家认同之间微妙而复杂的交织。一方面，通过打卡，记录和
分享日常生活中的红色旅游体验，表达了对美好生活的向往和对个人幸福的追
求。这些细腻与琐碎的日常情感表达，既丰富了他们的社交生活，也增强了与
家人、朋友之间的情感联系。另一方面，这些日常情感的背后往往蕴含着对国

家历史、文化和价值观的认同。"中共五大会址""八七会议会址纪念馆"等红色旅游景点作为中国革命历史的重要见证，承载着中国人民的共同记忆和民族精神。在游览这些景点时，往往会感受到一种与国家命运紧密相连的自豪感和归属感。微博用户通过分享自己的旅游日记，不仅传递了对生活的热爱，更表达了对国家历史的尊重和对民族未来的期待。因此，红色旅游日记的书写成为连接个体日常生活与国家认同的一座桥梁，既展现了人们对微观的个人幸福的追求，也反映了他们对国家认同的深刻体悟。这种细微的情感表达与宏大的国家认同之间的互动与联系，为我们理解当代中国社会中个体与集体、生活与历史之间的关系提供了独特的视角。

（四）日常感悟与其他

日常感悟主题的博文数量较少，主要是正面表达个人情感或家国情怀，"感激""自豪""光荣"等词语多次出现，如 D47 号样本：

> 今年是建党 100 周年，作为党的后代，我们的内心是十分感激的。建党初期，条件十分艰难。1921 年 7 月，党正式成立！中共一大召开于上海，1922 年中共二大召开于上海，1923 年中共三大召开于广州，1925 年中共四大召开于上海，1927 年中共五大召开于武汉。作为学生，虽说不能直接去参观博物馆，但是可以像现在一样在网上参观博物馆，也像身临其境。武汉·江汉路（节选，微博发布时间：2021/05/05）

此类主题的一个特点是情感与史实互为载体，个体记忆与集体记忆交融。如上述这篇微博文章，既有个体情感的表达，也有史实回顾和简短书写。通过简述建党初期的艰难条件来表达自己作为学生的感激之情，既提到了"作为学生，不能直接参观博物馆，但可以网上参观博物馆"，又提到了作为学生的感激之情，将个体感受、个人情感与集体记忆、家国情感融为一体，实现个体记忆与集体记忆的交融。通过个人的叙述，用户将自身的日常情感与对国家历史的尊重和感激相结合，实现了从个体到集体的情感扩展。这种由小见大的情感表达，不仅反映了个体对历史的深刻认识，也映射出社会对历史记忆的整体态度。因此，微博上的红色旅游日记不仅是个人情感的抒发，也是集体记忆的一部分，反映了个体与集体之间在情感和记忆上的互动与融合。

值得注意的是，博文提到不能亲临现场的遗憾，但同时表达了对以虚拟参与的方式"身临其境"的"欣慰"。这种情感的转变，体现了社交媒体时代人们对基于社交媒体的新的历史文化记忆书写、保存、传承方式的适应和认可。而且，正是通过现实场所与虚拟场所的连接与互构，社交媒体时代记忆的丰富性、复杂性才得以呈现。

此类主题的另一个特点是历史与现实交融，情感与生活交融。研究样本中，多次提到"武汉这个英雄城市""武汉的英雄人民"以及"武汉抗疫之城"的话题，在对武汉红色历史记忆的书写与刻画过程中，既不忘追忆久远的历史史实，也不忘近期的日常生活。例如 D73 号样本较为详细地记叙了作者在去中共五大会址途中的一次经历，尽管是一次日常的纠纷，但展现了武汉人在公共场所面对不文明不礼貌行为的集体态度，作者以此来理解和阐释"英雄的武汉和英雄的人民"。"英雄"一词表达了微博用户对武汉和武汉人民的认可与赞美，所叙日常琐事则体现了武汉人民的正义与友善，通过将"英雄的武汉"与"英雄的文明"并置，巧妙地将武汉人民的传统英雄主义与现代文明行为准则相结合，不仅强调武汉作为一个历史文化名城的荣光，而且强调武汉和武汉人在面对日常琐碎与家国危机时所显示出的道德力量和集体主义精神。博文中关于当下日常的描述与书写，如"拒绝倚老卖老"的正义行为和友善互动，进一步丰富了武汉的英雄城市形象。这些源于公众的记忆与书写表明微博记忆不仅是对武汉红色记忆的回顾，更是对其现代身份和生活态度的生动展现。

五、结论与讨论

（一）结论

在对研究样本的内容分析和文本分析的基础上，我们最后对本章开头所提的几个问题进行回答。

1. 社交媒体中武汉红色记忆的主体：政府部门和媒体用户为主的多元化主体

社交媒体中有关"武汉红色记忆"的书写主体呈现多元化态势，既有政府部门用户、媒体用户、企业和民间团体和名人大 V 及营销号，也有普通用户。尽管记忆主体仍为政府部门与媒体用户，但对"武汉红色记忆"进行主动书写的也不乏普通用户。

政府用户的主动书写

政府用户作为官方用户进行了红色记忆的主动书写。强大的社会力量通过大众传媒作用影响着我们赋予事物"意义"的过程。举例来说，新媒体对我们如何建构世界发挥着重要影响。它们影响着我们对全球——在欧洲、亚洲、非洲、南美洲等——发生的事件所赋予的意义。它们影响着我们对身边发生的事件所赋予的意义①。政府部门与官方媒体等社交媒体中的官方用户通过主动书写记忆、主动发布影像及相互连接的方式传播红色历史文化，并与其他类型用户相连接，成为建构红色记忆的主要力量。权威性与专业性决定了其影响力。如"大成武昌""知音汉阳"等，作为社交媒体中的官方用户，既有引导人们勿忘红色历史的启明灯作用，也有持续为红色记忆点亮光束的镁光灯作用，以避免人们遗忘红色文化。

　　以政府用户和媒体用户为代表的官方微博账号在红色主题活动报道、红色主题故事讲述中均占有更重要的地位。这类微博文章一般都具有明显的宣传和教育色彩，重视红色历史文化传承、红色精神教育，在城市红色记忆的建构与传承中，具有重要作用。但同时，我们也需要注意一点，此类微博文本话语呈现出一定的模式化、枯燥性，不利于其在社交媒体上的传播。因此，在官方用户进行红色记忆的书写时，也开始转变话语策略。主要体现在依据用户特点采用恰当的话语，从过去"重理论"逐步转变为"重情感"与"重教育"，通过日常化的叙事内容与更有温度的文字使这些红色史实更富人情味，成为官方和普通民众共享的"红色记忆"。

　　在对"武汉红色记忆"的微博建构中，官方用户不仅关注红色主题活动的报道与记录，还注重红色故事的讲述，并从"小切口"展开"大局面"，借助红色故事中人物故事的温情日常或为大国牺牲小家的取舍精神来展开红色记忆，表明红色记忆不仅属于宏大话语体系，也属于国与家的情感话语。通过小切口，实现历史与当下、个体记忆与宏大叙事、现实空间与虚拟空间的联结。如微博用户"宿州发布"在微博文本中多次提及的"红巷爷爷"和微博用户"南京晨报"提到的"枪杆子里面出政权"，以"红巷爷爷"之口讲述宏大的爱国爱党之情，以毛泽东在"八七"会议中结合当时国情提出的"枪杆子里面出政权"的著名论断书写共产党人的艰辛斗争与不懈奋斗。

　　政府用户在主动且大量地对"武汉红色记忆"的书写间完成了对公众的红色历史文化信息传播与情感传递。其中既有京汉铁路工人大罢工的血雨腥风，也有"五卅"运动时的无惧无畏，更有中共"五大""八七"会议等重要会议

①　理查德·保罗，琳达·埃尔德. 思辨与立场：生活中无处不在的批判性思维工具［M］. 李小平，译. 北京：中国人民大学出版社，2016：456—459.

召开的自豪坚韧。红色故事的讲述则从人物、史实与场所等多角度让公众更直观、更全面地了解武汉红色文化的史实与内涵，深刻体会发生在武汉的革命斗争的艰辛，体会到革命前辈奉献自我、奋斗终生的红色革命情感与精神。

媒体用户的认同与转发

政府用户主动对"武汉红色记忆"进行书写，媒体用户在原微博的基础上进行转发或补充，完成了"武汉红色记忆"从"点"到"面"的扩散与传播。这个过程中，社交媒体成为记忆唤醒与信息扩散的中介。本研究样本中，媒体对政府部门所发布的微博多为简单的转发，而较少进行加工，主要原因在于对政府部门具有此类信息发布的权威性，以及在建构红色记忆方面的主导作用。其次是媒体本身在记忆建构中所扮演的中介角色。总的来说，社交媒体中的武汉红色记忆书写者多为政府用户与媒体用户，一般先有政府用户的主动书写与发布，再有媒体用户的认同与转发。

社交媒体赋权公众参与武汉红色记忆建构

在政府用户的主动书写与媒体用户的认同转发的同时，作为普通用户的公众，他们被社交媒体赋权，参与武汉红色记忆建构。如今，社交媒体已成为公众信息交流和意见表达的主要平台，它不仅改变了人们获取信息的方式，还为公众赋予了参与社会记忆构建的权力。

社交媒体为公众赋权，打破了原有的官方话语主导和传统大众媒体的信息传播壁垒。一方面，普通用户接收政府部门与媒体用户所传播的武汉红色记忆信息后，可直接分享和讨论个人对武汉红色记忆历史的见解和当下的新体验，这在一定程度上促进了武汉红色记忆的去中心化传播。另一方面，普通用户作为个体可以直接进行红色历史文化的书写与个体记忆表达。也就是说，社交媒体对公众的赋权意味着关于武汉红色记忆的解读与书写不再仅由官方用户进行主导，不再拘泥于对历史史实的书写与实体物质空间的反复描述，而是添加了更多公众对武汉红色记忆的新诠释与公众由武汉红色记忆为原点发散开来的当下体验与日常生活感悟。总的来说，社交媒体的赋权，不仅为武汉红色记忆的建构赋予了更多元的表达渠道，也为作为普通用户的公众提供了表达私人情感和家国情怀的可能性。此外，社交媒体的多元互动性还促进了政府部门、媒体用户与普通用户间观点的对话，公众不再是被动接受者，而是能够参与塑造武汉红色记忆的建构者，这使得武汉红色记忆的构建成为一种动态的社会协商过程。

在此过程中，武汉红色记忆逐渐引起公众关注和认同，进而将社交媒体打造成了一种新的富有情感认同的"红色记忆空间"。

2. 社交媒体中武汉红色记忆的内容：以红色主题活动、红色故事、旅游日记和日常感悟为主

正如哲学家韩炳哲所言：数字媒体无关年龄、命运和死亡。在数字媒体中，就连时间也是凝滞的，这是一种无时间的媒体①。在社交媒体作为记忆之场的讨论中，我们分析了社交媒体对于记忆时间和空间的改变。简而言之，社交媒体作为一种数字媒体，既没有时间的束缚，那些过往的历史和当下可以同时并呈，也无空间的限制，这里的空间既可以指记忆的具体场所，也可以指记忆存储的容量空间。如此看来，到底哪些内容得到呈现似乎并不重要了，因为相对于过去而言，无论何时无论多久远的过去似乎都可以被容纳。但事实上，作为一种社交媒体，其内容的生产者是用户，也就是说社交媒体提供了可能性，但最终生产什么，还是取决于用户。从这个角度看，社交媒体上记忆什么仍然是一个重要的问题。

我们的研究表明，微博中武汉红色记忆的主要内容依次为红色主题活动、红色故事、旅游日记和日常感悟。说明武汉红色记忆指向当下，因为红色活动和旅游日记、日常感悟无疑都是面向人们当下的生活。这体现了记忆的功能，记住过去的历史文化，目的是凝聚共识，增强人们对当下秩序合法性的理解。红色故事的讲述表面上讲述的是过去，其实是以故事的方式更好地传承故事所蕴含的历史文化精神、英雄人物的高贵品质、家国情怀。

借助文字、图片和影音等多种媒介形式，政府、媒体和普通用户等多主体通过对当下各种纪念活动的记录与报道、历史故事的讲述，以及红色旅游经历和日常感悟的分享，在微博上共同参与到武汉红色记忆的建构中。

3. 记忆的方式：具身体验与线上书写——社交媒体虚拟场与线下实体空间的连接

如何记忆关注的是武汉红色记忆的内在记忆机制和逻辑。这里我们将重点关注社交媒体作为线上红色记忆场所的特点，以及它和线下相关的红色记忆场所之间的联系，以理解社交媒体中城市红色记忆的内在逻辑。

社交媒体：作为线上记忆实践的场所

社交媒体作为一个线上记忆实践场所，首先体现出时间的及时性和灵活

---

① 韩炳哲. 在群中：数字媒体时代的大众心理学［M］. 程巍，译. 北京：中信出版社，2019：53－54.

性。武汉的城市红色记忆体现了社交媒体作为记忆媒介的及时性和灵活性。就及时性而言，伏特·K（Foot K）和沃尼克·B（Warnick B）指出：线上纪念形式与传统纪念方式相比，在时间上与所纪念的事件之间的间隔更短①。与传统的纪念形式不同，对各种纪念活动的记录与报道、旅游日记等都在活动过程中或者结束不久便发布了相关微博。线上纪念与被纪念的事件之间的时间差更短暂，甚至与事件同步。

灵活性指社交媒体作为记忆媒介，不受具体时间的限制。对红色记忆来说，既可以在与之相关的特殊时间节点周期性进行，也可以在任何时间进行。从本研究的样本看，微博用户重视与红色历史相关的时间节点，但又不限于这个特殊的时间点，而是在前后较长的时间段内进行记忆，有时甚至持续时间长达半年或一年。由于红色记忆在当下社会中的重要性，由官方用户主导的记忆还经常采用专题和系列形式，形成一种常规化、持续化和有组织性的记忆，如本研究所选择的建党100周年的纪念年便呈现出上述特点。

社交媒体作为一个线上记忆场所，呈现出的第二个特点是记忆建构的多主体性和互动性。社交媒体与传统媒体的一个根本区别在于传播者更加多元和传播中的互动性。就研究样本而言，从传播主体看，武汉红色记忆的主体以政府部门为主，还包括媒体、官方大V和普通用户。内容传播模式多元，政府和媒体用户进行内容生产和发布，媒体和官方大V进行转发扩大传播范围，普通用户进行阅读、积极参与互动。不同于传统的"政府－主流媒体－普通用户"这一种"上传下达"的模式，线上的记忆空间赋予普通公众话语权，使他们不仅能以互动的方式参与到记忆建构中，还可以通过记录参加红色主题纪念活动、红色旅游和抒发日常感悟等更加主动的方式进行记忆建构。也就是说，社交媒体作为一种线上记忆场所，为普通用户提供了记忆表达的权力与"被看见"的可能，成为政府、媒体与普通用户交流的渠道。

社交媒体作为一个线上记忆场所，第三个特点在于它的存储功能。各种记忆的内容进入社交媒体，可以成为一种永久性的数字档案。一切关于武汉红色历史文化记忆的内容一旦进入社交媒体，便可能成为这样的永久性档案，随时供人提取。

---

① Kirsten A Foot，Barbara Warnick，Steven M. Schneider. Web-Based memorializing after September 11：toward a conceptual framework［J］. Journal of Computer-mediated Communication，2005，11（01）：72－96.

记忆的具身体验与线上书写：社交媒体平台与线下实体空间的连接

孙玮指出，实体空间如广场、街道和建筑物等都是构筑意义和传递信息的重要媒介①。线下的各类红色纪念馆作为一种实体的记忆场域，是孙玮所言的构筑意义与传递信息的媒介之一，也是集体记忆的载体之一。线上记忆场所与线下的记忆场所的关系是讨论社交媒体记忆的一个重要问题。在研究微博中武汉红色记忆的过程中，我们关注和考察了线下记忆场所（主要包括红色纪念场馆和红色旅游景点）与线上的红色记忆空间的关系。

首先，纪念场馆是红色记忆的载体与储存空间。空间之所以会让人产生一种特殊的回忆、联想或缅怀之情，是因为当事人不得不以这些客观条件为背景而进入那些在他们的生活中留下记忆的或预存空间的相互作用之中。同时，社会作为在特定环境下共同生活的人类个体长久形成的彼此相依的一种存在状态，既是一种空间生存状态，也是一种空间交流状态②，换句话说，其既有时间上的记忆概念，也有空间的实体场所概念，这些场所通过不断变化的共同体意志得以产生和维系，它们是具有物质性的地点③。纪念馆正是具有此种意义的记忆场所，作为一个实体的封闭性的空间，它呈现出的红色历史文化却是开放的、包容的：从古至今流传的历史文化，亲历者的补充，社交媒体用户的书写，政府部门的宣传，均可纳入其中。纪念馆内，各种符号化的呈现让参观者身临其境，了解历史文化的脉络，感受时间的流动，体验空间的变迁。参观纪念馆的过程，成为集体记忆传承的过程。

其次，纪念场馆和红色旅游景点为线上记忆的书写提供了资源。在纪念场馆和红色旅游景点的实体空间里，物质、场景与文本故事为记忆的形成提供了必不可少的符号。例如，武汉"二七"纪念馆内有多处物质与文本符号，纪念馆的广场尽头矗立着高27米的"二七烈士纪念碑"。碑体用花岗岩板装饰，碑体正面用金铂镶贴毛泽东的题字"二七烈士纪念碑"，碑体顶端是一个大型铜雕飞轮，碑的两边是再现"二七"革命斗争场景的红色花岗岩雕塑群，在雕塑群后，衬托着苍劲的松柏，寓意"二七"烈士万古长青。"二七"烈士纪念碑、毛泽东的题字、大型铜雕飞轮、红色花岗岩雕塑群与雕塑群背后的松柏，都是典型的纪念馆的物质与文本符号。他们共同诉说着红色精神，激起参观者的国

---

① 孙玮. 作为媒介的城市：传播意义再阐释［J］. 新闻大学，2012（02）：41-47.

② 邵鹏. 媒介记忆理论——人类一切记忆研究的核心与纽带［M］. 杭州：浙江大学出版社，2016：131-139.

③ 张曦. 灾害记忆·时间——"记忆之场"与"场之记忆"［J］. 西南民族大学学报（人文社会科学版），2017，38（12）：8-15.

家民族认同，促使他们进行红色记忆书写。当社交媒体用户在社交媒体中采用这些符号书写红色记忆时，他们成为记忆的认同者、承携者与传播者。

显然，社交媒体用户在线上的记忆实践不会局限于线下纪念场馆、文旅场景提供的物质和文本符号，而是往往以这些符号为基础，进行丰富多元的表达。微博中武汉红色记忆对线下场馆符号的运用与书写就因主体不同而表现出差异：政府微博账号常在特定的时间节点在纪念馆内进行思想教育活动，并辅以红色主题活动的报道性书写；媒体用户除转发政府发布的微博文章外，还原创了记忆内容，如与纪念馆相关的红色故事；普通用户则对参观纪念馆经历进行打卡，以旅游日记的形式分享自己的行程；名人大 V 与营销号则热衷于红色知识的普及与红色历史文化的寻根书写。可见，纪念馆、文旅场景内各种物质和符号，既为在场的参观者提供了记忆的线索，也成为线上记忆的内容和资源。

第三，记忆的具身体验和线上书写连接了社交媒体虚拟记忆场和线下的实体记忆空间，成为城市红色记忆的双重场所。在本研究的样本中，红色纪念活动记录与报道和红色旅游日记两大主题与实体的物理空间密切关联，都是社交媒体用户在红色纪念场馆或红色文旅场景的具身体验基础上进行的线上书写。其他主题的微博文章也常提及这些实体空间，例如"八七"会议会址纪念馆、中央农民运动讲习所旧址纪念馆与"中共五大"会址等。可以说，实体的红色纪念场馆是公众进行武汉红色记忆实践的主要场所，要么作为实际记忆行动场所，要么作为记忆书写的对象。因此，我们认为，公众参观与游览红色纪念场馆和进行红色旅游的具身实践是线上记忆形成的重要渠道。良好的具身体验会激发起他们进行线上记忆书写的兴趣，使他们从线下记忆空间的体验者、记忆内容的受传者变为社交媒体上记忆的参与者、建构者和传播者。

这里讨论社交媒体如何进行城市红色记忆时，超越了对具体文本表现形式的分析——这是我们在内容分析和文本分析时关注的内容，转向对更根本的问题的探寻，即社交媒体作为记忆场所是如何影响记忆的。我们认为，理解社交媒体作为记忆场所的特点，以及社交媒体记忆场与线下实体纪念性的物理场所之间的关系，为我们的问题提供了答案。这也正是本个案研究的目的。

（二）讨论：社交媒体时代的媒介与文化记忆

本章以社交媒体中的城市红色记忆为研究对象，旨在通过案例研究理解和阐释社交媒体时代集体记忆是如何形成的，以及社交媒体记忆场和线下实体记忆空间场所之间的互动和连接关系。在此基础上，考虑到媒介与记忆，以及历史记忆、集体记忆和文化记忆的关系，我们想通过扬·阿斯曼的文化记忆理论，以此案例为基础，进一步就社交媒体时代的媒介与文化记忆之间的关系展开讨论。

媒介与记忆的关系是本书关注的根本问题。以记忆的建构观看，媒介在记忆建构的过程中发挥着至关重要的作用。从远古的龟甲兽骨，到现代的大众媒体，再到当下的数字社交媒体，媒介的变化必然对记忆产生重要的影响。在扬·阿斯曼的理论框架中，文化记忆被视为巩固与传承集体认同的媒介，而这个"集体"既可以指较小的社会群体或小型的社会组织，也可以是扩展到民族、国家等更大范围的概念实体。以此审视，本研究讨论的城市红色记忆属于中观乃至宏观国家层面的集体记忆。从当下红色记忆的内容和红色记忆所处的时间来看，按阿斯曼夫妇对文化记忆概念的界定，可以说这些记忆正处于从交际记忆走向文化记忆的过程中。扬·阿斯曼和阿莱达·阿斯曼的研究专注于文化记忆的影响力，他们通过时间性、功能性、构建性、媒介性和权力结构五个分析维度，对文化记忆理论进行了阐述。这一理论将记忆从个体层面扩展至集体、社会，并最终演化为文化记忆的概念框架①。由于我们的研究案例涉及较多的是时间、媒介与功能，因此下面便尝试从这三个维度对社交媒体时代的媒介与文化记忆间的关联进行初步讨论。

1. 时间维度：走出时间、指向未来的文化记忆

从时间维度来说，社交媒体时代的文化记忆超越了具体的时间限制，可以将不同时间的记忆同时并置。立足当下，将过去、现在和未来连接起来。社交媒体中的文化记忆不同于过去的线下实体场域的记忆，它更依赖于多元文化符号。以城市红色文化记忆来看，其记忆载体是多元化的，既可以是口头传播、书面文字符号记载，也可以是实际拍摄的与实体记忆场和记忆活动有关的影音作品，甚至可以是借助 AI 技术虚拟制作的数字影音符号。正是因为这些符号的传播不受制于具体的时间，社交媒体上的文化记忆从时间上看更具有灵活性。同时，正如前面关于时间的分析指出的，与过去的媒介相比，数字符号可以永久性地保存，且基本上可以忽略容量的限制。因此，社交媒体中的文化记忆是可以随时提取的数字档案。

相对而言，哈布瓦赫的"集体记忆"则以个体为承载者，依赖于个体与群体间的传播。因此，受制于人类生命时间的有限性，集体记忆的时间跨度相对

---

① 王蜜. 文化记忆：兴起逻辑、基本维度和媒介制约［J］. 国外理论动态，2016（06）：8－17.

于文化记忆更短暂。从这个角度看，社交媒体在保存和传播文化记忆方面，具有独特的优势。

另一方面，哈布瓦赫的集体记忆更关注记忆与个体、群体间的互动，致力于维系当下个体所组成的群体，即维系当下共时群体的集体记忆，而并不强调指向未来。但社交媒体中的文化记忆不同，从互动层面看，它不限于特定个体与群体的互动，更不限于共时群体或共时状态下的互动。它的开放性、无时间性、连接性，不仅为处于不同时间点的个体、群体提供了互动的可能，而且这种互动也不限于当下个体所组成的群体，而是可以超越一定的群体边界，在不同的群体之间形成互动。这样，就时间而言，社交媒体中的文化记忆突破了人作为生命体的时间有限性，可以超越个体的生命周期和代际传播限制，在更长的时间内延续下去。

2. 媒介维度："万物皆媒"的文化记忆

文化记忆不是通过抽象的文化观念构建起来的，而是通过文本、图像和仪式等文化符号系统来塑造的。文化记忆的重点在于探究心理、意识形态、社会和文化之间的相互作用，而不是简单地将人类学、心理学的概念应用于社会和文化现象的分析中。所谓的"记忆场所"便是这样一个文化记忆的标志性符号系统，它为生活在某一传统下的人们提供了一种认同可能，让其意识到自己是某个社会群体的一部分，在学习、生活、工作中共享着文化。正是在此意义上，我们将社交媒体视作文化记忆的场所。

社交媒体时代，文化记忆的场所至少体现为两种，一是具有物质性的实体的记忆场所，这些场所因为与历史文化的关联而成为记忆的场所。这类场所是以往任何时代都具有的场所，它们一直在文化记忆中起着重要的作用。另一个便是社交媒体所建构的虚拟的线上记忆场所。对社交媒体中武汉红色记忆的研究发现，公众在实体记忆场所的具身体验和他们在线上虚拟场所中的记忆书写将两个记忆场所连接起来，使它们共同成为社交媒体时代文化记忆的重要场域。

社交媒体提供的线上"记忆场所"赋予文化记忆更多元的传播方式和丰富的意义。"记忆场所"的存在能让时间停止，阻止遗忘，让事物保持一个固定的状态，让死亡永生，赋予无形的东西以有形的形式，促进其意义不断地再次产生，其分支不可预见地向上生长发芽①。如此一来，基于网络数字媒介技术的社交媒体"记忆场"可以采用多元的媒介形式展开记忆，无论口头表达还是文字书写，图片还是影音，都可以成为记忆的媒介。人们用"万物皆媒"来描述媒介化时代的特点，这种描述也适用于描述社交媒体中的文化记忆媒介。物质或非物质的形态，如各种纪念场馆、遗址遗迹，以及各种文本，都可以成为社交媒体中文化记忆的媒介符号。

3. 功能维度：形成群体共识、建构群体集体意识的文化记忆

从记忆的功能角度看，文化记忆在形成群体共识、建构群体的集体意识方面能发挥重要作用。就社交媒体的文化记忆而言，因其多主体的参与性和互动性，增强了文化记忆的这种功能。

首先，从记忆的主体来看，社交媒体较之以往的媒体，特别是大众媒体来说，一个最根本的区别在于为普通用户赋权。从我国互联网信息中心发布的统计数据可以看出，我国网民规模已接近 11 亿人，互联网普及率达到 78.0％②。这个数据表明，社交媒体的主体是普通网民。从社交媒体记忆来看，普通人成为记忆的主体，意味着他们不仅是社交媒体中文化记忆信息的接受者，还是文化记忆建构的主动参与者。本书中对武汉市红色记忆和名人悼念的记忆研究都显示了社交媒体时代普通用户在建构记忆中具有积极性、主动性。

其次，社交媒体的主要功能是社交，借助的方式是人际间的符号互动，因此，社交媒体中的文化记忆相对于以往的记忆来说最大的不同在于记忆建构和传播过程中的互动性。互动便是交流，用户在社交媒体记忆建构中通过互动形成对记忆的共同关注，进而形成共识，逐步建构群体的集体意识，以实现文化记忆整合、维系群体的功能。

---

① 冯亚琳，阿斯特莉特·埃尔. 文化记忆理论读本［M］. 余传玲等，译. 北京：北京大学出版社，2012：289−334.

② 中国互联网络信息中心. 第 54 次中国互联网络发展状况统计报告. 北京：社会科学文献出版社，2024：13−16.

第六章　社交媒体时代集体记忆的形成及与个体记忆的互动

——基于 2018 年 10 月 30—31 日微博、微信中悼念金庸行动的个案分析

在新兴的社交媒体时代，集体记忆面临新的记忆场，建构方式发生显著变化，它与个体记忆之间的相互作用趋于复杂化。本章将以 2018 年金庸先生去世后在微信、微博上所展开的悼念行动为例，通过分析社交媒体中名人逝世的纪念活动，深入探讨和理解这种复杂性。

一、研究背景及方法说明

（一）研究缘起

一系列的事实证明，"回忆文化领域最具影响力的因素就是现代传播媒介的发展。"①随着数字技术和社交媒体的迅猛发展，公众得以保存大量记忆内容。原本属于私人和个体范畴的死亡与哀悼活动，如今也进入公共视野，尤其是公众人物的逝世，已成为社会共同记忆的一部分。此外，正如本书反复强调的，社交媒体的兴起革新了记忆的媒介形式，以微信、微博等为代表的社交平台，成为记忆的新媒介，这导致记忆构建机制发生相应改变。首先，社交媒体改变了传统的时间和空间观念，促使人们重新审视关于自我存在和发展的根本问题，例如"我是谁？我从哪里来？我将去向何方？"等问题。其次，互联网特别是社交媒体的普及，重新分配了社会话语权，赋予个体更多权力，改变个体记忆的表达策略和实践方式，进而影响了集体记忆的构建机制以及个体记忆

---

① 哈拉尔德·韦尔策. 社会记忆：历史、回忆、传承［M］. 季斌等，译. 北京：北京大学出版社，2007：247.

与集体记忆间的关系。

集体记忆构建机制的改变对记忆研究传统议题提出挑战，这些议题包括：谁在记忆？记忆的内容是什么？为何记忆这些特定的事项？以及记忆的方式如何？

首先是关于谁在记忆的问题。根据哈布瓦赫的理论，集体记忆是一种建构。既是建构，那谁是建构者？谁拥有唤醒并且解释记忆的权力？在社交媒体时代到来前，学者普遍接受的观点是，精英阶层基于现实需要重塑了集体记忆。但随着社交媒体的发展与成熟，普通个体被赋权，有关集体记忆书写和阐释的话语权被重新分配。一些学者提出，在新媒体技术的影响下，记忆书写的主体范围得到拓展，内容亦得到丰富和延伸，对集体记忆的阐释趋向多样化。"由精英和组织主导的传统集体记忆书写方式和阐释模式逐步趋向消散"[①]。然而，部分学者对此持有不同见解，他们认为，尽管个人表达在某种程度上得到释放，但是在集体记忆建构过程中依旧受着一些其他机制的影响[②]。那么，在中国社交媒体领域，集体记忆的建构主体、建构机制以及传播方式究竟经历了何种变迁？这些问题需通过记忆实践研究来解答。

其次是关于记忆内容的问题。提及集体记忆时，人们通常会想到"南京大屠杀""抗日战争"等具有深远影响和历史意义的重大事件，这些事件构成传统集体记忆研究的核心议题。随着以微博、微信为代表的社交媒体平台成为普通个体进行内容生产和日常交流的关键渠道，社交媒体中碎片化和快餐式的内容也致使他们在虚拟空间的互动存在浅思考、浅交往的特点。这会在一定程度上"消解集体记忆的历史纵深感"，记忆的内容开始变得日常化和个人化，集体记忆书写和阐释呈现出"祛魅、断裂、窄化、公共舆论主导、常人社会消费和部落化"的特点[③]。然而，从事实维度看，新媒体在形塑社会记忆中是否一定呈现上述特点？若果真如此，这些特征通过哪些事实得以体现？如果不是，新媒体对于集体记忆的建构到底存在何种影响？通过哪些事实因素展现出来？为什么特定事件被铭记，其他事件则被遗忘？被记忆的根源何在？这些问题皆需在新的记忆语境下进行探讨。

第三个问题是如何记忆的问题。根据保罗·康纳顿的理论，有关过去的意

---

① 朱晓兰，张晓磊.新媒体语境下新冠肺炎集体记忆的书写［J］.青年记者，2020（24）：34－35.

② Amanda Lagerkvist. A New memory cultures and death：Existential security in the digital memory ecology［J］. Thanatos，2013，2（2）：8－24.

③ 胡百精.互联网与集体记忆构建［J］.中国高校社会科学，2014（03）：98－106＋159.

象、记忆的传达和维持是通过仪式化的操演实现的。简单来说，仪式操演本质上是一种行为活动，但它具有象征性，突出特点是"受支配性"。通过这种行为活动，人们更容易辨认以及接受社会想要他们接受的思想价值①。然而，在新的媒介环境下，移动设备消除了空间的界限，即时互动扩展了情感体验的深度，多元的社交方式拓展了个体的社会关系网络，底层书写促进了媒介事件的逆向发展。这些特点将如何影响集体记忆的形成方式？

为研究上述议题，我们选取社交媒体上公众对已故名人悼念的现象为例进行探析。主要依据如下：首先，社交媒体对集体记忆的影响首先体现在记忆的时空变迁上，网络悼念空间构成了具有代表性的新型时空记忆场所；其次，因其高关注度，名人去世往往成为社交媒体关注的焦点；第三，社交媒体上对名人的悼念活动，通常会促进用户之间的聚集、连接、分享与互动，展现了社交媒体记忆实践的典型特征。

（二）研究意义

记忆研究的核心议题包括记忆的主体、内容、方法以及功能。随着新语境的出现，对这些问题的回应成为关键且迫切的社会文化问题。

首先，集体记忆作为记忆研究的核心概念之一，其理论内涵和外延都十分丰富。保罗·康纳顿说，"集体记忆是各群体所保存的记忆，它可以通过一定的仪式化操演得以建构"②。正如我们前面进行概念分析时指出的，社交媒体时代集体记忆发生了种种变化，本章试图通过案例分析具体考察集体记忆到底如何改变，并在此基础上尝试对社交媒体时代的集体记忆进行理论思考，希望为深入开展研究提供理论基础。

其次，社交媒体场内缅怀逝世名人具有媒介事件的属性，因此，可以说我们关注的是社交媒体时代集体记忆形成的一种路径：人们如何通过社交媒体中的媒介事件来建构集体记忆。这将是对媒介事件和集体记忆研究理论的一种丰富。

具体而言，将社交媒体场内对金庸的缅怀视为媒介事件的主要依据为：第一，重大性。该事件登顶热搜两天，微博话题♯金庸去世♯浏览量达21亿，话题讨论量达106.9万，微博话题数据纵览为5分（满分），在2019年10月30日，2020年10月30日♯金庸去世×周年♯话题持续登上热搜。第二，关

---

① Steven Lukes. Political ritual and social integration [J]. Sociology, 1975, 9 (2)：289-308.

② 保罗·康纳顿. 社会如何记忆 [M]. 纳日碧力戈，译. 上海：上海人民出版社，2000：4.

于金庸缅怀活动的三次热搜话题，分别由新浪娱乐和《人民日报》主导，尽管有全民广泛参与，但仍然在一定程度上展现了组织策划的特征。第三，仪式性。大众在社交媒体上进行了各种仪式化的操演，这也是本章将重点论述的部分。第四，在场性。媒介技术的应用从根本上改写了公众在事件参与中的方式和地位。社交媒体上的缅怀行动打破时空限制，国内外、线上线下的媒体用户共同参与到缅怀仪式中。戴扬和卡茨关于"媒介事件"的经典研究针对电视进行，我们借用这个概念讨论新媒体事件时，其内涵外延也得到拓展。他们认为媒介事件必然会形成集体记忆，那么，在社交媒体领域，集体记忆是否必然是媒介事件的产物，而非其成因呢？我们通过本章的研究尝试从集体记忆的视角对媒介事件理论进行讨论。

第三，从实践层面看，无论是个体记忆还是集体记忆，它们都关注过去，立足现在并指向未来。集体记忆代表着人们对自我的认知、了解和认同，也代表着人们对外部社会的感知、理解和态度。"当现代性清除了公共领域的死亡，社交媒体却将死亡重新带回到公众的视野中，死亡和死亡记忆越来越多地在社交媒体场内被分享和调解"①。选取社交媒体上人们对金庸的缅怀行动作为切入点，观察和反思社交媒体场内的社会互动现象，有助于我们在新媒体时代深入思考并明确"我是谁？我来自何方？我将去向何处？"等人类根本问题。

（三）研究问题

微博与微信作为我国社交媒体领域的领头羊，汇聚了最广泛的用户群体。人们通过数字化手段保存、传播和分享记忆，即便原始内容被删除，这些数字化的记忆仍能持续存在，例如转发记录、评论记录。本章通过分析公众在微博、微信上发表的缅怀金庸的文本，探讨它们如何作用于集体记忆，并研究人们在集体记忆中的缅怀行动与话语竞争，以揭示他们构建（或重构）过去的方式。具体探讨的问题包括以下三个。

首先，通过分析社交媒体上用户发布的文本，我们拟回答以下问题：谁在缅怀？他们缅怀什么？以及他们如何进行缅怀？金庸先生逝世的消息在社交媒体上迅速传播，引发广泛的纪念活动，激起一场跨越时空的集体哀悼。在这一过程中，人们不仅对金庸先生的离世表示哀思，也借此机会追忆往昔。在社交媒体的虚拟空间中，人们展开一系列仪式化的互动，共同构建了一个协作的知

---

① Amanda Lagerkvist. A new memory cultures and death：existential security in the digital memory ecology［J］. Thanatos，2013，2（02）：8—24.

识与记忆生产系统。

其次，社交媒体的一个显著特征是将私人领域与公共领域相融合，进而赋予重大历史事件对个人和集体的重要意义。在对金庸逝世的线上缅怀行动中，这种融合如何体现？这是本研究的第二个问题。我们将对参与纪念金庸的用户进行深入访谈，并结合文本分析，探讨社交媒体环境下记忆形成的动因或作用。

最后，社交媒体场内个体记忆与集体记忆如何互动？又会产生何种影响？社交媒体改变了我们收集、存储、处理和分享记忆的方式。在传统媒介下，集体记忆与个体记忆相连接是学界的共识，在新媒介环境之下，集体记忆和个体记忆到底如何发生互动和连接？其影响如何？这是我们致力探究的核心问题。

（四）研究方法说明

"当前集体记忆的研究方法主要有四类：符号和文本分析、口述史和民族志分析、比较历史分析以及定量分析。"[①]本章具体采用文本分析法和深度访谈法。

1. 个案选择

对金庸先生辞世时社交媒体场用户的缅怀行动进行个案研究，基于以下几点考量。

首先，从创新性看，选取社交媒体上缅怀金庸先生的行动作为研究对象，关注个体记忆与集体记忆之间的互动关系。传统上，集体记忆的研究多聚焦于重大历史事件，采用宏观叙事方式，往往忽视对日常生活的微观探究。然而，随着新媒体技术对社会的影响力日益增强，民间及个人在记忆构建与表述中的作用逐渐受到重视。普通人的"小情怀"成为集体记忆研究关注的新问题。

其次，从现实性看，近年来名人逝世类媒介事件受到广泛关注。这类事件通常在社交媒体上引发大规模的纪念活动，不仅缅怀逝者，也反映个人对往昔岁月的追忆，或借以表达内心深处的情感。社交媒体作为记忆媒介，针对公众人物的纪念仪式所塑造的集体记忆和表达形式，具有分析和研究的价值。

最后，从典型性看，2018年金庸先生逝世的消息一经公布，迅速在微博、微信朋友圈等社交平台掀起缅怀热潮。随着官方媒体和意见领袖的参与，对金庸先生的缅怀活动演变成线上线下互动的社会事件。《人民日报》主动发起话

---

① 钱力成，张翮翔. 社会记忆研究：西方脉络、中国图景与方法实践 [J]. 社会学研究，2015，30（06）：215−237+246.

题"金庸逝世"，将其定位为"社会"事件，并在随后每年的 10 月 30 日通过微博话题周期性地缅怀金庸先生，并将它们归入社会话题类别。此外，在社交媒体上对其他公众人物逝世的纪念中，金庸先生的逝世经常被提及，其影响力可见一斑。

2. 数据采集

研究文本来源于微博热搜话题♯金庸逝世♯内的博文，以及深度访谈对象微信朋友圈缅怀金庸的文本。以微信、微博为研究对象，是基于这两个平台在中国社交媒体中的影响力。凯度《2018 年度中国社交媒体影响报告》显示，微信和微博是当时使用量最高、用户影响力最强的社交媒体。微信依托于熟人间的社交网络，能够迅速传播信息；微博则通过类似广场的社交模式，承载着信息集散地的功能。两者在促进个体表达方面均表现出色。在功能层面，热搜榜和热门微博有助于发掘公共议题，传播个人见解，巩固群体共识，并加强集体意识。在形式上，微博整合了文字、图片、视频等多种表达形式，使用户能够通过这些形式展现其个性特征。得益于微博社交平台的实时互动性、公共性和功能的多样性，微博用户得以在平台上发声，其发布的内容具有较高的可见性。他们既是信息的创造者，也是信息的获取者。这样的媒介环境更能凸显社交媒体对个体产生的深刻影响。

选择♯金庸逝世♯为关键词，是因为该话题词在 2018 年 10 月 31 日的浏览量和讨论量均居榜首，表明其在微博用户中具有广泛的覆盖范围。一些具有影响力的公众人物（如明星）在发表博文时未使用该话题词，但通过他人的转发，相关内容仍可被采集到。根据事件实际发生情况，本研究利用"爬虫"软件对指定话题下的内容进行采集，采集时间范围为 2018 年 10 月 30 日 12 时至 2018 年 10 月 31 日 24 时。为确保采集内容的丰富性，以每小时为间隔进行了 19 次搜索，共收集到 5400 条博文。随后，按以下标准对数据进行清洗：①剔除无意义的营销号分发内容；②去除高度重复的内容；③删除乱码堆砌、空白或链接失效的内容；④移除与金庸无关的内容。最终，获得 2732 条有效博文（包括转发率高的明星微博 15 条）作为重点研究样本。

为了更好观察微博用户在社交媒体中如何通过仪式化操演构建集体记忆，准确把握记忆主体的特点，研究参考凯度发行的《2018 年中国社交媒体影响报告》中关于微博、微信用户群体画像资料和京东大数据关于金庸逝世当日图书售卖及消费者群体画像的相关资料。

此外，本研究还通过深度访谈法收集研究所需的数据。深度访谈在研究过程中通常作为验证和补充研究结论的手段。其实施方法涉及与受访者就特定主题进行长时间的对话，旨在通过交流揭示受访者对某一现象或人物的看法、采取特定行动的动机以及形成某种观点的思维过程。本研究的深度访谈对象共12位（见表6-1），他们均于金庸先生逝世当日在社交媒体上发表了纪念性言论。访谈主要围绕发表纪念性言论的动机、过程以及所产生的影响展开。旨在回答"为何要纪念？"的问题，并进一步探讨记忆的功能。在访谈过程中，特别关注个体记忆如何受到集体记忆的影响，个体纪念金庸的方式及其背后的原因。对于同时使用微博和微信的用户，还询问了他们是否同时在两个平台发表纪念性言论。若是，则进一步询问内容的一致性，以分析社交媒体平台特性对仪式化行为的影响。

综上，本章选取微博、微信上对金庸先生的纪念行动作为研究案例，首先运用文本分析法，对纪念仪式中的记忆主体、记忆方式、记忆内容进行梳理和剖析，以探究社交媒体环境下人们如何以仪式化的方式参与媒介事件。接着，通过深入访谈，揭示人们在社交媒体场内开展仪式行为的内在动力及其对个体与社会产生的影响。最终，对社交媒体中集体记忆的构建过程进行阐释和分析，从理论与实践两个维度探讨个体记忆与集体记忆在社交媒体环境中的互动机制，并从时间和空间两个维度进行总结与反思。

表 6-1　访谈对象个人信息表

化名	年龄	性别	职业	是否为金庸粉丝	发文平台及方式
HR	20	男	学生	否	微信：文字和图片
YF	25	男	银行职员	是	微博：文字
ML	24	男	学生	是	微信：文字和图片
JX	29	女	国企职员	否	微信：转发讣告
HF	24	男	国家公务员	否	微信：文字和图片
PR	32	男	职员	是	微信：文字加转载
WJ	31	男	医生	是	微信：文字加图片和文字加音乐
ZB	42	男	个体老板	是	微信：文字加图片
HH	40	女	个体老板	是	微信：文字加图片
YN	38	女	个体老板	是	微博：文字
DD	18	男	学生	否	微博：文字
LL	34	女	教师	是	微信：图片

二、文献回顾：社交媒体与集体记忆的研究现状

社交媒体是用户进行内容生产和沟通的平台。中国近年来的媒介事件，无论大小，均以个人状态更新的方式同步展现于社交媒体中，通过个人独特的视角、多元的形式，社交媒体在虚拟空间中呈现了事件的丰富样貌。可以说，媒体技术的每一次发展都以某种重要的方式改变着人类的集体记忆。在社交媒体场内，个体记忆和集体记忆共现、交织、勾连，促进了新的记忆图景的形成。

西方学者普遍认同社交媒体对历史记忆和集体记忆带来的影响。首先，互联网创造了可以存储、共享和在线推广的数字记忆。其次，手机、电脑等可以采用外在的存储设备，能够保存的记忆信息量随之增加。一定程度上，社交媒体已演变成一个庞大的档案库。人们将记忆的必要性托付于技术，由此创造出所谓的"假肢记忆"①。

西方学者还特别关注了社会边缘群体的身份认同，如达里亚·赫列夫纽克（Daria Khlevnyuk）通过研究崇拜斯大林的俄罗斯社交媒体，发现本应该呈现同质化的社群实际上至少存在三种类型的在线阐释，这一发现在理论上表明有争议的国家记忆具有随时破碎的可能性②。

关于名人逝世的悼念活动与互联网发展史的关联，学术界的研究涵盖了在线纪念网站和社交媒体两个方面。例如，安德萨格（Andsager）在对"9·11"事件在线纪念网站的研究中，专注于为名人设立的纪念网页，揭示了这些网页具备的三项主要功能：（1）为悼念者构建一个共享情感的社区；（2）帮助公众缓解对死亡的复杂情绪；（3）扩大名人的成就，使其永垂不朽。基于此，他提出，"这种纪念网页功能的概念化可以扩展到适用于 You Tube 上的视频悼念"③。阿努·哈留（Anu Harju）选取 YouTube 上具有代表性的视频评论作为研究对象，将网络学与批判性话语分析相结合，主要分析用户在互动过程中产生的评论。通过研究粉丝在线上对已故的史蒂夫·乔布斯进行视频哀悼的行为，揭示了数字纪念碑对粉丝所具有的功能。研究发现，社交媒体网站已经

---

① Landsberg A. Prosthetic memory：total recall and blade runner [J]. Body & Society，1995，1（3-4）：175-189.

② Daria Khlevnyuk. Narrowcasting collective memory online：'liking' Stalin in Russian social media [J]. Media，Culture & Society，2019，41（03）：317-331.

③ Andsager，J L. Altaered sites：celebrity web shrines as shared mourning. In S. Jones & J. Jensen（Eds.），After life as after image：Understanding post humous fame [J]. New York，2005：17-30.

成为人们进行协商、合法化和缓解被剥夺权力的悲伤的空间①。

国内关于社交媒体集体记忆的研究逐渐增多，导论及其他章节已对此进行了阐述。简而言之，新闻传播学界对"社交媒体与集体记忆"议题的关注主要集中在三个方面：社交媒体在集体记忆构建中的作用、社交媒体与身份认同的形成以及技术伦理与社交媒体记忆的关联。

综上，国外关于社交媒体集体记忆的研究成果较为丰富，国内的研究也日益增多。就研究方法而言，相关研究以个案研究为主。国内较多研究集中在档案学领域，新闻传播学领域的研究成果尚不够丰富。特别是在社交媒体造成的记忆时空改变、记忆主体和记忆方式的变化，以及这些变化对于集体记忆带来的影响，集体记忆与个体记忆关系的演变等方面的研究，还有较大的空间。

三、记忆的建构主体

集体记忆的承载者固然是集体中的个体，然而，集体记忆的构建主体既可能是个体，也可能是组织机构，包括那些对集体记忆持有兴趣的组织，以及媒体等专业机构。雅克·德里达曾经提出"记忆构建是一个权力运作过程。"②因此，集体记忆的建构通常由专业的组织机构承担，传统大众媒体在相当长的一段时间内扮演了集体记忆叙述和构建的关键角色。社交媒体时代，普通个人用户与专业的媒介组织用户（以下简称"媒体用户"）均参与了集体记忆的构建，他们各自所扮演的角色及其相互之间的联系如何？本研究将通过文本分析与深度访谈相结合的方式，探讨社交媒体环境下，缅怀金庸事件中记忆构建的主体及其特征。

（一）媒体用户的缅怀行动与社会影响力

在对缅怀金庸博文的影响力、公众对信息的信任度以及对金庸逝世事件的反应速度进行分析后，我们观察到，专业媒体用户以及在社交媒体上拥有众多粉丝和高度关注、具有显著影响力的公众人物在缅怀行动中更为活跃，对社会的影响也更为突出。其原因在于，相较于普通个体用户，他们在资源获取与整合、媒介运用能力以及人力财力等方面拥有明显优势。换言之，尽管普通个体

---

① Anu Harju. Socially shared mourning：construction and consumption of collective memory [J]. New review of hypermedia and multimedia，2015，21（1-2）：123-145.

② 雅克·德里达. 多义的记忆——为保罗·德曼而作 [M]. 蒋梓骅，译. 北京：中央编译出版社，1999：75.

在社交媒体上享有表达自由，但其言论的传播力和影响力与专业媒体机构及具有社交媒体影响力的公众人物相比，仍然相形见绌。这些专业媒体和有影响力的公众人物实际上成为社交媒体集体记忆构建过程中的主要力量。

1. 不同类型微博用户的传播影响力

微博的传播影响力通常依据点赞、转发、评论的数量进行评估[①]。根据本研究数据采集时间段内的统计数据显示，在现实社会中具有影响力的媒体机构的社交媒体账号依然是有广泛影响力的记忆建构主体（见表6-2）。例如，新浪娱乐于2018年10月30日19时42分发布的博文，其转发量、评论量和点赞量分别达到81923、49044、136550；华商报在同一天的19时13分发布的博文，其转发量、评论量和点赞量分别为68213、29758、174256。这表明，专业新闻媒体是记忆最重要的建构者之一这一观点依旧成立。此外，个人用户中，具有影响力的发文者多为社交媒体上具有广泛影响力的公众人物，包括娱乐明星、文化名人、行业精英，以及部分自媒体网红。他们的微博文章影响力有时甚至超过了媒体组织。例如，曾饰演郭襄一角的演员杨幂发布的"襄儿拜别"博文，转发量达151570次，获得评论46962次，获得点赞559088次。

表 6-2　主要媒体组织微博发文时间及互动数据表

微博身份	微博发布者	发博时间	转发量	评论量	点赞量
媒体组织	央视新闻	2018.10.30 19：29	61929	21846	72112
媒体组织	封面新闻	2018.10.30 20：36	4915	39047	183645
媒体组织	环球时报	2018.10.30 19：35	1243	559	1195
媒体组织	新浪娱乐	2018.10.30 19：15	36804	19471	55883
媒体组织	新浪娱乐	2018.10.30 19：42	81923	49044	136550
媒体组织	华商报	2018.10.30 19：13	68213	29758	174256

相较于媒体机构和知名公众人物，一般个人用户的微博影响力较小，其微博文本的互动数量通常难以达到三位数。此外，从参与形式上分析，一般个人用户主要通过转发来参与，原创内容的比例不足九分之一，显著低于媒体机构和有影响力的公众人物（见表6-3）。为了吸引更多的关注和流量，一般个体

---

① 本部分中，表6-2和表6-3的统计数据为本研究数据采集时间段，即2018年10月30日12时—2018年10月31日24时的数据。

在发布内容时会主动添加由专业媒体发起的话题标签♯金庸去世♯。

表 6-3　金庸逝世当天微博话题下部分原创发文数量及讨论量统计表

话题	主持人	原创发文量	讨论量	浏览量
♯金庸去世♯	新浪娱乐	12.1 万	106.9 万	21 亿
♯送别金庸♯	央视新闻	1.3 万	17.1 万	2.9 亿
♯武侠小说泰斗金庸逝世♯	人民日报	2250	14.9 万	1.7 亿
♯不老的金庸♯	新浪电视	2.4 万	27.2 万	2.6 亿

2. 不同类型微博用户的应对方式与效率

金庸先生辞世的消息最初于 2018 年 10 月 30 日 14 时左右在社交媒体出现，由一位网民在微博上发布。尽管该博主收到一些回复，但仅限于小范围交流，未引起广泛关注与讨论。根据采集到的资料，♯金庸去世♯话题傍晚时分才登上热搜榜，而大量网民参与讨论的时间则在晚上 7 点之后。在回顾金庸逝世当日的情景时，受访者证实了上述事件进展的时间顺序。

> ZB："当时是在下午的样子，腾讯弹窗发来的消息说是金庸逝世了，刚开始也是不相信，因为经常有假消息，后来看到朋友圈其他人也在发，而且很多平台都在推送，这才相信了这个消息。"

> WJ："下午的时候在微博看到的热搜，点开看了以后就是难以置信……"

新浪娱乐、央视新闻、界面新闻等媒体机构，均是当晚 7 点左右入场，并申请设置缅怀金庸的专题。这些媒体机构在发布的微博文章中，详细回顾了金庸一生的主要成就，字里行间强调金庸与武侠文学创作之间密不可分的联系，设定金庸逝世乃是武侠文学之殇的整体基调。随后，个人用户纷纷加入，在新浪娱乐主持的♯金庸去世♯，央视新闻主持的♯送别金庸♯、《人民日报》主持的♯武侠小说泰斗金庸逝世♯这几个话题下开启一系列线上缅怀行动。"大侠归去！著名作家♯金庸去世♯，武侠迷多地纪念送行！""盘点金庸笔下人物名字的出处""♯金庸生前遗愿♯：希望我死后一二百年，仍有人看我的小说"等内容逐步跟进，一场缅怀金庸的仪式在社交媒体平台上展开。

专业媒体机构凭借丰富的数据资源和专业化的运营团队，能够迅速对热点事件做出反应。社交媒体平台的管理与维护权属于平台的拥有者，同时受到国家不同程度的监管。新浪公司作为微博平台所有者，与其他专业媒体机构一样，能够实时监控微博平台上的舆论动态，从而迅速识别并推动热点事件的进程。在此过程中，通过技术手段实时监测并捕捉个人用户发布的内容，经过筛选和加工后，这些内容可以作为社交媒体场内公众参与的图景，通过个性化推荐进行二次传播，从而构建起个体与媒体机构共同参与的舆论环境。因此，在微博等社交媒体平台上，个体参与了集体记忆的构建，并受到所属媒体机构的影响，一定程度上处于媒体机构设定的框架之内。

3. 信息传播的公众信任度

当访谈对象被问及"知道金庸逝世时候，你的第一反应是什么?"时，均表示"不相信"，他们当时所采取的行动也是颇为相似：

> HR："我记得好像是在微博热搜上看到的金庸逝世的消息，当时感觉比较遗憾……"
>
> ML："朋友发微信给我说金庸去世了，当时第一反应不太相信，因为那个时候媒体很喜欢报道明星逝世了，自己就去微博搜了一下，结果到处都是金庸逝世的消息，央视新闻也发了，这才相信了……"（朋友圈发文里面用的就是央视博文的截图）
>
> JX："在微博上刷到的，记得当时话题词下面就是央视的博文……央视应该不会报道假新闻……"
>
> PR："知道金庸逝世是在朋友圈看到的，之后又去看了微博，然后才确认这是真的。其实在判断真假的过程中一直也在找官方的消息。当真的看到的时候的确心里面其实非常难过……"

上述访谈资料显示，所有受访者的信息源均为社交媒体。在无法确认信息真假时，他们均努力寻求官方信息。由此可见，在社交媒体时代，主流媒体依然是公众最信赖的信息来源。

综上，微博中对金庸先生的缅怀行动主要由媒体机构发起，并得到个体用户的积极参与。在以微博为代表的社交媒体场内，尽管个人用户在数量上占据绝对优势，但专业媒体机构在集体记忆的建构中起着主导作用。虽然普通个体用户发布的信息内容零散且影响力有限，但鉴于用户基数庞大，当他们围绕共同关注的话题在线上聚集并表达关注时，其拥有的话语权及可能产生的影响也不容忽视，我们接下来将对此进行讨论。

（二）社交媒体赋权与个体的记忆实践

以往，媒体机构作为集体记忆的构建主体得到较多关注，与此同时，普通个体由于其记忆的可见性较低，难以得到充分的研究。社交媒体中个体的记忆实践为研究提供了可能性。因此，本研究通过分析社交媒体中对金庸逝世的悼念活动，探讨作为社交媒体中集体记忆构建参与者之一的普通个体的记忆实践。

在本研究开展时，微博月活跃用户达 5.23 亿。较微信而言，微博具有更显著的公共讨论场所属性：社会各阶层、各年龄段的人汇聚于此，就共同关注的时事热点事件提供信息、表达和交流意见。微博根据平台认证的逻辑架构，对微博用户的显性标签进行分类。按是否认证和认证方式将用户分为蓝 V、金 V、橙 V 和无 V 四个等级，以及团体用户和个人用户两种身份。其中个人用户包括有影响力的个人（主要指在社交媒体中有较大关注度和较多粉丝的公众人物）和普通个人。按此标准对研究样本的作者进行分类（见表 6-4），从数量上看，个人用户在记忆书写中占绝对优势，97％的内容来自普通个人。

与微博基于弱关系而形成的社交网络不同，微信依赖于强关系，其发文是个人化的。媒体组织想要参与朋友圈的社交互动，需要经过用户阅读并转发公众号信息，这反映了微信朋友圈具有私人属性。因此，在微信场内记忆建构主体主要体现为普通个人。

表 6-4　微博团体用户和个体用户身份及说明表

用户类型	场域身份	认证方式	图示标签	包含主体	文本数量
团体用户	媒体组织	官方认证	蓝 V	企业、政府、媒体	455
个人用户	公众人物	微博认证	金 V	影响力大的橙 V	60
	普通个人	微博认证	橙 V	兴趣博主	344
		微博认证	橙 V	已认证个人身份	
		未认证	无 V 标识	普通用户	1883

1. 作为记忆主体的个人用户画像

从年龄上看，用户中既有 2000 年以后出生的年轻人，也有 1970 年左右出生的中年人。他们对金庸的情感没有表现出年龄差异，发文的内容指向皆是抒发对金庸逝世的悲伤与不舍，如以下几篇来自不同年龄用户的博文：

@蒲公英飘去的地方：对于我们70后来说，谁的学生时代没有沉迷于"飞雪连天射白鹿，笑书神侠倚碧鸳"？记得小时候晚上跟弟弟躲在被窝里，拿着手电筒看武侠小说。为了买想看的武侠小说，跟老妈撒谎说学校要买学习用品，然后拿着钱马上去买了小说，喜欢看书的习惯应该是那个时候培养起来的吧。（节选）

@中山一诺线切割：作为80后，为什么感触这么深，因为我们就是在看他的小说和电视剧中长大的一代……金大师走了，总觉得属于我们那几代人的记忆也随风逝去一般。难忘深刻是因为有他在跟我们一起见证了那些珍贵的青葱岁月，他走了，那些记忆会慢慢尘封，以后不再想也不愿再提起。

@大饼ICE：身为90后，没能仔细拜读过您的作品。但是，由您的作品改编的影视剧却是我童年与父亲的美好回忆。还记得，看到精彩处时，就会询问父亲，"接下来会发生什么？"每一次得到的回答都是"接着往下看"。飞雪连天射白鹿，笑书神侠倚碧鸳。这些是您的作品，也是您留给我们最好的回忆。愿先生一路走好。

公众在媒体平台的选择上，尽管存在一定的差异，其背后的原因却是一致的，即寻找一个适宜于情感表达的场所。出生于二十世纪七十年代的人群主要通过微信来实现个体记忆的外化，而1980至1990年代出生的人群则更倾向于使用微博。1996年出生的YF解释说："我觉得微博是一个可以表达自己私人观点的平台，微信是给别人看的。"可见，在集体记忆的构建过程中，记忆平台的选择与个人的媒介使用习惯及媒介感知存在直接关系。对于一般个体而言，平台的情感表达功能尤为重要，他们更倾向于选择能够满足自身抒发真实情感需求的平台。

性别因素在个体缅怀金庸的记忆实践中略有差异，分析结果显示，女性具有更高的参与度。虽然受限于研究者的接触范围，12位访谈对象中，男性8人，女性仅4人，但根据所研究的微博文本的作者看，女性占60%，表明女性参与者表现得更加积极。这似乎与社会流行的刻板印象矛盾，一般认为，描绘江湖恩怨、张扬"英雄"主义的武侠作品更容易受男性青睐。实际情形可能并非如此。复旦大学石娟2019年进行的一项关于武侠小说的读者调查显示，在纸媒武侠小说中，金庸的女性粉丝与男性粉丝比例仅相差 6 个百分点①。她认为金庸的武侠作品吸引女性阅读的部分原因在于它们以故事为中心，叙事细腻、情感动人、风格浪漫。此外，大量金庸作品被改编为影视剧，影视剧的观众多为女性，这一定程度上增强了金庸小说对女性的吸引力。女性受访者 JX 在提及金庸时，就以"浪漫"为关键词描述心目中金庸形象，其解释的原因便是影视剧带来的体验，她说，"在改编自金庸作品的影视剧中，大侠除了行侠仗义还会谈爱情。像段誉是情种，杨过是情痴，杨康虽然叛变，但对穆念慈是极好的。"

2. 个体记忆者与记忆对象的社会关系表达与建构

在中国传统文化观念中，死亡通常被视为一个不宜公开讨论的话题。人们仅在与逝者有亲密关系，或者逝者为国家、社会做出过杰出贡献时，才会公开表达哀悼之情。哀悼行为本身，实际上涉及对社会身份合理性和合法性的追问，即以什么身份公开表达缅怀？社交媒体场对金庸的缅怀中，这种合理性和合法性首先体现为记忆建构的主体会表述自己和逝者之间的联系，即"金庸和我的生活曾有交集"，下面几篇博文反映了这一点：

> @杨幂：刚下飞机，看到金庸先生去世的消息，各种复杂情绪堵在心里……金庸先生，一路走好，襄儿拜别……
>
> @胡军：这是在金庸老先生家，我们 @黄晓明 @一号立井 @张纪中 给他过 90 岁生日的那一年。临走，金老先生非要送我们上电梯。在门口的这一挥手竟成了永别……金老先生，您一路走好。
>
> @M 鹿 M：您就是大侠。愿您在天堂安好。

从关系角度看，有两类个体记忆者：一类是与金庸建立了真实社会关系的个体；一类是金庸作品的读者。第一类指通过工作和私人生活与金庸发生过真实联系的个体，他们通过话语叙述关系确立记忆者身份，例如参与其作品改编的影视剧拍摄的导演、编剧、演员和研究金庸作品的学者等文艺界名人。第二类主要指那些喜欢武侠小说、深受金庸作品影响的读者。他们也会明确交代身份，叙述金庸和金庸作品对自己的影响，以此建立记忆者的身份。

---

① 石娟. 当下武侠小说阅读关键词分析——以 2014、2018 年武侠小说阅读调查为中心 [J]. 西南大学学报（社会科学版），2019，45（04）：136—146.

普通个体在叙事方式上，多采用第一、二人称，强调金庸对自己影响深远的理由。使用"您"称呼金庸，直抒胸臆，似乎在与金庸进行一场交谈，如下面这则博文：

> @钱德勒－摩羯：真的挺难过的，您是精神的长辈啊，太多关于人生的观念，想法都是源于那几本书。

无论记忆者属于哪种类型，在他们的叙述话语中，金庸都被塑造为"精神的长辈""偶像""影响了几代人的文学巨匠"。金庸不仅创作了武侠小说，编织了一个文学的武侠世界，他还是武侠梦的缔造者。在"70后""80后""90后"中读者广泛，他们中许多人的世界观和人生观都深受其影响。他的人生经历，从执笔《大公报》到创立《明报》，从记者到作家，被赋予传奇色彩，他"大闹一场，然后悄然离开"被人们视为人生大智慧。

社交媒体所提供的线上悼念空间，为记忆的构建提供了与传统媒体时代截然不同的场域。特别是在公众人物的悼念方面，以微博平台悼念金庸为例，从个体记忆建构者视角，我们可以观察到以下几点记忆构建的内在逻辑：首先，个体通过寻找、构建并表达与悼念对象之间的联系，来确立自己作为记忆主体的合法性；其次，通过个性化的叙述来塑造名人形象，确认悼念对象在社会中的非凡地位和深远意义；再次，强调悼念对象对个人的重要性，进一步阐释个人与悼念对象之间的关系。社交媒体中的名人悼念活动，汇聚了众多个体用户的参与，从而丰富了集体记忆的图景。个体的书写与媒体机构的叙事既可同步，也可能形成与媒体机构不同的竞争性叙事。

四、记忆的内容

2018年10月30日下午2时16分，微博用户@刘钦本钦发布消息："♯金庸去世♯ 金庸先生走了！怪不得我今天会有这么多感悟，谨以此纪念带给我们那么多记忆和欢乐的金大侠吧。"此后，金庸逝世的消息迅速在微博、微信等社交平台上传播。由于个人用户的广泛讨论，或是平台对热点的监测，该话题逐渐攀升至微博热搜榜首位。当晚7时15分，新浪娱乐官方微博发布消息，确认金庸先生逝世，并正式成为♯金庸去世♯话题的主持人。14分钟后，央视新闻微博账号发布金庸逝世的消息。随后，社交媒体上展开了对金庸先生的缅怀活动。

纪念活动主要分为三种形式：第一种是对金庸先生个人生平的追忆。发文者或梳理金庸一生经历，或补充其生平轶事。这些文章多为叙述性质，通常配有图片和剪辑视频，内容表现出高度的一致性。第二种由金庸先生的逝世触发个体的自传体记忆。在追思金庸的同时，更多地叙述个人经历。这类博文夹叙夹议，蕴含着丰富的个体记忆，有时甚至完全超越了对金庸先生的追思。第三种形式由网络上的纪念活动引发，人们在现实生活中采取某种具体行动（例如购买金庸的著作，聆听根据其作品改编的影视剧主题曲等），将线上线下的纪念行动连接起来。

下面，我们将对这些纪念行动涉及的具体内容进行深入分析，以把握社交媒体建构的关于金庸先生的集体记忆的内容。

（一）对金庸个人的记忆：话语权的争夺

哈布瓦赫提出，往昔并非被原封不动地保存，而是在当下语境中被重新构建。在追忆金庸的活动中，金庸的个人生平成为记忆构建的核心要素，涵盖了其品德、一生的历程以及终身成就等方面。代表性的博文如下。

@新浪山东：【金庸去世＃再无江湖＃享年94岁 生平履历盘点】1. 金庸原名查良镛，1924年3月10日生于浙江省海宁市，1948年移居香港。2. 1944年考入重庆中央政治大学外交系，1948年毕业于上海东吴大学法学院。3. 1948年与杜治芬结婚，后离婚，1956年再娶第二任妻子朱玫，生二子二女。4. 1952年调入《新晚报》编辑副刊，并写出《绝代佳人》《兰花花》等电影剧本。5. 1955年在《大公报》与梁羽生、陈凡（百剑堂主）开设《三剑楼随笔》，成为专栏作家，并在同年首次以"金庸"为笔名拟写首部武侠小说《书剑恩仇录》。6. 1956年在《香港商报》全年连载《碧血剑》。7. 1957年进入长城电影公司，专职编剧，写过《绝代佳人》《兰花花》等剧本。8. 1959年金庸等人于香港创办《明报》，同年在自办的《明报》上连载《神雕侠侣》……16. 2016年，当选中国文学艺术界联合会第十届荣誉委员。（节选）

个人简历式的梳理，遵循中国传统的家、国、业的思维框架。即便对金庸不甚了解之人，通过诸如"影响世界华人终身成就奖""法国文化部法国艺术及文学司令勋章"以及"凡是有华人的地方，就有金庸的读者"等信息，亦能洞悉金庸在文学领域的卓越成就及深远影响。媒体在回顾金庸生平事迹时，倾向于选择那些符合社会普遍成功标准的事件，并通过社交媒体向公众传播这些信息。媒体的公信力使其报道成为人们了解金庸的重要依据。在谈论金庸时，某些内容被频繁提及、传播并铭记，成为公众记忆中关于金庸的"真实历史"。

这部分内容的书写者主要是蓝 V 用户，即媒体机构，例如央视新闻、新浪娱乐以及人民网等。从时间看，多发表于晚间 7 时左右，这与金庸先生逝世消息爆发时间相吻合。在内容形式上，多按照时间线对其一生中的关键时刻进行归纳和整理，通过划分这些关键节点来梳理其主要成就，重点突出了金庸先生的武侠小说作品、基于这些小说改编的影视作品，以及他一生中对国家和人民的深厚情感。较普通粉丝发表的纪念性文本来说，这些内容在情感表达上显得更为客观和中立。如：

> @央视新闻：【金庸逝世，享年 94 岁】据香港媒体报道，武侠小说泰斗金庸（本名查良镛）逝世，享年 94 岁。他的代表作有《射雕英雄传》《神雕侠侣》《鹿鼎记》等，其作品流行的程度，被誉为"凡是有华人的地方，就有金庸的读者"。此刻，♯送别金庸♯！

自媒体和普通个人用户随后也加入社交媒体的缅怀仪式，他们通过一些更富浪漫色彩的故事来叙事金庸的人生，如：

> @这不是历史：2016 年 10 月 30 日，夏梦去世，享年 83 岁。2018 年 10 月 30 日，金庸也离去了。才子佳人在相隔两年的同一天里去世，这是巧合吗？我想来世，他们定能完成今生未了的情缘。

夏梦的出现为金庸的情感世界增添了色彩，"与梦中情人同日离世"这一信息更是激发了人们对浪漫的遐想。提及夏梦作为小龙女的现实原型，武侠世界似乎与现实生活相呼应。金庸的现实人生与他所塑造的角色人生相互交织，现实因艺术角色显得更加浪漫，角色则因现实人物的存在而显得更加真实。他被人们视为他自己笔下的铁血柔情侠客的现实化身。他救济难民的故事展现了侠义精神，与笔下人物及影视作品中的形象相呼应，"侠之大者，为国为民"成为其现实生活的写照，家族背景的披露进一步加深了公众对金庸的了解。个人对金庸的记忆叙事将他与他笔下的武侠世界紧密联系起来，认为他不仅创造了一个武侠世界，他本人就是这个武侠世界的宗师。其出身、才华、侠义精神与情感世界，在个人与媒体的共同书写中，构成金庸丰富而生动的人生故事。

恰如多卡（Doka）所言，"可以被接受的公众哀悼是有限度的"①，对于金庸的追随者来说，他构筑了一个令人向往的武侠宇宙，然而在社交媒体上纪念金庸的文章中，人们可能会有不同的看法并形成竞争性的话语。对于那些并非金庸作品的读者或追随者来说，提及金庸可能不会引起太多情感共鸣，甚至有人认为社交媒体上对金庸的纪念过于哀伤。因此，出现了不同的声音，例如：

> @楚天孤语：金庸固然把武侠写到了前所未有的高度，但如果我告诉你们梁羽生其实比金庸更"现代"，你们不要吃惊。相比于金庸的去世，梁羽生才更像悄然离去。

依据发言意图，可大致将竞争性话语分为两类。一类对金庸个人及建构关于金庸的集体记忆持漠视态度，对社交媒体上举行的缅怀活动感到反感。另一类则对缅怀活动在集体记忆构建中的作用表示不满，如用户"楚天孤语"认为他人发表的内容并非事实，因此选择表达自己的观点和态度以进行纠正。这些质疑和纠正意见在社交媒体场内得到即时回应，例如金庸的拥趸通过评论、转发评论以及发布原创博文等方式，论证"金庸的逝世确实值得如此规模的哀悼，金庸确实应被世人铭记"。如下面这则博文：

> @十点夜听：还是看到不少网民在挖金大师的黑历史，有的说他是告密者的后代，有的说他很小气，有的说他没有家庭责任感，大儿子自杀，结了三次婚之类。这么一个优秀的天才去世，你都不说几句好听的，非要鸡蛋里挑骨头…

而那些与反叙者意见一致的人也会以点赞、评论、转发的方式支持他们。这样，社交媒体场内形成类似于线下人际交流的互动，只是双方可能处于不同的时间，居于不同的空间。这种互动要么融合，反叙者被金庸的拥趸说服，其叙事融入原有集体记忆的框架；要么持续对抗，反叙者在社交媒体场内与持同样观点的人保留自己的意见，形成小群体集体记忆。两种情况都会进入缅怀金庸事件的集体记忆，这体现了社交媒体的包容性。

---

① Doka, K J. Disenfranchised grief [J]. Bereavement Care, 1999, 18 (3): 37-39.

（二）对自身记忆的构建：个体记忆的重新梳理

回忆和遗忘是同时发生的，"被回忆的也会被遗忘"①。首先，相较于客观且确定的历史事实，记忆具有不稳定性，它是一种主观的情感体验。即便个体努力避免，记忆仍不可避免地受到主观因素的影响。其次，个体的记忆形成无法完全脱离集体。个体通常需要通过社会互动来确认自己的身份定位，进而根据这一身份定位来追溯和整理个人的记忆。在这一互动过程中，与社会记忆相吻合的个体记忆会得到加强，而与之不一致的则可能被忽略。那些被筛选并强化的个体记忆能够为记忆者提供生存和发展的支持。相反，那些与集体记忆相冲突或不符合个体发展需求的记忆则会被有选择性地遗忘，重新努力构建新的个体记忆。在缅怀金庸的记忆书写中，在构建集体记忆的过程中，个体不仅为集体记忆的形成提供素材，同时也在重新审视和构建自己的记忆。

在缅怀金庸的文本中，个体记忆的构建通过三种方式展开：首先，通过与武侠迷集体记忆的比照，实现个人价值观的梳理；其次，基于时代记忆的梳理，建构个体作为某个时代群体（如"80后""90后""00后"等）的记忆；最后，通过与他人记忆的比照，实现自我行为的梳理。在梳理过程中，个体通过回忆、遗忘和书写实现个体记忆的建构。

1. 作为武侠迷的"我们"：基于价值观的记忆构建与身份认同

金庸仿佛成为一种标志，使武侠迷能够彼此识别。个人通过展示与金庸的"亲密"关系，如宣称"自己是在金庸的书籍陪伴下成长"，以及讲述金庸如何影响自己人生抉择的小故事等方式，强化与金庸的联系，确立自己作为金庸粉丝、武侠迷的社会身份。例如：

> @夜御刀：大一那年暑假，有幸与400位吧友一起，手抄您15部作品并影印成册交予您手中，为您祝寿。虽不称您为偶像，但从小就是受您影响，受您启蒙，为人处世，立德立心都从您的小说开始，都是向您笔下一个个鲜活的人物学习。三生有幸，一个渺小的我曾与一代大侠有过小小小小的交集。

---

① 阿莱达·阿斯曼. 回忆空间：文化记忆的形式和变迁［M］. 潘璐，译. 北京：北京大学出版社，2016：12.

金庸被记忆主体视为人生导师。在文字中，博文作者不仅展现了个人的社会身份——金庸迷/武侠迷，而且还通过明确提及金庸及其作品中人物的性格特征，揭示了自己的价值取向，例如用户"山石海潮"认为乔峰是最令人喜爱的角色。"他豪情万丈的英雄气概，他为国为民的侠义精神，他对兄弟之间的深情厚谊，无不感动人心。"这种价值取向的表达通常是含蓄的，暗合了"因为我本人是怎样的人，所以我喜欢……"的内在逻辑。

在这些缅怀文本中，金庸对个体的影响不仅是口头上的教导，更是身体力行的示范。他救济难民，展现出爱国爱民的侠义风范。"飞雪连天射白鹿，笑书神侠倚碧鸳"所指的 14 部武侠作品是影响深远的精神文化遗产，是粉丝们所称颂和学习模仿的对象。正如张纪中所言，"我们每个人，怀着武侠情怀，正言正行……延续着武侠的精神！"埃尔说，记忆的典型特征之一就是个体或集体可以在回忆中得到启蒙，从而提升觉悟①。因此，个体在回忆中承担了一项特殊使命：反思过去，塑造价值观，构建自我形象。

2. 作为特定时代群体的"我们"：基于时代的记忆建构和身份认同

金庸先生离世之际，公众所追忆的却是往昔的种种。在这些文章中，金庸先生的影视改编作品、手电筒、图书馆、纸质书籍等带有鲜明时代印记的符号，成为唤起记忆的触发点。此类博文通常能够依据所提及的时代特征，推断出发文者的大致年龄。如：

@虞燕兰520：#金庸去世#从爸爸是妥妥的金庸迷开始，我从小就特别喜欢他笔下的武侠故事，看了他的很多书，也总听爸爸讲不完的武侠故事，承载了我们许多童年温暖的美好时光，好喜欢他的那么多举世无双的杰作。侠影风流胭脂醉，倚天对弈衣袂冰。碧波流转多情剑，鸳鸯如梦醉烟汀。

@疯人院302室6床：读过的作者去世了，追过的漫画完结了，小时候那个小小的电视机里，一上场就一阵欢呼的熟悉面孔也渐渐淡出了视线。看到金庸先生去世的消息，突然就控制不住眼泪，这个世界开始变得陌生了啊。

---

① 冯亚琳，阿斯特莉特·埃尔. 文化记忆理论读本 [M]. 余传玲等，译. 北京：北京大学出版社，2012：127-128.

在这些博文之中，金庸先生的离世仿佛成为一把开启个体记忆的钥匙，那些曾经沉浸在书页间、荧幕前的回忆被重新唤起。二十世纪七十年代出生的人们或许会回忆起在被窝里用小手电筒偷看《射雕英雄传》的夜晚，二十世纪八十年代的人们可能记得背着父母偷偷观看《倚天屠龙记》的情景，而二十世纪九十年代的人们则可能回想起在课间与同伴嬉戏时模仿"降龙十八掌"的欢乐时光。这些生动的场景在社交媒体上被一一勾勒出来。尽管不同代的人们在经历上存在差异，但同一时代的人们却能心照不宣地分享这些共同的记忆。大卫·本纳（David Benner）说，"在你生命过程中发生的一切都有助于你是谁"①。个体基于对事实、经验和情感的梳理，拥有相同记忆的一代人云集在一起，构成了新的"我"，属于某个时代的"我"，也重构记忆中的"我们"的那个时代。

3. 作为普通人的"我们"：自我反思性的个体记忆建构

金庸的逝世还为人们提供了自我反思的契机。在历史的长河中审视自我，个体将自身客体化。作者可能会回想起某些经历，或者联系现实，提出"不应利用名人去世作为营销手段"，也可能联想到"一位朋友曾认为数百元的房租昂贵"……这些散乱的记忆可能与金庸无关，而是由金庸的逝世引发个体记忆，从而进入个人的回忆和反思。这是个体在观察自己人生经历后的体验，例如，网友在金庸去世后感叹"生命无常，不会因你好就善待你，也不会因你不好亏待你"，并发表自己对人生和梦想的理解与思考。类似表达更多涉及人类的共性问题，包括人生规划等。触发记忆的关键词甚至不是金庸及其逝世的消息，而是现实生活中的一些琐事。回忆根据当前需要适时选择，调动的记忆信息，既有个人经历，也有从他人那里听来的故事。从而在整理过往经验的同时也对未来进行了整合②。

倘若将武侠迷的记忆视为一种价值观念的体现，那么特定时代群体的记忆则可视为时代印记的反映。至于作为普通人的"我"，其记忆构建过程则是一种自我审视的个体生命历程记忆。其结果是在真实的"过去的我"之外，塑造了一个"被回忆的我"。在回顾过往中，筛选人生故事；在反思中，塑造自我发展的方向。

---

①　Benner D G. Human being and becoming: living the adventure of life and love. Grand Rapids [M]. Grand Rapids, Mich: Brazos Press, 2016: 34-48.

②　阿莱达·阿斯曼. 回忆空间：文化记忆的形式和变迁 [M]. 潘璐，译. 北京：北京大学出版社，2016.

4. 缅怀金庸与自我反省：集体记忆与个体记忆的勾连

"记忆是实现历史性和时间延续性的器官"①，人们在回顾往昔中探寻过往的轨迹，在记忆的追溯中对当下作出回应，并为将来指引方向。在记录过往的同时，我们实际上也在为未来编织记忆。当前的集体记忆有助于个体记忆的塑造，而今日的个体记忆将成为明日集体记忆的基石和材料。

所谓当前的集体记忆有助于个体记忆的塑造，指的是那些对金庸作品不甚了解、缺乏与金庸相关记忆的个体。当金庸辞世的消息登上各大网站的头条，成为社交媒体关注的热点时，他们才猛然意识到"哦，原来是他写的"。关注社交媒体上对金庸的缅怀活动，将金庸与他们个人的生命历程相联系，使之成为他们生活中经历的事件，从而转化为他们个人的记忆。正如用户"情缘义分"所言，"每次都是这样的方式真正认识你们，各位前辈，先生，走好！"

这类发文者以"00后"为主，他们是社交媒体中的活跃用户，以社交媒体为获取信息的主要途径，容易接受此类信息，并二次加工为自己人生中的重要经历。在未来，他们或许会说"在我十几岁的时候金庸逝世。"因为重大的公共事件往往会对直接参与者产生重要影响，当参与者是年轻人的时候，受到的影响也会更大②。对于这些参与者来说，他们之所以参与纪念活动，往往是因为受到自己所喜爱的艺人、学者或朋友的推荐，从而在心理上形成了"金庸是伟大的"这一认知。换言之，这类记忆主体在记忆书写中的参与，依赖于某些既有的、熟悉的社会关系。

> 访谈对象 DD（2002 年生）："其实自己不算是金庸的粉丝，只是喜欢看金庸的电视剧。记得当时很多明星发了微博怀念金庸。我印象深刻的是胡歌，因为我很喜欢胡歌，看到他说金庸有帮他很多，所以就关注了这个事情，才意识到他原来那么厉害……当时，我有买他的书，但后来也没全看。"
>
> 访谈对象 HR（2000 年生）："好多明星都在发微博，感觉他是个很厉害的人……我看过《神雕侠侣》，非常喜欢郭襄。"

---

① 冯亚琳，阿斯特莉特·埃尔. 文化记忆理论读本 [M]. 余传玲等，译. 北京：北京大学出版社，2012：21.

② 莫里斯·哈布瓦赫. 论集体记忆 [M]. 毕然，郭金华，译. 上海：上海人民出版社，2002：52.

通过社交媒体上的仪式化行为，金庸和某个时代的集体记忆影响了年轻一代的个体记忆。集体记忆的社会和情感构建在各种仪式活动中都很常见，然而，在社交媒体场中，人们通过自我表达和互动，共同参与并见证了集体记忆的形成过程，同时丰富了自身的个体记忆。因此，个体记忆与集体记忆之间形成了紧密的联系，难以明确区分是集体记忆塑造了个体记忆，还是个体记忆塑造了集体记忆。

社交媒体出现之前，关于重要文化名人的记忆框架基本属于媒体代表的官方话语产物，表达的形式是被动的，精心计划的[①]。在社交媒体场内，实时互动、多人参与和文本共享的特性，使得辨识个体记忆的聚合是否构成了集体记忆框架，或是集体记忆框架是否在规范个体记忆，成为一个难以明确区分的问题。例如，对于金庸先生的追忆，侠义豪情、风流浪漫以及爱国仁心的情感，可能早已根植于人们心中。在社交媒体领域内，人们的集体行动，不过是对此情感的进一步强化。

五、记忆的方式

在社交媒体时代，人们如何进行记忆？记忆又是如何实现的？这是我们通过研究记忆方式所期望解答的问题。先前的分析已经揭示，社交媒体环境中的记忆是一种社会构建。那么，这种构建如何实现？与传统媒体时代的记忆构建方式相比，它又展现出哪些新的特征？

（一）记忆的两级触发机制

在日常交流中，人们常常不加区分地使用"回忆"与"记忆"，例如"我回忆起一件事"与"我记起来一件事"。然而，从严格意义上讲，两者之间是存在差异的。"回忆是一种将过去经历唤醒并再现的意识活动[②]"，保罗·康纳顿提出，"所有的开头都包含着回忆的因素"[③]，如果说记忆是一本书，那么回忆是在翻看这本书。所以要谈记忆，必然从回忆谈起[④]，但是回忆的运动往往

---

① Shanken A M. Planning memory: Living memorials in the United States during World War II [J]. The Art Bulletin，2002，84（01）：130—147.

② 倪梁康. 回忆与记忆 [J]. 浙江学刊，2020（02）：26—33.

③ 保罗·康纳顿. 社会如何记忆 [M]. 纳日碧力戈，译. 上海：上海人民出版社，2000：10—11.

④ 袁同凯，房静静. 论记忆的空间性叙事 [J]. 新疆师范大学学报（哲学社会科学版），2017，38（01）：53—60+2.

是零星出现的，缺乏关联的[①]，因此保罗·康纳顿提出了记忆需要触发的观点[②]。

1. 一级触发：基于缅怀对象的主动书写

在社交媒体中，无论是"80后"还是"90后"对于青春的缅怀，抑或武侠爱好者对于阅读武侠小说时光的追忆，都因金庸先生的离世而被触发。网友"小糖糖要长高"说，"金庸去世这件事……就像童年的一道雷，炸翻了很多回忆。"那些久远的个体记忆被重新唤醒，"逃课去书店租借小说""在录像厅观看影碟"的青春时光再次浮现于脑海。曾经"喜欢的电影《东邪西毒》"也在此刻重新映入眼帘，"飞雪连天射白鹿，笑书神侠倚碧鸳"等武侠作品及其相关的影视作品，均在此刻被人们所记起，如下面这篇微博：

> @西藏杂货铺：金庸的仙去，除了从小陪到大的小说、影视剧，更多的是那段时光的追忆……"飞雪连天射白鹿，笑书神侠倚碧鸳"14部小说，陪伴着一代代人度过那些年。查良镛先生，一路走好……

这些微博揭示了金庸先生辞世对人们情感上的深刻影响。人们在得知这一消息时感到极度震惊，心中涌动着难以言表的哀伤与感慨。随后，人们开始在记忆中搜寻与金庸先生相关的片段，并沉浸在对过往时光的追忆之中。在这种震惊与惋惜交织的情感驱动下，怀旧之情带有浓重的失落感和追思之情，这与平日里因朋友聚会而回忆起的那些年少轻狂、勇敢无畏的往事截然不同。后者往往带有一种对青春叛逆和勇气的自豪感。然而，在缅怀金庸先生逝世的情境中，更多对生命无常的感慨，以及对金庸先生的祈愿，如下面这篇微博：

> @易找灯：#金庸去世#虽然已经不在江湖，但是江湖永远会有你的传说。金庸先生一路走好！您作品改编的电影永远给我们留下了童年的快乐～

此类记忆多源于金庸粉丝的原创，即便是转发他人的博文，也会叙述自己

---

① 阿莱达·阿斯曼. 回忆空间：文化记忆的形式和变迁 [M]. 潘璐，译. 北京：北京大学出版社，2016：253.

② 保罗·康纳顿. 社会如何记忆 [M]. 纳日碧力戈，译. 上海：上海人民出版社，2000：10—11.

与金庸之间的故事。粉丝们的情感反应尤为激烈，通过个体记忆的方式，他们将个人情感融入对金庸的集体记忆之中。这种由网民亲述的个人经历，为那些未曾体验过武侠热潮的年轻一代提供了重要的想象资源，激发了更多人参与到对金庸的缅怀活动中，例如：

> @金科旭辉滨河赋：曾经追随的球星退役了，曾经阅读的漫画完结了，曾经喜爱的歌手隐退了，曾经阅读的作家去世了，曾经崇拜的偶像消失了，童年的记忆坐标逐渐模糊。90后已经开始面临失去，一个时代正在悄然逝去。

当然，个体由金庸逝世而产生的记忆内容不限于金庸，许多人和事都可能被记起，比如小时候"看过的剧，追过的球星，看过的漫画，喜欢的歌手"，而这些又可能将记忆指向其他人，如"小丸子的作家也去世了""乔丹在2003年退役了"等。

2. 二级触发：基于社会关系网络的参与式书写

一级触发指回忆和书写的动因直接源自金庸去世事件本身，二级触发中记忆主体产生回忆和记忆的原因不再是金庸，而是社交媒体场内缅怀金庸的他人。回忆不是个体的被动反应，而是一种生产性的行为。回忆产生的文本会再次触发个体的记忆，被触发的记忆可能与金庸及其逝世事件本身无关。

哈布瓦赫认为，大量回忆重新出现是因为他人在我们的脑海中唤起了记忆。"因为我们现在不再是独自面对往事，现在的我们仍如同往昔一样，同时在用自己的眼睛和他人的眼睛观察着事物。①"所谓用自己和他人的眼睛，是说我们会根据他人的记忆搜寻自己的记忆。社交媒体中他人记忆因开放性、可见性具有较强的参与性，对两级触发机制起到促进作用。

除了因他人触动引发个体进行记忆生产外，转发他人的文本也是二级触发的表现方式，如下面这篇微博：

> @胡歌：承蒙先生厚爱，让我完成了至今最难忘的一个角色，度过了人生最艰难的阶段。没有先生的鼓励和支持，唐人和我都难以走到今天。

---

① 冯亚琳，阿斯特莉特·埃尔. 文化记忆理论读本［M］. 余传玲等，译. 北京：北京大学出版社，2012：847.

先生的侠义不仅在书里，更在他的生命里。先生走了，我们万分不舍！但我猜先生自己或许会说"你瞧这些白云，聚了又散，散了又聚，人生离合，亦复如斯！"

转发可以清晰地看到文本来源路径，据此可以窥见网络中的社会关系。转载谁的内容？为什么转载？均值得被关注。上面这篇缅怀金庸的文章，虽然都是♯金庸去世♯话题下的内容，但是触发回忆的是胡歌，回忆的内容不全是关于金庸的，还表达对胡歌的喜爱。

此外，源自现实中的社会关系的记忆也可以算作二次触发的表现形式。比如访谈对象 HF 发了一个朋友圈，他说发文是因为"朋友圈好多人都在感伤金庸的逝世，我觉得他们一定很难过，希望可以借用金庸先生的话给他们一些鼓励。算是我对朋友圈其他人的一种安慰"。访谈中，他提及自己"不是金庸的粉丝"，对金庸的了解也只是看过几部电视剧。金庸逝世那日，他在微博看到消息的时候只觉得很震惊，没有太多的回忆。但回宿舍后，发现舍友在讨论这个事情，"有个室友很难受，说了很多关于他读金庸小说的事"，随后才有了在社交媒体书写记忆"安慰朋友"的行动。

能够作为二级触发中介的通常是具有社会影响力的公众人物以及个人的亲友，这反映了社会关系对回忆和记忆的影响。记忆主体在识别他人的情感状态和需求后，才开始自身的记忆活动。发文者可能是为了暂时融入某个社群，或是为了塑造个人形象以进行社会交往，但最终结果相同：成为缅怀金庸事件集体记忆的一部分。尽管时间流逝，记忆内容却得以保留和传承。我们进行访谈时距离金庸逝世已过去三年，但一些公众人物和受访者朋友圈中的发文者仍被访谈对象提及。他们可能已忘记自己所发内容，却依然记得他人的发文内容，表明他人记忆对个体影响之深远。如 PR 对此现象的描述：

"身边发（朋友圈或微博缅怀金庸）的人很多，但我印象最深刻的是六神磊磊的一句话，'我三观的底色是金庸奠定的'，就是金庸其实对我们的影响是树立了我们的三观。对我们怎么看待人生，怎么生活产生了很大的影响。"

（二）在线缅怀仪式：记忆书写重构集体记忆

仪式作为集体记忆的重要媒介，影响力远超仪式本身所处的场合。它不仅在特定时刻发挥作用，更能在参与者日常生活中传递深远的意义与价值，对集体记忆的形成具有不可或缺的影响。集体情感和集体意义可以通过纪念仪式定期强化与确认①。对逝者的缅怀仪式是纪念仪式的重要形式之一，承载着特殊的意义。

保罗·康纳顿指出，纪念仪式与其他形式的仪式一样，具有形式主义、操演性（performativity）以及仪式重演的特征②。这些特点在在线纪念仪式中也有所体现，具体可从以下三个维度观察。

1. 重复与指代：仪式操演中的言语表达

"仪式的操演一定程度上是讨论如何言说，反复使用某些动词和人称代词是仪式话语表达的主要方式。③"这些话语或许并非缅怀仪式参与者所原创，而是早已在社会中形成既定的模式。因此，这些话语所承载的情感与思想显而易见，如下面这篇微博：

> @qianxi 的粉丝：惊闻金庸老先生去世了，忽然发现一代武侠梦离我们越来越远，喜欢你笔下栩栩如生的人物，带给我们不一样的感动，不一样的记忆，一路走好🕯️🕯️

在社交媒体缅怀仪式中，人们常常用点燃蜡烛、双手合十以及祈祷的表情符号来表达哀思。这些符号有时附在"大侠走好""大侠千古"等悼念语句之后，有时单独使用。共享这些表情符号意义的人能够领会其所传递的情感和意义。实际上，群体叙事中的符号互动水平在一定程度上反映了集体记忆在群体中的共享程度，重复使用的符号承载着群体成员的认同感。大多数线上的仪式符号是对线下纪念仪式的模仿，即将线下的行为转化为线上的表情符号。

在进行线上缅怀仪式时，人们频繁使用人称代词、典型图片和视频，以强化表达。人称代词如"我们"等，体现了个体对所属群体的归属感，将自我融入特定群体之中。随着这些代词的不断重复，一个以"我们"为核心的共同体意识逐渐形成。追随者在缅怀文字中寻找情感上的共鸣，通过"平凡的我们"

---

① 爱弥尔·涂尔干. 宗教生活的基本形式［M］. 渠东，汲喆，译. 上海：上海人民出版社，2006：5-63.

② 保罗·康纳顿. 社会如何记忆［M］. 纳日碧力戈，译. 上海：上海人民出版社，2000：53.

③ 保罗·康纳顿. 社会如何记忆［M］. 纳日碧力戈，译. 上海：上海人民出版社，2000：66.

这一表述，激发了对"怜我世人"主题的深入思考，进而促进了集体记忆的建构。金庸亲笔题写的"飞雪连天射白鹿，笑书神侠倚碧鸳"这一经典语句，作为图像符号反复出现，概括了金庸作品的精髓，成为金庸迷身份认同的标志。

2. 非言语符号与情感表达：仪式操演的形式

我们在研究中发现，频繁使用图片是社交媒体中仪式操演的重要表现形式。自古罗马时期起，图片便与记忆紧密相连。古罗马人相信图像能够支撑记忆，因为它们具有强烈的表现力。"视觉符号以具体可感的形象、意象、画面、造型和象征来表达意义"[①]，进而触动观众的情感，唤起情感和记忆；与松散、孤立且不连续的语言文字不同，图片和视频的表达是非文本的、非具象的，它们能够为记忆主体提供更广阔的想象空间。正如阿莱达·阿斯曼所言，在无法重构传统脉络的地方，想象力就必须起作用[②]。WJ谈到自己的理解：

> "我觉得每个人的童年都是不一样的，文字有时候很苍白，但是图片给予人的冲击是很直接的。我印象深刻的是一幅图片，金庸拄着拐杖，以他的视角看着他自己笔下的所有武侠角色，然后挥手告别。那一刻我立马就被戳到了。"

在2018年10月31日，他配合图片发表了一段文字：

> "每一个男孩都有一个大侠梦，匡扶正义，惩恶扬善，大如郭靖为国为民，小如茅十八也是重情重义。心里还是难受…查老先生，此去山高水长，江湖险恶，请多保重！"

对于WJ来说，图像所引发的冲击力和情感激发效应极为显著，这促使他产生了强烈的书写记忆的欲望。深度访谈对象JX同样表达了"图像更能吸引我的眼球"的观点，一些具有深意的图像所传达的情感超越身份界限，尽管自己不是金庸的追随者，依旧会被感动。

正如多斯（Doss）所强调的，情感层面的价值是纪念性图像的核心意义

---

① 阿莱达·阿斯曼. 回忆空间：文化记忆的形式和变迁 ［M］. 潘璐，译. 北京：北京大学出版社，2016：253.

② 阿莱达·阿斯曼. 回忆空间：文化记忆的形式和变迁 ［M］. 潘璐，译. 北京：北京大学出版社，2016：254.

所在，情感维度不仅是一种意义创造资源，也是一种社区建设资源①。图像的运用激发了社交媒体内容创作者与消费者对记忆书写的热情，促使个人创作出更多内容。

3. 复活角色、关联时事与周期性缅怀：仪式操演中的重演

仪式具有重演先前原型行为的倾向②，社交媒体对金庸的缅怀仪式的重演特征主要体现为：金庸作品中角色的复活，与热点事件相关的追忆，以及周期性的纪念活动。

金庸作品中角色的复活指人们有意识地通过"缅怀金庸，传承金庸精神"的文本实践。这类文章的一个显著特点是充满了浪漫主义色彩。其文本模式通常是借助金庸笔下的人物角色和情节来表达自己的观点，将对金庸的不舍转化为金庸作品中人物的话语。通过将死亡小说化，将金庸的一生比作一场武林大会的较量，只不过"武功最高者，是时间"。这种表达实际上预设了一种态度——惜别金庸，继承武侠精神，如下面这篇微博：

> @婷婷唱古文：【♯金庸去世♯世间再无金大侠】却听得杨过朗声说道："今番良晤，豪兴不浅，他日江湖相逢，再当杯酒言欢。咱们就此别过。"……落叶聚还散，寒鸦栖复惊。相思相见知何日，此时此夜难为情。恰如此时，此夜。金大侠，走好。

与热点事件相关的追忆指当其他名人逝世时，金庸被再次提及和纪念，特别是作为记忆者青春岁月的象征被反复提及，如发表于 2021 年 2 月 28 日的这则博文：

> @全州幼儿园的水花兄弟：从金庸到科比，再到马拉多纳、吴孟达……逝去的是这些名人，但埋葬的是我们的年少。历史在远方熊熊燃烧，照亮了我们逝去的青春。

2020 年 1 月 27 日，篮球界的传奇人物科比因飞机失事不幸离世，2021 年

---

① Doss E. The emotional life of contemporary public memorials：towards a theory of temporary memorial [M]. Amsterdam：Amsterdam University Press，2008.

② 保罗·康纳顿. 社会如何记忆 [M]. 纳日碧力戈，译. 上海：上海人民出版社，2000：60－70.

2月27日，资深演员吴孟达也因病辞世。他们的逝世在社交媒体上引发了广泛的悼念活动。在这一过程中，金庸的名字屡屡被提及。人们在追忆近年来逝世的名人时，慨叹"岁月不饶人，我们已不再年轻"。金庸已然成为一个时代的象征，尤其代表了二十世纪八九十年代人的青春记忆。

周期性的缅怀遵循着传统的时间序列。例如，在金庸逝世周年纪念日，即每年的10月30日，央视新闻会以♯金庸去世一周年♯、♯金庸去世两周年♯等社会话题的形式发起讨论，在话题广场上，人们借此继续表达对金庸的追思和敬意，重温金庸笔下的武侠世界。如导演张纪中在金庸逝世一周年纪念时发表的微博：

> @张纪中：♯金庸逝世一周年♯查先生，这一年来，我总是思念你，时常想跟你说说话。你虽离去了，可你的精神早已融入祖国的山川大地，融入了我们每个人的心中。我想，你与我一样坚信，侠是中国人骨中的风神、心里的情怀，武侠精神是真正的中国精神！我也将在你的指引下，用作品传承武侠精神，终生沿着弘扬武侠精神的道路走下去！

（三）线下缅怀行动：身体实践与集体记忆建构

通常，仪式的展现形式包含两个层面：一个是象征层面，一个是实践层面[1]。人们借助语言和符号来回顾历史，以此维系对过去的记忆，这种回顾同样是一种实践活动。然而，必须指出，我们过去的意识并非主要来自书写的文本表现，还可以"靠行动的仪式操演"[2]，康纳顿称之为"体化实践"。体化实践涉及人的行为举止，与语言文字一样，是协助纪念仪式构建集体记忆的重要手段。我们的研究发现，在社交媒体时代，线下身体实践往往受到社交媒体的推动，并与线上纪念实践相互作用，共同影响个体记忆与集体记忆。因此，接下来，我们对与社交媒体中对金庸的缅怀仪式同步进行的线下纪念活动进行简要分析。

---

① 冯亚琳，阿斯特莉特·埃尔. 文化记忆理论读本 [M]. 余传玲等，译. 北京：北京大学出版社，2012：536.
② 迈克·费瑟斯通. 消解文化——全球化、后现代主义与认同 [M]. 杨渝东，译. 北京：北京大学出版社，2009：129.

1. 身体实践的特征及其成因

相较于线上符号化的纪念活动，线下身体实践至少表现出以下特征：首先，具有触媒性。即身体实践往往由社交媒体引发，包括陌生人的帖子、专业媒体的报道、意见领袖的言论以及公众情绪等，这些因素均可能成为激发个体进行身体实践的因素。其次，身体实践强调行动性与非文本性。与线上仅限于文字表达不同，身体实践要求个体采取具体行动。再次，形式多样。如再次观看与金庸相关的影视作品、购买金庸著作等。此外，身体实践具有仪式性。无论采取何种形式，其核心目的均在于缅怀金庸。最后，身体实践体现了认同性。这种行为可能成为个体对自身作为金庸迷身份的确认，或在实践中成为金庸迷，或表达了对金庸作品及其精神的认同与尊重。

线下行动除由媒体触动外，还可能受到商业力量的驱动。名人是"一种由促销、宣传和媒体行业交易的商品"[1]，因此，名人的逝世问题还与媒体和商业、流行文化相关联。社会热点性事件往往会引起各平台的共同关注，它们迅速根据热点内容整合站内资源进行推送，从而实现平台的流量转化。金庸逝世的讣闻在社交媒体引发关注后，网易云推出了金庸影视剧的主题曲歌单，京东图书也策划了金庸书籍的营销专题。在商业运作和平台技术的支持之下，推动了线下图书购买等行为。

2. 身体实践的主要方式

身体实践表现为线下缅怀行动与线上缅怀行动的联结与互动。根据京东的数据报告，2018 年 10 月 30 日金庸逝世后，自晚上 7 点起，金庸先生的武侠小说销量显著上升。在短短一小时内，金庸作品的销售量环比增长逾 120 倍[2]。从购买者的年龄分布来看，涵盖了 70 后、80 后以及 90 后群体；从时间点分析，晚上 7 点恰逢金庸先生逝世消息在微博、微信等社交平台上广泛传播的时刻。购书人群的年龄结构与记忆中金庸作品的主要受众年龄相吻合。据此可以推断，除了在社交媒体上通过书写和讨论等方式进行追思之外，一部分人还选择了线下纪念行动，即购买和重温金庸先生的作品。社交媒体上的象征行为向线下实体行动延伸，线下的身体实践与线上的记忆书写形成联动，共同丰

---

① Turner G. Understanding celebrity [M]. London：Sage publications Ltd，2004：66.

② 封面新闻. 金庸逝世引发武侠热，大数据：90 后读者最爱《笑傲江湖》[N/OL]. [2018−10−31]. https://www.thecover.cn/news/1322237.

富了缅怀金庸的方式。这一点得到访谈对象 LL 的证实：

> "我最初谈不上是金庸的粉丝。但是从金庸逝世那天看到社交媒体上很多人说金庸的小说精彩程度远超过电视剧，我就去买了金庸的小说，现在的话，我是他的书迷。"

人类作为社会性动物，基于社交需求，在社交媒体时代，倾向于深入了解社交网络中发生的事件。由此，媒体信息及他人的媒体行为可能激发线下实际行动，进而将个体记忆与集体记忆、线下与线上活动相互联系。对金庸先生的缅怀活动便体现了这一点。

六、记忆的功能

集体记忆是"一个持续的过程，涉及政治、文化和社会的对抗"[1]。记忆话语的选择、争夺，体现了对于集体记忆功能的理解。研究者一般认为集体记忆有助于塑造认同。而"认同与对自我认知所进行的反思相关"[2]，我们认为，对于金庸的缅怀最终指向集体记忆的三个功能：反思、自我认知以及集体认同。

（一）慎思审世：记忆中的反思

1. 追忆过去，反思社会变迁

重要公众人物的逝世历来备受关注，对他们的缅怀也是古已有之。对名人的缅怀仪式往往因为对他们的追忆而流露出浓厚的怀旧情绪。人们怀旧的根源产生于古今的差距[3]，差异愈大，怀旧情绪就愈强烈。

2018 年 10 月 30 日，金庸先生的逝世激起社会各界的哀悼，普通民众纷纷涌入社交媒体，表达深切的哀思。有的说"愿您一路走好，江湖再见"，有

---

① Eyal Zandberg. Ketchup is the Auschwitz of tomatoes：humor and the collective memory of traumatic events［J］. Communication，Culture & Critique，2015，8（01）：108−123.

② 扬·阿斯曼. 文化记忆：早期高级文化中的文字、回忆和政治身份［M］. 金寿福，黄晓晨，译. 北京：北京大学出版社，2015：130.

③ 郭恩强. 多元阐释的"话语社群"：《大公报》与当代中国新闻界集体记忆——以 2002 年《大公报》百年纪念活动为讨论中心［J］. 新闻大学，2014（03）：18−25.

的表达"恒河虽有边，相思却无涯"，也有人自我安慰"世间无不散之筵席"，或感慨"90 后已步入失去的年华"。人们对金庸的追忆，不仅充满了不舍之情，也充满了怀旧之感。个体在缅怀金庸的同时，也在追忆逝去的青春岁月，正如用户"大豪同学"在微博中所言："童年时的武侠梦，少年时的侠义与情感。"

对于发文者而言，金庸的离世带走了他们无忧无虑的少年时光。"再无武侠""江湖已远"在一定程度上反映了读者对往昔岁月的神话式追忆。在纪念仪式中，发文者用"童年的美好""青春""活力"等词汇美化甚至神话了逝去的岁月。即便当时的亲历者未必有如此美好的体验，但在记忆的叙述中，过去被描绘成一段特殊而美好的时光。

2. 追忆金庸，塑造榜样

缅怀逝者是依照个人理想塑造一个完美典范。在构建金庸形象的过程中，个体基于特定的框架，有意或无意地从历史与个人经历中挑选素材，进而塑造出一个完美的金庸形象。塑造逝去公众人物的完美形象可以被理解为消费者用来探索自身身份、道德和存在方式等问题的文化资源。

在社交媒体领域，对金庸的追忆首先反映了公众对金庸个人形象的塑造和社会角色的定位。此过程中，公众不仅是缅怀者，也是阐释者。鉴于金庸身份的多样性——他既是现代武侠小说的巨匠，也是报业和实业的领军人物，更是文化界的杰出代表。为了彰显金庸的卓越，人们相应采取多种路径塑造其形象：首先明确地将历史与现实相联系，赋予金庸过往行为以时代意义；其次，人们将金庸与查良镛的身份区分开来。作为金庸，他是武侠文学的奠基人，其作品展现了忠诚、正义、礼仪、诚信、善良等人类追求的美德。作为查良镛，他是一位报业家和作家，其社评使得《明报》在香港广受欢迎，广为传颂，其无可争议的写作才华，"他对新闻史的贡献，同样值得铭记"。因此，金庸被塑造成为一个完美且具有时代特色的文化象征。与此同时，人们选择忽略或避免提及关于金庸的八卦和绯闻。对于金庸的追随者而言，金庸"就像一个月亮，你看他在发光，并不用在意他上面的坑"（访谈对象 WJ）。这种选择性塑造背后隐藏着一种逻辑共识，不是为了塑造一个真实的人物形象，而是为了强调和表达社会所需要的理想的道德理念、行为规范、人生追求。于是，通过集体努力，人们最终将金庸塑造成为一个值得效仿的典范。

（二）自我认知：个体记忆的建构与重构

社交媒体场内缅怀金庸的仪式中，人们强调所拥有共同身份的同时也在构建自我的认知。因为认同适用于集体层面，也适用于个体层面。自我认知表现在两个方面，其一是对作为个体的"我"的独立性的思索，梳理自己的人生历程，从而实现个体记忆的重构；其二是打造一种新的与金庸相关的个人身份，以适应个体的社会认同。

1. 个体记忆的重构

过去不仅取决于个体独特的成长经历，也是个体有意识筛选、重构的结果。从记忆主体的角度而言，回忆是在一定框架指导下，从各种材料纷乱杂陈的潜意识里挑选过往经历的过程。说"在框架指导下"是因为从激发机制看，回忆由人、事或物象等表意符号诱发，而这些媒介本身就蕴含着情感。社交媒体的开放性，使得带有强烈感情色彩的图片、音乐、视频等内容被共享，也使得这些内容可以随时被其他用户提取，由此实现情感的交换和记忆的互动。"记忆的二次诞生本质上就是一个建构和叙事过程"[①]。

此外，如前所述，鉴于资源的掌握和技术的限制，个人作为记忆的承载者，其影响力明显逊色于媒体机构。因此，在对金庸的追忆书写中，个体记忆的提取往往处于主流媒体所设定的框架之内。这一事实决定了在社交媒体领域，个体记忆同样是经过筛选的结果。身份和记忆影响着我们如何在世界上定位自己，社交媒体场内展现的个体关于自我的记忆内容大部分与媒体组织的基调一致：回忆年少时与父母、老师斗智斗勇，读书、追剧的往事，感慨时光易逝，"自己到了失去的年纪"，如用户"nyouyou"说，"单田芳先生走了，我心里很堵；李咏的节目我没看过，但是好歹在春晚见过；金庸先生走了，眼泪再也止不住……为国为民，侠之大者！"

对那些为社交而在社交媒体书写记忆的人而言，个体记忆服务于自我形象建构，因而其个体记忆可能更具有重构性。在回顾并整理个体记忆的过程中，人们往往将自身的人生经历凝练为几个最能彰显自我形象的关键片段，并以此进行叙述。在这一过程中，塑造个人形象的重要性有时甚至超越了对记忆真实性的追求。我们在此观察到个体重构记忆的一个显著特征：尽管重构过程受到

---

① 赵静蓉. 文化记忆与符号叙事——从符号学的视角看记忆的真实性 [J]. 暨南学报（哲学社会科学版），2013，35（05）：85—90+163.

外部框架的限制，个体依然能够通过选择和拼接等方法重新组合其人生经历，从而使得记忆保持了鲜明的个人特色。

2. 新社会关系的建立

失去亲人后，人们常通过情绪表达消除悲伤。然而，对于粉丝对名人逝世的情感表达在很长一段时间里都缺少合理的解释①。在公众对金庸的缅怀中，不断尝试通过建立某种社会联系来为纪念金庸寻求合理性和合法性，例如：

> @唐飞 top：#金庸去世#经典还在，金老师就在

尽管与金庸本人从无交集，但通过特定称谓，如"人生导师""金老师"等，发文者与金庸建立起想象的亲密社会关系。虽然这种关系多属建构的单向的、想象的关系，但表达的情感是真实的，对其个人身份、生活方式、人生态度和社会行为方面产生的影响也是真实的。微博用户"录德宜"把金庸视为生命中至关重要的人，金庸的逝世引起的痛苦对他而言仅次于亲人离别，他说："喜欢你的人很多，不缺我一个。我喜欢的人很少，除你就没了。"

前面已经分析过，有些人（特别是当下的年轻人）过去不了解金庸及其作品，现在因关注社交媒体缅怀金庸事件而认识了金庸，了解了他的作品，正如访谈对象 LL 所说，"我现在是他的书迷"，新的关系由此建立起来。参与缅怀仪式作为他们生命进程中的一部分，成为个体记忆的新内容。

（三）集体认同：想象的共同体

"悼念亡者是一种典型的对集体起到促成作用的行为"②，正如一些微博中所说的，金庸的作品是他们那一代人"接受的最好的道德教育和爱国教育"。社交媒体场内对金庸的缅怀和记忆书写，背后的逻辑是重申武侠的理念、价值与意义，从而为自身的文化权威加冕。个体不断寻求某种身份以让自己的缅怀行为合法化，以参与金庸的缅怀仪式为荣，背后隐藏的是社交媒体场内对某种集体观念的认同。

---

① Anu Harju. Socially shared mourning：construction and consumption of collective memory [J]. New review of hypermedia and multimedia，2015，21（1—2）：123—145.

② Horton D，Wohl R R. Mass communication and para-social interaction：observations on intimacy at a distance [J]. Psychiatry，1956，19（3）：215—229.

1. 跨越时空限制的集体认同

现实生活中的葬礼仪式一般由专职人员主导，参加者被动遵循仪式节奏。社交媒体内，公众成为重要的仪式参与者和表演者，根据对逝者的情感主动选择记忆内容和缅怀方式。"每个人在哀悼过程中各个阶段都是可选择的"①。个体书写的内容携带着情感和意义汇入集体记忆，以象征符号的形式融入集体记忆系统，为他人接收后产生共鸣或者促使集体记忆的再生产。借助微博、微信强大的社交功能，通过图文、视频等多媒体形式，记忆主体频繁互动，裂变式传播使被唤起的记忆在社交媒体用户中流动、分享，记忆主体不断增多，话题不断丰富发展，那些被重点关注的内容渐渐成为因话题聚集起来的群体共享的记忆内容。

进一步考察上述过程，可以看到缅怀金庸的过程中在社交媒体上如何逐步形成跨越时空的集体认同。关于金庸先生的想象通过作品的复述、个人事迹的补充、线上的缅怀被具体化在个人、组织与国家社会三个层面。从个人层面看，金庸是理想中的大侠，代表着爱国爱民，有情有义；从组织层面看，他是文化名人的典范，是具有社会影响力的标杆；从国家社会层面看，金庸是中国武侠文化的象征。这样，三个层面共同强调了金庸所代表的价值观的重要性——为国为民，重情重义的侠义精神是社会所需要的应当予以传承的精神。以这种精神支撑的缅怀金庸的行动便具有了共识和凝聚力，因为"一段可以共享的集体记忆，能够最大化地传达至社会成员，实现意义的传承"②。"有华人的地方，就有金庸的读者"，在社交媒体的作用下，基于共同价值观认同的群体不断扩大，集体认同感也进一步强化。

当缅怀仪式无须固定在具体的物理空间，而是借社交媒体发生在虚拟时空，世界各地的社交媒体用户皆能以缅怀者的身份参与记忆，带有位置标签和时间标签的记忆书写打破时空限制，将缅怀者聚合在一起，共同参与仪式。若将缅怀金庸的人们所处的地理位置标注于地图上，那就是一场空前盛大的缅怀仪式。虽然每个社会都有关于死亡的规范和习俗，但社交媒体场内的缅怀仪式将其统一，使世界范围内的缅怀者因共同的行动而建立联系。

---

① Courbet, Fourquet-Courbet. When a celebrity dies…social identity, uses of social media, and the mourning process among fans: the case of Michael Jackson [J]. Celebrity studies, 2014, 5 (3): 87−93.

② 周海燕，吴晓宁. 作为媒介的时光博物馆："连接性转向"中的记忆代际传承 [J]. 新闻界，2019 (08): 15−20.

2. 从个体到集体：自下而上的集体认同建构

政治需要是记忆产生的重要动力。关于集体记忆的符号代表及其意义的强调与遮蔽，这一议题不仅牵涉民主、自由与个人表达的范畴，还涉及历史的承继以及社会个体的自我认同与社会认同。通常情况下，涉及国家情感和民族认同的记忆是自上而下构建的。然而，在社交媒体时代，这一构建过程发生了深刻改变。

在社交媒体时代，人们通过社交媒体平台获取、生产和发布信息，因此，社交媒体成为集体认同形成的关键场所。12 位访谈对象中，有 11 位首先通过社交媒体得知金庸去世的消息，剩下的 1 位在得知消息后也选择在微博上进行搜索。个性化推送、微博热搜榜以及跨平台的信息转发功能，极大地提升了人们获取、生产和传递信息的便捷性，人们得以随时随地在社交媒体上获取和发布最新信息。正是通过社交媒体上的共同记忆的书写、交流与互动，集体认同才得以实现，一个想象中的记忆共同体才得以构建。

其次，在社交媒体时代，相较于传统媒体时代，普通个体在集体记忆与集体认同的形成中扮演了重要的角色。他们可能成为最初的记忆书写者和积极构建者，即记忆和认同的形成可能是由个体向集体的自下而上的过程。研究中收集的资料表明，微博用户"刘钦本钦"于 2018 年 10 月 30 日 14：16 发布的关于金庸逝世的博文，是关于此消息的最早描述。新浪娱乐官方微博在当天 19：15 确认消息，并正式申请成为话题标签♯金庸去世♯的主持人。在此期间，金庸逝世的消息已在微信和微博上引起广泛传播和讨论。可见，金庸逝世的消息最初源自社交媒体上的个人用户，在小范围内传播，随后媒体机构介入，并在众多参与者的共同努力下，最终成为公众关注的焦点。这一过程体现了记忆共同体形成的一种路径，即从个人到媒体，再由媒体向更广泛的社会扩散。

3. 塑造多圈层的集体认同

在社交媒体虚拟空间里，普通个体不仅可以表达自己的观点，还能实现其观点的传播。因此，集体记忆和集体认同形成过程中，存在若干小群体的集体记忆，这些记忆构成了多圈层的状态。具体到社交媒体上缅怀金庸的群体，在主流话语外，可能还包括与之内容相悖的反叙者群体，以及因年龄差异而形成的不同年龄阶段的群体。下面两篇微博说明了这一点：

　　@谢天天的圈外正牌小可爱：可能在我这一代没有太多的感慨，对于

爸爸他们是在看着自己喜欢的人慢慢在逝去，时间是最厉害的武功吧。＃金庸去世＃走好

@比芭卜爸爸糖：＃金庸去世＃想了很多，2018 快结束了，我希望他赶紧结束。谁都去世了，谁都离开了不再与这个世界有一丝一毫的联系……我看到 00 后乐观地发说说，伟人的离开虽然难过，但时代的大旗我们扛起，时代的舞台属于我们……

当"80 后"与"90 后"感慨岁月流逝，人生逐渐步入失去的阶段时，"00 后"正接过时代的接力棒。尽管同样活跃于社交媒体场，但不同群体的集体记忆与身份认同展现出一定的差异性。相较于共同缅怀金庸先生这一更具抽象性的记忆共同体，各个小圈子的集体认同和身份感则显得更为具体和明确。

如果说，在社交媒体尚未普及之前，缅怀逝者通常需要依赖特定机构、仪式以及专职人员来为个体事件赋予意义，并进一步塑造集体记忆。公众在很大程度上扮演着观众和支持者的角色，并非集体记忆的直接建构者。那么，随着社交媒体的兴起，任何个体都有机会通过这些平台参与集体记忆的构建。尽管这一过程仍受到主流媒体的影响，但社交媒体的高可见性使得多种观点得以展现，为持有相似观点的人们提供了聚集并形成多元群体和圈子的机会。因此，在主导性纪念框架和集体记忆的内部与外部，各种属于不同圈子的集体记忆得以丰富和发展。

七、结论与思考

（一）结论：社交媒体缅怀行动连接了个体记忆与集体记忆

大众对于金庸先生的在线悼念活动，并非孤立现象。近年来，公众人物离世往往在社交媒体引发不同规模的缅怀行动，这一现象已引起国内外学者的广泛关注。国外学者对此类现象的研究较为丰富，他们倾向于探讨其中的情感价值。然而，我们认为，网络悼念的意义远不止于情感表达。通过对社交媒体上悼念金庸先生的活动进行深入研究，我们发现，社交媒体场内的缅怀实际上是个体与集体之间互动的体现。在这一过程中，人们不仅追忆逝者，也在反思和表达自己的生活经历。通过持续的表达、分享与交流，共同构建了与悼念对象相关的集体记忆，逐渐形成了一个想象中的记忆共同体。

1. 社交媒体借助社交网络连接个体记忆和集体记忆

社交媒体时代，记忆的激发机制、记忆的内容以及记忆的功能都与社会关系密不可分。可以说，个体记忆和集体记忆的产生基于社会关系，其书写过程受制于社会关系，最终也对社会关系产生影响。首先，记忆因社会关系而发生。例如前面反复讨论过，记忆主体通过建立与金庸的某种社会联系而确认记忆的合法性。其次，记忆的内容往往受制于社会关系。记忆主体与金庸的关系，或者记忆主体与他人——那些与金庸有更直接关系的人（如公众人物）——的关系决定了记忆什么。第三，记忆的作用则要么回应与金庸的关系带来的影响，要么回应某种社会关系的需要，如与社交媒体场内的明星艺人、与被缅怀者金庸以及自己想吸引的人建立某种关系的需要。通过这种关系的连接，个体与他人，个体记忆与他人记忆发生联系，并最终成为与金庸逝世有关的集体记忆的一部分。

哈布瓦赫提出，集体记忆具有社会属性，意味着它是族群成员共同对历史的回忆，属于集体而非个人所有。在社交媒体时代，集体记忆的社会属性通过社会关系的嵌入表现得更加显著。这进一步证实了记忆的产生、发展过程以及最终形成的结果均具有显著的社会特征。

2. 社交媒体借助虚拟时空连接个体记忆和集体记忆

社交媒体的实时性、互动性和在线虚拟性对空间和时间产生极大影响，使记忆发生重要变化。

"消失的地域"：社交媒体借虚拟空间连接起不同地方的个体记忆

社交媒体打破了地理界限，将身处不同地域的网民汇集于同一平台，共同参与并构建集体记忆。社交媒体将死亡带入公众视野，并赋予死亡及缅怀以社会意义。传统社会，线下缅怀活动通常以葬礼仪式和纪念碑等形式进行，而受邀参与葬礼的往往是逝者的亲友，其他人则常常被排除在外，缺乏正式的悼念场所。在大众媒体时代，公众通过媒介事件在想象中参与各种缅怀仪式，例如2009年迈克尔·杰克逊逝世时，北美地区举办了一系列活动，粉丝可以通过送花、点蜡烛等方式表达哀思，或在专门网站上分享情感。在中国，央视与多个平台合作进行了系列报道。对于当时的中国粉丝而言，由于地理空间和媒介技术的限制，他们难以参与公开的悼念活动。在社交媒体时代，这种情况发生改变。正如我们在纪念金庸先生的活动中所见，来自世界各地的金庸迷都能够便捷地通过发表微博文章、微信朋友圈等方式进行公开悼念。

"永远在场"：时间压缩下个体记忆与集体记忆的联动

在社交媒体的影响下，时间的压缩导致社交媒体场内个体记忆与集体记忆相互作用，呈现出碎片化、迭代化的特点。

首先是记忆的碎片化。社交媒体的环境下，社交媒体营造出一种"此时此刻"的在场感，个体不仅参与集体记忆的建构，而且几乎可以实时接收集体记忆。在社交媒体的互动性和时效性的影响下，个体从参与缅怀仪式开始就持续"在场"，不断接收新内容或持续发布新内容，从而激发和重构记忆。这导致用户在使用社交软件时，往往仅对事件的某个方面进行评价，而不会形成系统化的记忆内容。社交媒体时代思维和阅读方式的碎片化，进一步推动了社交媒体中记忆书写的碎片化。

迭代性指社交媒体中的个体记忆和集体记忆呈现出不断更新的特点。观察发现，社交媒体内的个体记忆和集体记忆处于不断变化中，新的记忆内容被不断发布，触发个体产生新的回忆，新的书写又进一步触动新的记忆，如此，无论是个体记忆还是集体记忆都不断发生变化。比如在金庸逝世一周年之际，环球网在缅怀金庸时着重突出金庸爱国爱民的记忆，当科比逝世时，金庸则再次作为儿时记忆的象征被提起。每一次提起都是对于记忆的再一次筛选和重构，并在此过程中，实现了适应当下需要的集体记忆和个体记忆的更新。

3. 社交媒体借助仪式操演连接个体记忆与集体记忆

社交媒体作为记忆书写的媒介，"对集体记忆起着基本的扶持作用的同时，也与个体记忆互动"①。凭借社交关系网络、符号化表达、高度压缩的时空特性，社交媒体为个体赋权，使个体记忆书写成为社交媒体的主要功能，个体记忆的内容和情绪都在此快速汇聚、分享和传播。就我们关注的案例看，个体参与到缅怀金庸的行动中，这种行动具有媒体仪式的特点，我们从表现形式、操演作用和仪式重演等方面对此进行了深入分析。从个体记忆和集体记忆关系的角度看，在仪式操演的过程中，个体记忆和集体记忆得以连接。比如，微博话题广场中，用户可以自由关注感兴趣的话题内容，既不受制于用户身份，也无须征得对方许可。这样个体与个体之间、个体与集体之间很容易发生连接。研究中多位访谈对象特别提到这一点，如 ZB 说"我印象深刻的是我一个女同学发的……"，PR 说"我特别认可六神磊磊（当时）说的那句话……"，JX 说

---

① 阿莱达·阿斯曼. 回忆空间：文化记忆的形式和变迁 ［M］. 潘璐，译. 北京：北京大学出版社，2016：12.

"我觉得金庸是个浪漫的人，因为之前在微博上浏览过金庸暗恋夏梦，并且以夏梦为原型塑造了小龙女的角色"，凡此种种，表明了个体记忆之间、个体记忆与集体记忆之间相互影响。

此外，社交媒体固有的社交特性意味着个体通常会置身于各种社会关系网络之中。这些关系网络或源自线下的人际交往转移，或是在线上新建立起来的。它们自然而然地将个体记忆与他人个体记忆及集体记忆连接起来。例如，社交媒体记忆的触发往往始于年轻人，随后通过与亲朋好友在社交媒体上的分享与交流，激发家庭乃至更广泛群体间的情感联系和共鸣，进而唤起不同年龄段的人对往昔的共同记忆。同时，每个人都能在社交媒体领域中找到与自己日常生活相契合的细节，诸如"躲在被窝里阅读小说""李若彤饰演的小龙女是我心中的最佳形象"等细节被具有相似记忆的人阅读和认同，从而引发更多的互动和回忆，并可能催生二次记忆，实现个体记忆与集体记忆的相互连接。

（二）思考与讨论：社交媒体时代的媒介事件与集体记忆

戴扬与卡茨将媒介事件形象地比喻为"电子纪念碑"，并提出媒介事件能够激发集体记忆的观点。他们最初所探讨的事件均属于具有仪式性质的整合性事件。"社交媒体的兴起为个人和集体表达带来了新的渠道，也为叙述身份带来了新的空间"①。在高度媒介化的社交媒体环境中，对金庸先生逝世的缅怀行动，展现了个体在话语中的重要性。

首先，从组织者看，传统观点一般认为媒介事件通常都是有组织者的，而社交媒体场内对金庸的缅怀发端于个体而不是某团体或组织策划的结果。其次，传统观点关注"媒介事件"与"集体记忆"的关系。具体而言，要么媒介事件受集体记忆影响而建构，要么就是媒介事件有助于生成集体记忆。以往关于媒介事件的研究更重视后者。然而，社交媒体缅怀金庸事件发端于个体书写，广泛传播是公众主动参与的结果。他们通过将线上的缅怀仪式延伸到线下的身体实践，将缅怀的平台扩展到多个媒体平台等一系列方式，促进了缅怀金庸事件的媒介化，最终使得缅怀金庸行动构成媒介事件。这个过程，既是媒介事件的形成过程，也是集体记忆的建构过程，二者是同步进行的，而不是遵循传统逻辑——媒介事件生成之后再形塑集体记忆，呈现出"对媒介事件的中介

---

① McEwen R N, Scheaffer K. Virtual mourning and memory construction on Facebook: Here are the terms of use [J]. Bulletin of Science, Technology & Society, 2013, 33 (3-4): 64-75.

化呈现和记忆相互并行、重叠乃至互相渗透、转化"的态势[①]，成为媒介事件深度媒介化的显著标识。

又如漫威之父斯坦·李、篮球巨星科比以及香港资深演员吴孟达等人的离世，都引起公众的深切关注，并在社交媒体上引发了持续不断的纪念活动，这些活动逐渐演变成具有广泛影响力的媒介事件。在这一过程中，个体记忆与集体记忆相互交织，促进了社会认同感的增强和集体记忆的塑造。媒介事件的形成过程实际上也是个体记忆与集体记忆相互联系、协商的过程。在社交媒体时代，媒介事件与集体记忆构建之间的关系并非传统观念中的单向线性时间顺序，而是呈现出双向互动的构建过程。

本章主要聚焦个体记忆和集体记忆的互动，以呈现社交媒体时代记忆的复杂性。通过对社交媒体场内缅怀金庸先生行动的个案研究，在分析社交媒体中记忆建构的主体、内容、方式和功能等基本问题的基础上，尝试对个体记忆与集体记忆的特点以及二者间的互动关系进行阐释。研究发现，社交媒体场内记忆构建的话语权发生改变，普通个体获得赋权，尽管媒体组织依旧掌握着集体记忆建构框架与情感方向，但个体在社交媒体集体记忆建构中发挥着重要作用；记忆内容从金庸延展到记忆者自身，个体记忆和集体记忆在互动中勾连；社交媒体记忆受两级触发机制影响，既基于事件主体进行主动书写，也基于社会关系网络进行参与式书写；记忆的重构既体现在线上的文本书写，也体现于线下的身体实践，并呈现出"跨平台"的特点；在对金庸先生的集体记忆建构中，个体在抒发情感表达悼念之情的同时，也表达了对现实生活、对自我的反省与思考；在个体的表达、交流与互动中形成了想象的记忆共同体，增进了集体认同。此外，值得注意的是，社交媒体场内集体记忆和认同具有圈层化特点。

最后，需要说明的是，我们主要采用阐释性研究的方法，一些观点和结论回应了国内本研究领域较有影响的观点，比如胡百精对于互联网和集体记忆构建的观点，李红涛对于媒介事件和集体记忆关系的假设。但由于社交媒体中个体记忆和集体记忆的关系具有复杂性，不是单一个案研究可以彻底说清楚的，因此还需进一步探究。此外，就该个案研究而言，也仍有一些需要回答的问题：比如研究发现社交媒体的缅怀行动中女性发文者更多，但京东同期购买金庸书籍的数据和研究者对金庸粉丝性别比例调查均显示男性多于女性，这是否

---

① 李红涛. 深度媒介化与媒介事件的公共记忆 [J]. 西北师大学报（社会科学版），2021，58（01）：57—67.

说明女性更愿意在社交媒体中表达情感？性别与社交媒体中的情感表达是否有关有待进一步研究。又如，社交媒体场中对去世名人的缅怀日益普遍化，是否所有缅怀行动都可以构成集体记忆和媒介事件？金庸的逝世反复被提及，但是对另外一些人的缅怀可能只是一次性的，其中的差别是什么？等等，这些问题值得进一步讨论。

第七章 结语：再论社交媒体时代记忆的核心问题

黄旦教授在《奇云》一书的推荐序中说："新媒体带我们进入的并不是人类此前从未到达过的新领域，只是复活了最基础的旧问题——在复杂社会里人类如何一起在相互绑定中共同生存——并凸显了我们曾遭遇过的最古老的麻烦。"① 在深入探究社交媒体时代记忆的基本理论问题，并通过若干具体案例加以深化理解和阐释的基础上，我们或许能更加深刻地把握这句话对于媒介与记忆关系的深刻启示。尽管我们不断探讨社交媒体时代记忆所面临的新挑战，尤其是数字化所带来的问题，但实质上，我们依然聚焦于媒介与记忆之间的关系，以及记忆存在的方式等基本问题。因此，在本书最后，我们回归记忆研究的核心议题，对社交媒体时代记忆的若干关键问题再做简要探讨。

一、社交媒体时代媒介与记忆的关系问题

媒介与记忆之间的关系构成了记忆研究的核心议题，尤其在探讨集体记忆与文化记忆时，此问题显得尤为重要。这主要是由于媒介在集体记忆与文化记忆的建构及传承中扮演着至关重要的角色。关于此点，我们在第五章末尾针对社交媒体与文化记忆关系的论述中已做了讨论。这里，我们再从社交媒体与记忆关系的角度出发，提出几点值得进一步关注的地方。

1. 社交媒体作为高度普及化的"自媒体"平台，使普通个体成为其使用者，这从根本上重构了记忆，尤其是集体记忆与文化记忆的主体。为普通用户赋权，是社交媒体相较于传统记忆媒体的一大显著区别。正如第四章与第五章中的个案研究所揭示的，在社交媒体时代，普通个体积极参与记忆的记录与表

---

① 黄旦. 云卷云舒：乘槎浮海居天下［M］//约翰·杜海姆·彼得斯. 奇云：媒介即存有. 邓建国，译. 上海：复旦大学出版社，2020.12：11.

达，进而成为集体记忆与文化记忆的活跃参与者与建构者。由此，个体记忆获得了可见性，甚至有机会转化为集体记忆。同时，个体记忆与集体记忆在社交媒体记忆场中发生互动与关联，正是在此过程中集体记忆得以形成、保存和传承。

2. 社交媒体依托数字技术的时空逻辑及数字化形态，使记忆的存在与存储方式发生了深刻变革。记忆需借助媒介方能实现存储与传承。以往，受时间、空间等多重因素制约，媒介的存储能力相对有限。因此，对于记忆而言，拓展媒介的存储方式与提升存储能力至关重要。例如，文字与印刷术的诞生，便极大地推动了人类记忆存储与传承方式的革新。进入社交媒体时代，基于数字技术的时空逻辑，在一定程度上彻底打破了记忆所受的时间与空间束缚，正如我们第五章探讨文化记忆时所提及和反复强调的一点。此外，就当前情况而言，数字化存在方式已使存储容量不再是制约因素。与此同时，社交媒体还为记忆提供了多元化的表达方式。传统记忆主要依赖于口头传承、文字档案、仪式表演，以及遗址、博物馆、纪念馆等记忆场所。而社交媒体则为文字、图像、音视频等多种符号化记忆提供了可能性，从而极大地丰富了社交媒体时代的记忆形态。

3. 社交媒体已成为社交媒体时代记忆实践的关键场所，与传统实体物理空间共同构成了该时代的两个记忆场。在关于武汉红色文化记忆的研究中，我们专门讨论了社交媒体时代两个记忆场——即线上虚拟记忆场与线下实体记忆空间——之间的互动关系。此关系凸显了社交媒体时代记忆场的显著特征：既超越以往以物理实体空间为主导的记忆场，也不局限于诺拉所说的记忆之场，而是将线上虚拟空间纳入其中，形成了新的记忆场所。通过记忆主体的实践活动，线上虚拟记忆场与线下实体记忆空间发生连接，共同作用于社交媒体时代的记忆建构。

值得注意的是，社交媒体记忆场也可以作为一个独立的记忆场所存在，即社交媒体并非必须与线下实体记忆空间产生连接。随着媒介技术的不断进步，社交媒体凭借其独特的时间与空间特性，为记忆提供了一个全新的场域。例如，网络悼念空间便能作为独立的记忆场所存在，无须现实物理空间的支撑与关联，即可充分履行对逝者进行仪式化悼念的功能。

简而言之，在社交媒体时代，随着新型社交媒体的涌现，媒介与记忆之间的关系已发生显著变化。无论是记忆的主体、记忆的方式、记忆的场所，还是记忆的存在形态及其存储手段，均展现出相较于传统媒介时代更多的可能性。

二、社交媒体时代记忆数字化的影响：记忆与遗忘，反思"愈多愈好"的观念

在社交媒体时代，推动记忆变革的核心驱动力，主要源自人类日益增长的记忆需求，以及媒介技术所提供的可能性。就媒介技术的影响而言，首先表现为数字化媒介技术所带来的变革性影响，它深刻重构了记忆的主体、方式、内容及场所等多个方面。其次，这一变革的直接结果便是记忆的数字化形态的出现。归根结底，两种表现共同构成了记忆实践活动过程数字化及其数字化结果的双重面向。这种深刻的变化对人类社会究竟意味着什么？该问题不仅引人深思，也令人感到困惑。如果说本书着重探讨了记忆过程数字化的议题，那么在此我们期望进一步就记忆数字化可能引发的问题做一番讨论。

历史学家尤瓦尔·赫拉利在新著《智人之上》的序中讨论了人类社会普遍存在的一种被称为"天真的信息观"的现象，即人们以为，信息越多，越能做出正确选择①。以此观点而言，人类在面临记忆问题时也存在类似的现象。从人类记忆发展的历史来看，人类始终在致力于提升记忆的广度和精确度，并据此不断推动个体记忆能力和媒介存储能力的发展。在记忆存储媒介稀缺、容量受限的历史条件下，这种追求无疑具备合理性与正当性。因为记忆能力代表着人类知识（在此，知识被广义地理解为人类生存实践过程中积累的所有精神成果）的传承能力，进而决定了人类的生存状况及发展潜力。然而，在数字化社交媒体时代，当记忆媒介为数字化记忆提供了无限可能时，我们有必要再次提及"记忆与遗忘"的问题，并在全新的记忆语境中去思考它。

本书开篇，我们围绕维克托·迈尔－舍恩伯格的一句话"遗忘已经变成了例外，而记忆却成了常态"展开讨论，并从记忆的主体性、人文性及本书对当前记忆实践活动的关注等维度，对遗忘与记忆的问题予以回应。我们认为，维克托·迈尔－舍恩伯格所担忧的遗忘与本书对遗忘的理解存在细微差别。他主要聚焦于数字化痕迹的留存与海量存储的可能性，而本书则侧重于对当前人们数字化记忆实践行为的考察。然而，在探讨人类数字化记忆实践的过程中，记忆与遗忘的问题确实不容忽视。维克托·迈尔－舍恩伯格将遗忘视为"人类的一种美德"，着重强调遗忘对人类的重要性。可以说，没有遗忘，记忆也无从

---

① 尤瓦尔·赫拉利. 智人之上——从石器时代到 AI 时代的信息网络简史［M］. 林俊宏，译. 北京：中信出版社，2024：viii－xii.

谈起。因此，当我们从人类自身的角度出发思考记忆问题，而非仅就记忆媒介
讨论记忆问题时，遗忘的重要性便更加凸显。

　　从人类自身的角度出发，本文所探讨的记忆与遗忘问题，主要聚焦于当人
类能够借助媒介存储日益丰富乃至近乎无限的记忆内容时，遗忘是否真的会成
为一个特例？又或者，若遗忘真成为特例，这对人类究竟意味着什么？首先，
我们持有这样的观点：记忆的日益丰富并不意味着遗忘将成为特例。因为这里
的"越来越多的记忆"并非针对人类自身的记忆能力而言，而是指存储在人体
之外媒介中的记忆内容。严格意义上讲，这些属于记忆资源范畴，并非个体身
上鲜活存在的记忆。因此，记忆媒介所带来的记忆无限增长，实际上是指记忆
资源与记忆可能性的增长，而非个体记忆的无限增长。同样，遗忘成为特例这
一说法，也是针对媒介存储能力扩展所带来的可能性而言，并非针对人类的基
本机能。

　　事实上，记忆持续外化的现象，正是人类在不断与遗忘进行斗争的明证。
在确认这一基本前提之后，我们再进一步探讨体外化记忆所引发的遗忘议题。
换言之，在承认人类自身机能所导致的遗忘依然存续的前提下，我们应当思考
体外化的数字记忆所带来的遗忘挑战。在此情境下，可以明确的是，数字记忆
的能力愈加强大，遗忘的现象便会相应减少。然而，随着数字信息的不断累
积，海量信息本身已成为一种负担。此外，所谓新媒介的存储能力趋于无限，
是相较于传统媒介的存储能力和人体自身的记忆存储能力而言的。但基于当前
的技术实际，记忆的存储容量依然是有限的。因此，删除信息成为人们为应对
海量信息和存储负担而采取的一种策略。

　　从积极的角度看，数字记忆囊括了大量可能永远不会转化为真正的记忆的
信息，诸如被归类为数字垃圾的内容。清除这类信息，有助于提升重要信息的
检索与提取效率。然而，在减轻存储压力的过程中，也存在一定的风险，即某
些关键信息与数字垃圾可能一并被清除，例如众多网页的整体删除。因此，我
们认为，在数字记忆能力日益增强的同时，人们也在主动选择遗忘，且这种遗
忘是通过技术化的删除手段来实现的。这种选择性遗忘的现象，同样体现在人
们将现有记忆资源有选择性地数字化的过程中。伊丽莎白·斯坦福斯通过对欧
盟委员会与谷歌自 2004 年以来合作的一个图书项目的考察，意在探讨的正是
这样的遗忘问题。该项目从欧洲博物馆、图书馆和档案馆提取资源以建立数字
化文化收藏数据库，作者试图通过探索谷歌的搜索、索引机制、被遗忘权三者

之间的紧张关系，来关注遗忘的问题①。

三、反思记忆数字化：数字依赖、思维退化及人类的未来

社交媒体时代记忆的数字化究竟意味着什么？本书关注了诸多相关变化，并以一种潜在的乐观视角审视这些变化，特别是技术如何为普通个体赋权，使其个体记忆得以显现。更为重要的是，它促使个体在社交媒体记忆场中，真正成为集体记忆的积极构建者。

然而，我们必须正视记忆数字化可能带来的潜在危害，这些危害主要作用于人类自身。正如怀疑论者一贯所持的观点：技术既能推动进步，也能造成破坏。维克托·迈尔—舍恩伯格强调，在互联网时代背景下，人类无法彻底摆脱过往的束缚，某些对人类而言至关重要的元素正面临着消失的风险。尼古拉斯·卡尔在其著作《浅薄：互联网如何毒化了我们的大脑》一书中阐述了这样一种观点：互联网正在不知不觉地以可能并不那么令人满意的方式改变着人们。卡尔承认互联网的所有好处，也承认自己对互联网的沉迷，但他认为，这些好处是"有代价的"，尤其是重塑了我们大脑的工作方式。

也就是说，记忆数字化的影响并不局限于遗忘问题，更深层次地，从人自身出发，我们还需全面考量其对人类的整体影响。因此，最后我们从数字依赖、思维退化以及人类发展前景等维度，对记忆数字化进行更为深入的反思。

首先是记忆数字化所引发的数字依赖问题。随着媒介技术的不断发展，记忆的形式逐渐从人体记忆向体外化记忆转变。具体而言，当人体自身作为记忆媒介时，记忆被储存在人脑之中。随后，随着造纸术与印刷术的发明与发展，记忆开始被记录在纸张与书籍之上。然而，在电子媒介，尤其是数字媒介兴起之前，尽管记忆的外化趋势日益明显，人类对外部记忆存储的依赖程度也不断加深，但直至数字媒介的出现，才从根本上颠覆了记忆与媒介之间的关系，促使人们从依赖个体记忆转向依赖数字记忆。

在人类记忆发展的历史长河中，记忆长时间以来被视为人类智慧的体现，是一种具备神奇特质的力量。"对古希腊人而言，记忆是一位女神，她是缪斯的母亲。在奥古斯丁看来，记忆是'宏大而无尽的奥秘'，是上帝之力在人身上的反映。自中世纪到文艺复兴时期，再到启蒙运动时期，事实上，一直到

---

① Elizabeth Stainforth. Collective memory or the right to be forgotten? Cultures of digital memory and forgetting in the European Union [J]. Memory studies，2022，15（2）：257—270.

19 世纪末，有关记忆的古典观念一直没有改变。"① 但是，互联网兴起和普及后，"很快就被看成个体记忆的替代物，而不仅仅是补充品。今天，人们谈到人工记忆时已经习以为常，仿佛人工记忆已经和生物记忆没有任何区别一样。"②

当人类的记忆方式由个人内在依赖转变为依赖外在的技术媒介，尤其是网络化的数字媒介时，这一转变对人类产生了怎样的影响？为了回答这个问题，我们需要从神经科学与心理学领域关于记忆的研究成果谈起。卡尔详尽地回溯了自 19 世纪末以来，神经科学家与心理学家对记忆的研究历程，特别是生物学家埃里克·坎德尔（Eric Kandel）的研究贡献。在 20 世纪 70 年代初期，坎德尔便通过实验证实了"神经突触会根据经验改变"。在后续的研究中，他更是解决了神经科学领域内最令人困惑的重要问题：大脑究竟是如何将转瞬即逝的短期记忆准确无误地转化为持久稳固的长期记忆的？坎德尔的研究表明，对需要长期保持的记忆，输入的信息必须经过彻底而深入的处理。要完成这样的处理过程，就得留意这些信息，并把这些信息跟记忆中已有的知识有意义地、系统化地联系起来。按发展心理学家布鲁斯·麦克康德利斯（Bruce McCandliss）的说法，注意力是一个"大脑中的幽灵"，但它是一种真正的物理状态，它可以产生贯穿整个大脑的物质效应③。简言之，已有的研究表明，注意力是决定记忆的关键因素。我们正是从此出发，来反思数字依赖可能产生的后果。

丰富性、流动性及碎片化构成了数字媒体及其信息的基本特征。长期沉浸于数字媒体和数字信息环境之中，个体逐渐展现出注意力缺失与难以集中注意力的趋势，此现象已成为数字化时代的一个普遍性问题。数字依赖程度越深，注意力越匮乏，进而个体愈发倾向于减少或规避依赖于人脑机能的生物性记忆活动，大脑功能逐渐偏向于遗忘而非记忆。卡尔对此现象进行了如下描述：

> 我们越来越依赖网络信息存储，实际上这可能是一个追求自我永存、实现自我放大的循环的产物。由于对网络的使用导致我们在生物记忆中保

---

① 尼古拉斯·卡尔. 浅薄：互联网如何毒化了我们的大脑 [M]. 刘纯毅，译. 北京：中信出版社，2010：185.

② 尼古拉斯·卡尔. 浅薄：互联网如何毒化了我们的大脑 [M]. 刘纯毅，译. 北京：中信出版社，2010：184.

③ 尼古拉斯·卡尔. 浅薄：互联网如何毒化了我们的大脑 [M]. 刘纯毅，译. 北京：中信出版社，2010：196.

存信息的难度加大，我们被迫越来越依赖互联网上那个容量巨大、易于检索的人工记忆，哪怕它把我们变成了肤浅的思考者①。

换言之，数字化的人工记忆能力越强大，生物性的记忆能力就越面临丧失的风险。不仅如此，对数字记忆的依赖还可能导致思维能力的退化，而沦为卡尔所说的"肤浅的思考者"。卡尔是针对整个互联网发展对人类思维能力的影响进行讨论的，记忆作为人类思维能力的一个极其重要的方面成为他关注的一个焦点。记忆数字化本质上意味着人类生物性记忆的媒介化、技术化，在此过程中，人类将自身的思考和记忆能力拱手让渡给数字技术。卡尔认为最大的危险就是科学家魏泽鲍姆和艺术家福尔曼共同担忧的问题：记忆数字化对我们人性的缓慢侵蚀。

卡尔援引了德国哲学家马丁·海德格尔在20世纪50年代讨论计算思维时提出的观点，即人之为人的最本质的"沉思冥想"能力将会变成鲁莽进步的牺牲品。日新月异的技术进步就像康科德镇上到来的火车一样，带走了只能由沉思冥想而来的领悟、思考和情感②。虽然就当下的状况而言，人类并没有因为互联网和数字技术的发展而彻底失去思维能力，但如果依照卡尔研究的结论，人类的思维确实变得日益浅薄。我们关于记忆数字化对人类思维能力的影响持同样的观点，如果过度依赖数字记忆，人类最宝贵的记忆和思维能力也将面临不断衰退的风险。数字依赖导致的思维衰退问题既是远忧，也是近虑。

最后，我们还想沿着卡尔关心的记忆的人性、人类文明的延续等问题，谈谈数字记忆的未来。在一定程度上，可以说记忆的根本驱动力与目标在于传承人类的文化与文明。记忆的数字化无疑为此目标的实现提供了助力，例如前文中提及的欧盟委员会与谷歌之间的合作项目，尽管其背后可能存在各种商业利益的驱动，但仅就该项目的内容与目标而言，确实对人类记忆的保存具有积极意义。然而，正如我们在第一章探讨本书的关怀时所提及的，我们更倾向于站在人文主义的立场，关注记忆对人类主体、人类自身所产生的影响。因此，我们选择从记忆对人类本性、人类文明延续（而非单纯保存）的影响这一角度，来探讨数字记忆的未来。

数字记忆等依赖于人工技术的记忆与依赖于人类自身机能的生物记忆的根

---

① 尼古拉斯·卡尔. 浅薄：互联网如何毒化了我们的大脑［M］. 刘纯毅，译. 北京：中信出版社，2010：97.

② 尼古拉斯·卡尔. 浅薄：互联网如何毒化了我们的大脑［M］. 刘纯毅，译. 北京：中信出版社，2010：223.

本差异在于，前者属于无机性记忆，后者属于有机性记忆。刘亚秋就从记忆的有机性与无机性问题出发讨论过数字时代的文化记忆危机问题。他认为，在很大程度上，由计算机语言、文字数字化引发的记忆样态可称为记忆的无机性。数字记忆的"无机性"对传统社会的有机性记忆构成挑战。一方面是对在地化社区情境的破坏；另一方面是对人的本质意志的削弱。人的本质意志是人作为有机体的基础构成，在这里体现为人脑的记忆能力，与之密切相关的是人的深度思考能力，它受到无机性数字记忆的严重冲击①。

卡尔也在神经科学和心理学研究成果基础上指出，那些极力鼓吹把记忆"外包"给网络的人被一个比喻误导了。他们忽视了生物记忆根本的有机性质。暂且不说真正记忆的神秘性和脆弱性，赋予生物记忆丰富特性及其他特征的是它的不确定性。生物记忆无时不在，它随人体变化而变化。对记忆内容的每次回忆都会重新启动巩固记忆的完整过程，其中包括为形成新的突触终端而进行的蛋白质生成过程②。显然，他们都着重指出了有机性在人类记忆中所占据的重要地位，这同时也就表明了记忆对于人类而言具有的重要意义。回溯至古希腊时期，苏格拉底曾对写作可能导致记忆能力下降的情况表达出深深的忧虑。意大利学者翁贝托·艾柯认为，苏格拉底表达了"一种永恒的担忧：新的技术成就总是会废除或毁坏一些我们认为珍贵、有益的东西，对我们来说，这些东西本身就代表着一种价值，而且它们还具有深层的精神价值"③。记忆于我们而言，具有深远的精神价值。因此，在欣然接受数字记忆所带来的记忆能力释放的同时，我们也必须审慎对待将记忆全面"委托"于数字档案可能产生的后果："记忆不仅丧失了神性，而且正在丧失人性。记忆女神变成了一台机器。"④

事实上，记忆不是一个简单的回忆和唤起过程。正如上面提到的，对记忆内容的每次回忆都会重新启动巩固记忆的完整过程，包括为形成新的突触终端而进行的蛋白质生成过程。而当我们将记忆托付给媒介机器时，这种过程便不复存在。正是这个原因，我们有理由赞同卡尔的担心，并认为记忆的数字化、媒介化，确实并不仅仅危及个体的深度和独特个性，把记忆任务推给外部数据

①　刘亚秋. 数字时代的文化记忆危机与建设［J］. 探索与争鸣，2023（08）：120－130＋179.

②　尼古拉斯·卡尔. 浅薄：互联网如何毒化了我们的大脑［M］. 刘纯毅，译. 北京：中信出版社，2010：194.

③　尼古拉斯·卡尔. 浅薄：互联网如何毒化了我们的大脑［M］. 刘纯毅，译. 北京：中信出版社，2010：182－183.

④　尼古拉斯·卡尔. 浅薄：互联网如何毒化了我们的大脑［M］. 刘纯毅，译. 北京：中信出版社，2010：186.

库，还会危及我们共享的社会文化的深度和独特个性……

> 人类文明不只是互联网所表现出来的"全世界信息"的综合，也不只是可以简化为二进制代码并上传到互联网的所有内容。人类文明要保持勃勃生机，就必须在每一代人所有成员的头脑当中重建。记忆外包，文明消亡①。

前文说明我们在此讨论的不是文明的保存，而是人类文化和文明生生不息的传承性，意在强调数字记忆或许可以解决文化和文明的保存问题，但如果人类失去富有人性的有机记忆，文明便不会真正成为有意义的、鲜活的存在。

若说以往我们更多地忧虑技术的局限性，现今则转变为更关注技术影响之下人类自身能力的退化。确切而言，是在人类享受技术进步所带来的解放之际，展现出了对于自身能否驾驭技术可能引发的负面效应的担忧。记忆领域也不例外。

综上所述，本书在剖析社交媒体时代记忆基本理论的基础上，结合三个案例研究，从个体记忆、集体记忆以及个体记忆与文化记忆、集体记忆相互作用的视角，进一步深化了对社交媒体时代记忆复杂性的理解。同时，本书还基于武汉红色记忆的研究，对社交媒体时代媒介与文化记忆的关系问题进行了拓展性探讨。在结语部分，本书对社交媒体时代的几个核心议题——媒介与记忆的关系、记忆数字化的影响以及数字记忆的未来走向——进行了反思。然而，鉴于个人研究能力和条件的局限，本书仍存在诸多不足之处。在理论层面，本书对记忆的探讨尚不够深入，仅局限于记忆研究的历史脉络、社交媒体记忆场以及社交媒体时代记忆研究的关键概念等方面，缺乏对文化记忆的专门性研究，也未能与传统媒体时代的记忆理论进行全面对话。在案例研究方面，本书的分析不够全面深入。凡此种种，有待在未来的研究中进一步探索与完善。

---

① 尼古拉斯·卡尔. 浅薄：互联网如何毒化了我们的大脑 [M]. 刘纯毅，译. 北京：中信出版社，2010：199.

参考文献

一、著作类

阿莱达·阿斯曼. 回忆空间：文化记忆的形式和变迁 ［M］. 潘璐，译. 北京：北京大学出版社，2016.

冯亚琳，阿斯特莉特·埃尔. 文化记忆理论读本 ［M］. 余传玲等，译. 北京：北京大学出版社，2012：21.

爱弥尔·涂尔干. 宗教生活的基本形式 ［M］. 渠东，汲喆，译. 上海：上海人民出版社，2006.

保罗·康纳顿. 社会如何记忆 ［M］. 纳日碧力戈，译. 上海：上海人民出版社，2000.

丹尼尔·戴扬，伊莱休·卡茨. 媒介事件 ［M］. 麻争旗，译. 北京：北京广播学院出版社，2000.

哈拉尔德·韦尔策. 社会记忆：历史、回忆、传承 ［M］. 季斌等，译. 北京：北京大学出版社，2007.

韩炳哲. 在群中：数字媒体时代的大众心理学 ［M］. 程巍，译. 北京：中信出版社，2019.

汉娜·阿伦特. 过去与未来之间 ［M］. 王寅丽，张立立，译. 南京：译林出版社，2011.

何塞·范·迪克. 连接：社交媒体批评史 ［M］. 晏青，陈光凤，译. 北京：中国人民大学出版社，2021.

简·梵·迪克. 网络社会——新媒体的社会层面：第二版 ［M］. 蔡静，译. 北京：清华大学出版社，2014.

尼古拉斯·卡尔. 浅薄：互联网如何毒化了我们的大脑 ［M］. 刘纯毅，译. 北京：中信出版社，2010.

理查德·保罗，琳达·埃尔德. 思辨与立场：生活中无处不在的批判性思维工

具 [M]. 李小平，译. 北京：中国人民大学出版社，2016.

罗伯特・W. 迈切斯尼. 数字断联 [M]. 张志华，译. 上海：华东师范大学出版社，2022.

米歇尔・福柯. 疯癫与文明 [M]. 刘北成，杨远婴，译. 北京：生活・读书・新知三联书店，2019.

莫里斯・哈布瓦赫. 论集体记忆 [M]. 毕然，郭金华，译. 上海：上海人民出版社，2002.

尼古拉斯・盖恩，戴维・比尔. 新媒介：关键概念 [M]. 刘君，周竞男，译. 上海：复旦大学出版社，2021.

皮埃尔・诺拉. 记忆之场：法国国民意识的文化社会史 [M]. 黄艳红等，译. 南京：南京大学出版社，2015.

邵鹏. 媒介记忆理论——人类一切记忆研究的核心与纽带 [M]. 杭州：浙江大学出版社，2016：131−139.

维克托・迈尔−舍恩伯格. 删除：大数据取舍之道 [M]. 袁杰，译. 杭州：浙江人民出版社，2013.

徐贲. 人以什么理由来记忆 [M]. 北京：中央编译出版社，2016：11.

雅克・德里达. 多义的记忆——为保罗・德曼而作 [M]. 蒋梓骅，译. 北京：中央编译出版社，1999.

扬・阿斯曼. 文化记忆：早期高级文化中的文字、回忆和政治身份 [M]. 金寿福，黄晓晨，译. 北京：北京大学出版社，2015.

尤尔根・哈贝马斯. 公共领域的结构转型 [M]. 曹卫东，王晓珏，刘北城等，译. 上海：学林出版社，1999.

尤瓦尔・赫拉利. 智人之上——从石器时代到 AI 时代的信息网络简史 [M]. 林俊宏，译. 北京：中信出版社，2024.

约翰・杜翰姆・彼得斯. 对空言说：传播的观念史 [M]. 邓建国，译. 上海：上海译文出版社，2017.

约翰・杜海姆・彼得斯. 奇云：媒介即存有 [M]. 邓建国，译. 上海：复旦大学出版社，2020.

中共湖北省委党史研究室. 红色荆楚 [M]. 北京：中国和平出版社，2016.

Alessia Ghezzi, Ângela Guimarães Pereira. Lucia Vesnić-Alujević. The ethics of memory in a digital age：interrogating the right to be forgotten [M]. 1et ed. Palgrave Macmillan, 2014.

Amy Corning, Howard Schuman, Generations and collective memory [M].

Chicago：University of Chicago Press，2015.

Andrea Hajek，Christine Lohmeier，Christian Pentzold. Memory in a mediated world： remembrance and reconstruction ［M］. 1st ed. Houndmills，Basingstoke，Hampshire：Palgrave Macmillan，2015.

Charles Stone，Lucas Bietti. Contextualizing human memory：an interdisciplinary approach to understanding how individuals and groups remember the past（explorations in cognitive psychology） ［M］. 1st ed. London：Routledge，2017.

Doss E. The emotional life of contemporary public memorials：towards a theory of temporary memorial ［M］. Amsterdam：Amsterdam University Press，2008.

Eileen Le Han. Micro-blogging memories：weibo and collective remembering in contemporary China ［M］. 1st ed. New York：Palgrave Macmillan，2016.

Eve Monique Zucker，David J. Simon. Mass violence and memory in the digital age：memorialization unmoored ［M］. 1st ed. Cham，Switzerland：Palgrave Macmillan，2020.

Elizabeth Jelin. The struggle for the past：how we construct social memories ［M］. 1st ed. New York：Berghahn Books，2021.

Gerd Sebald，Jatin Wagle. Theorizing social memories：concepts and contexts ［M］. 1st ed. London：Routledge，2015.

Jeffrey K Olick. The sins of the fathers：Germany，memory，method ［M］. Chicago：University of Chicago Press，2016.

Jose vanDijck. Mediated memories in the digital age ［M］. 1st ed. Stanford，CA：Stanford University Press，2007.

Landsberg A. Prosthetic memory：The transformation of American remembrance in the age of mass culture ［M］. Columbia：Columbia University Press，2004.

Margaret Gibson，Clarissa Carden. Living and dying in a virtual world：digital kinships，nostalgia，and mourning in second life ［M］. 1st ed. Cham，Switzerland：Palgrave Macmillan，2018.

Michael Pickering，EmilyKeightley. Photography，music and memory：pieces of the past in everyday life ［M］. Houndmills，Basingstoke，

Hampshire：Palgrave Macmillan，2015.

Samuel Merrill，EmilyKeightley，Priska Daphi. Social movement，cultural memory and digital media：mobilising mediated remembrance ［M］. 1st ed. Cham：Palgrave Macmillan，2020.

SebastianGroes. Memory in the twenty-first century：new critical perspectives from the arts，humanities，and sciences ［M］. 1st ed. Basingstoke (England)：Palgrave MacMillan，2017.

Turner G. Understanding celebrity ［M］. London：Sage publications Ltd，2004.

二、期刊类

常江. 互联网、怀旧与集体记忆 ［J］. 青年记者，2019 (16)：92.

昌隽如，孙清凤，孟庆波. 私人情感与集体记忆：朋友圈里的庆祝建党 100 周年 ［J］. 新闻界，2021 (11)：65－70＋75.

陈呈，何志武. 从媒介学再出发：媒介记忆理论新取径 ［J］. 编辑之友，2023 (05)：93－101.

陈湘妍. 社交媒体女性用户"晒"美食行为动机的探析——以微信朋友圈为例 ［J］. 长沙大学学报，2023，37 (04)：44－50＋64.

陈旭光. 互联网与当代青年集体记忆的建构——基于 90 后"高考记忆"的经验研究 ［J］. 当代传播，2017 (01)：66－70.

陈旭光. 逻辑转向与权力共生：从网络流行体看青年网民的集体记忆实践 ［J］. 新闻与传播评论，2018，71 (03)：71－85.

陈振华. 集体记忆研究的传播学取向 ［J］. 国际新闻界，2016，38 (04)：109－126.

邓庄. 空间视阈下城市记忆的建构与传播 ［J］. 现代传播 (中国传媒大学学报)，2019，41 (03)：50－55.

丁汉青，张曼琦. 数字时代集体记忆的媒介重构——网络百科条目分析 ［J］. 全球传媒学刊，2023，10 (02)：142－161.

丁慕涵. 社交媒体时代的集体记忆建构 ［J］. 中国广播电视学刊，2021 (01)：49－53.

董嘉楠，谢巍. 记忆或遗忘——人们如何处理数字"身后事"［J］. 北京印刷学院学报，2024，32 (02)：36－41.

龚新琼，邢江. 诸众记忆·日常书写·存在安全——疫情期间数字日记的记忆与流行［J］. 青年记者，2021（08）：42－43.

郭茜. 文化记忆理论视角下的东坡赤壁故事［J］. 社会科学辑刊，2009（01），176－179.

胡百精. 互联网与集体记忆构建［J］. 中国高校社会科学，2014（03）：98－106＋159.

胡康，郑一卉. "记忆"之辨：新闻传播学领域记忆研究的概念辨析与方法论反思［J］. 新闻与写作，2024（08）：62－72.

黄顺铭，李红涛. 在线集体记忆的协作性书写——中文维基百科"南京大屠杀"条目（2004—2014）的个案研究［J］. 新闻与传播研究，2015，22（01）：5－23＋126.

黄霄羽，王墨竹. 我的记忆谁做主？——社交媒体信息"数字遗忘权"的权责主体探讨［J］. 北京档案，2016（04）：32－35.

杰弗瑞·奥利克，乔伊斯·罗宾斯. 社会记忆研究：从"集体记忆"到记忆实践的历史社会学［J］. 周云水，译. 思想战线，2011，37（03）：9－16.

景军. 社会记忆理论与中国问题研究［M］. 中国社会学：第1卷. 上海：上海人民出版社，2002：326－339.

李波，郭玉华. 当代"红色记忆"作品生产的内在逻辑［J］. 文艺理论与批评，2008（05）：102－104.

李红涛. 深度媒介化与媒介事件的公共记忆［J］. 西北师大学报（社会科学版），2021，58（01）：57－67.

李红涛，杨蕊馨. 把个人带回来：数字媒介、社会实践与记忆研究的想象力［J］. 新闻与写作，2022（02）：5－15.

李卫飞，方世敏，阎友兵，等. 红色旅游传承红色记忆的理论逻辑与动态过程［J］. 自然资源学报，2021，36（11）：2736－2747.

李慧娴. 个人记忆与集体形塑：社交媒体中"90后"怀旧行为探究［D］. 安徽大学，2022.

李开渝，曹茹. 唤醒、共享与认同：社交媒体用户红色记忆呈现研究［J］. 中国出版，2022（03）：52－56.

李里峰. 个体记忆何以可能：建构论之反思［J］. 江海学刊，2012（04）：171－176.

李娜，袁媛. 社交媒体时代集体记忆的嬗变与危机［J］. 新媒体研究，2022，8（24）：87－89.

李竹月. 社交媒体中抗日战争集体记忆的话语建构 [D]. 浙江传媒学院，2017.

林磊. 社交媒体历史传播对公众历史记忆的唤起与重构 [J]. 青年记者，2018（05）：90－91.

刘晗. 参与·网络·仓储：记忆实践路径下的数字记忆建构 [J]. 新闻与传播评论，2023，76（04）：60－70.

刘亚秋. 从集体记忆到个体记忆：对社会记忆研究的一个反思 [J]. 社会，2010，30（05）：217－242.

刘亚秋. 数字时代的文化记忆危机与建设 [J]. 探索与争鸣，2023（8）：120－130＋179.

刘于思. 数字化时代中国网民的媒介使用、集体记忆及其再生产 [J]. 首届长三角青年传播学者论坛. 杭州：浙江大学，2013.

刘于思. 民族主义、国家认同与数字化时代中国网民的集体记忆 [J]. 全球传媒学刊，2015，2（04）：60－83.

龙柏林，潘丽文. 文化整合的红色记忆维度 [J]. 南京社会科学，2018（04）：128－136.

龙彦儒. 新媒体空间中"5·12 汶川地震"的个体记忆研究 [D]. 南京师范大学，2021.

马伟华，李修远. 认知、情感与互信：铸牢中华民族共同体意识的三维视角思考 [J]. 西南民族大学学报（人文社会科学版），2022，43（05）：18－24.

倪梁康. 回忆与记忆 [J]. 浙江学刊，2020（02）：26－33.

倪露茜. 《人民日报》微博建党百年主题传播实践中的集体记忆建构研究 [D]. 吉林大学，2023.

欧健. 微信朋友圈的有限公共性——基于结构、再现与互动的探讨 [J]. 新闻界，2019（8）：45－58.

彭兰. "人－人"连接的升级及其隐忧 [J]. 新闻论坛，2018（01）：9－11.

彭兰. 媒介化时空重塑的日常生活 [J]. 新闻与写作，2022（06）：1.

钱力成，张翮翾. 社会记忆研究：西方脉络、中国图景与方法实践 [J]. 社会学研究，2015，30（06）：215－237＋246.

邵鹏. 新媒体对个体记忆的冲击与影响 [J]. 当代传播，2013（02）：80－82.

邵鹏. 论媒介记忆活跃与凝固的尺度和张力 [J]. 新闻爱好者，2015（09）：32－37.

邵鹏. 记忆 4.0：数字记忆与人类记忆的归宿 [J]. 新闻大学，2016（05）：

67—72+149.

石娟. 当下武侠小说阅读关键词分析——以 2014、2018 年武侠小说阅读调查为中心 [J]. 西南大学学报（社会科学版），2019，45（04）：136—146.

师曾志. 数智时代重现日常生活中的共情传播：邻近、交谈与势力 [J]. 北大新闻与传播评论，2023（00）：137—154.

石中钰. 数字永生的幻影：虚拟数字人与记忆数字化 [J]. 东南传播，2023（06）：28—32.

苏涛，彭兰. 反思与展望：赛博格时代的传播图景——2018 年新媒体研究综述 [J]. 国际新闻界，2019，41（01）：41—57.

孙江. 皮埃尔·诺拉及其"记忆之场" [J]. 学海，2015（03）：65—72.

孙洋洋. 社交媒体在社会记忆建构中的介入机制探析 [J]. 档案与建设，2015（03）：4—7.

田矗，汪欣. 连结与镶嵌：从线上纪念看数字时代的集体记忆建构 [J]. 东南传播，2022（01）：98—100.

万恩德. 个体记忆向集体记忆的转化机制——以档案为分析对象 [J]. 档案管理，2018（02）：7—10+88.

王蜜. 文化记忆：兴起逻辑、基本维度和媒介制约 [J]. 国外理论动态，2016（06）：8—17.

王明珂. 历史事实、历史记忆与历史心性 [J]. 历史研究，2001（05）：136—147+191.

王妍. 运用场景传播建构集体记忆——以《人民日报》微信公众号建国 70 周年阅兵式的推送为例 [J]. 卫星电视与宽带多媒体，2019（14）：82—84.

王玉珏，许佳欣. 皮埃尔·诺拉"记忆之场"理论及其档案学思想 [J]. 档案学研究，2021（03）：10—17.

魏崇辉. 红色文化传播与讲好中国故事：内涵、关联与路径 [J]. 新闻论坛，2023（37）：19—21.

吴飞. 共情传播的理论基础与实践路径探索 [J]. 新闻与传播研究，2019，26（05）：59—76+127.

吴世文，何屹然. 中国互联网历史的媒介记忆与多元想象——基于媒介十年"节点记忆"的考察 [J]. 新闻与传播研究，2019，26（09）：75—93+127—128.

吴世文，杜莉华，罗一凡. 数字时代的媒介记忆：转向与挑战 [J]. 青年记者，2021（10）：9—11.

吴世文，贺一飞. 睹"数"思人：数字时代的记忆与"记忆数据"［J］. 新闻与写作，2022（02）：16－24.

吴世文，房雯璐，贺一飞，等. 网络游记中的旅行体验与城市记忆——以深圳的城市旅行者为例［J］. 新闻与传播评论，2022，75（04）：116－128.

吴月. 集体记忆的味觉书写——美食短视频建构城市记忆研究［J］. 东南传播，2022（02）：128－131.

夏德元，刘博. "流动的现代性"与"液态的记忆"——短视频在新时代集体记忆建构中的特殊作用［J］. 当代传播，2020（05）：38－42＋53.

谢啊英，丁华东. 社交媒体对社会记忆建构传承的影响与思考［J］. 山西档案，2021（01）：14－20.

谢佳琪，微信自媒体中的城市记忆建构——以上海为例［D］. 上海外国语大学，2023.

邢梦莹，陈安繁，黄瑚. 话语与媒介：新冠疫情期间我国社交媒体"非典"集体记忆的再生产［J］. 现代传播（中国传媒大学学报），2022，44（09）：8－15.

徐贲. 人以什么理由来记忆？［J］. 法制资讯，2009（02）：33－35.

许文迪. 记取与忘却——社交媒体时代社会记忆建构研究［D］. 山东大学，2019.

扬·阿斯曼. 什么是"文化记忆"？［J］. 陈国战，译. 国外理论动态，2016（06）：18－26.

余霞. 全球传播语境中的国家创伤与媒介记忆——中、日、美、英"南京大屠杀"相关报道（1949—2014）的内容分析［J］. 华中师范大学学报（人文社会科学版），2016，55（05）：129－137.

袁同凯，房静静. 论记忆的空间性叙事［J］. 新疆师范大学学报（哲学社会科学版），2017，38（01）：53－60＋2.

曾一果，凡婷婷. 数字时代的媒介记忆：视听装置系统与新记忆之场［J］. 现代传播，2023，45（01）：93－101.

张文德，孔畅，陈龙龙. 社交媒体用户信息隐私悖论产生与应对策略研究［J］. 情报探索，2024（08）：27－33.

张宇慧. 缺乏集体记忆的一代——互联网时代的90后青年精神世界［J］. 中国青年研究，2015（12）：89－93.

赵静蓉. 文化记忆与符号叙事——从符号学的视角看记忆的真实性［J］. 暨南学报（哲学社会科学版），2013，35（05）：85－90＋163.

赵毅衡. "媒介"与"媒体": 一个符号学辨析 [J]. 当代文坛, 2012 (05):
31-34.

张曦. 灾害记忆·时间——"记忆之场"与"场之记忆" [J]. 西南民族大学学
报(人文社会科学版), 2017, 38 (12): 8-15.

周海燕. 媒介与集体记忆研究: 检讨与反思 [J]. 新闻与传播研究, 2014, 21
(09): 39-50+126-127.

周海燕, 吴晓宁. 作为媒介的时光博物馆: "连接性转向"中的记忆代际传承
[J]. 新闻界, 2019 (08): 15-20.

周玮, 朱云峰. 近20年城市记忆研究综述 [J]. 城市问题, 2015 (03): 2-10+
104.

周晓虹. 集体记忆: 命运共同体与个人叙事的社会建构 [J]. 学术月刊, 2022,
54 (03): 151-161.

Amanda J Barnier, Andrew Hoskins. Is there memory in the head, in the
wild? [J]. Memory studies, 2018, 11 (4): 386-390.

Amanda Lagerkvist. A New memory cultures and death: Existential security
in the digital memory ecology [J]. Thanatos, 2013, 2 (2): 8-24.

Amy Sodaro. Prosthetic trauma and politics in the national september 11
memorial museum [J]. Memory studies, 2019, 12 (2): 117-129.

Andrea Cossu. From lines to networks: calendars, narrative, and
temporality [J]. Memory studies. 2020, 13 (4): 502-518.

Andrea Hepworth. Localised, regional, inter-regional and national memory
politics: The case of Spain's La Ranilla prison and Andalusia's mnemonic
framework [J]. Memory studies, 2021, 14 (4): 856-876.

Anna Cento Bull, Hans Lauge Hansen. On agonistic memory [J]. Memory
studies, 2016, 9 (4): 390-404.

Anna LisaTota, Tia DeNora. Rethinking the field of memory studies: a reply
[J]. Memory studies, 2017, 10 (4): 509-511.

Anu Harju. Socially shared mourning: construction and consumption of
collective memory [J]. New review of hypermedia and multimedia, 2015,
21 (1-2): 123-145.

Bartoletti R. Memory and social media: new forms of remembering and
forgetting//Pirani B (eds.).

Benjamin N Jacobsen. When is the right time to remember? Social media memories, temporality and the kairologic [J]. New media & society, 2022, 00 (0): 1-17.

Britta T Knudsen, Carsten Stage. Online war memorials: YouTube as a democratic space of commemoration: exemplified through video tributes to fallen Danish soldiers [J]. Memory studies, 2013, 6 (4): 418-436.

Charles B Stone, Theofilos Gkinopoulos, William Hirst. Forgetting history: the mnemonic consequences of listening to selective recountings of history stone [J]. Memory studies, 2017, 10 (3): 286-296.

Christoph Bareither. Capture the feeling: memory practices in between the emotional affordances of heritage sites and digital media [J]. Memory studies, 2021, 14 (3): 578-591.

Clinton Merck, Meymune N Topcu. William Hirst. Collective mental time travel: creating a shared future through our shared past [J]. Memory studies, 2016, 9 (3): 284-294.

Courbet, Fourquet-Courbet. When a celebrity dies … social identity, uses of social media, and the mourning process among fans: the case of Michael Jackson [J]. Celebrity studies, 2014, 5 (3): 87-93.

Daniel L Schacter, Michael Welker. Memory and connection: Remembering the past and imagining the future in individuals, groups, and cultures [J]. Memory studies, 2016, 9 (3): 241-244.

Doka, K J. Disenfranchised grief [J]. Bereavement Care, 1999, 18 (3): 37-39.

Erin Jessee. The danger of a single story: Iconic stories in the aftermath of the 1994 Rwandan genocide [J]. Memory studies, 2017, 10 (2): 144-163.

Hanna Teichler, Rebekah Vince. MSA forward: memory studies moving onward and upward [J]. Memory studies, 2019, 12 (1): 91-94.

Huw Halstead. Cyberplace: from fantasies of placelessness to connective emplacement [J]. Memory studies, 2021, 14 (3): 561-571.

Huw Halstead. 'We did commit these crimes': Post-Ottoman solidarities, contested places and Kurdish apology for the armenian genocide on web 2.0 [J]. Memory studies, 2021, 14 (3): 634-649.

Horton D, Wohl R R. Mass communication and para-social interaction:

observations on intimacy at a distance [J]. Psychiatry, 1956, 19 (3): 215−229.

Elizabeth Stainforth. Collective memory or the right to be forgotten? Cultures of digital memory and forgetting in the European Union [J]. Memory studies, 2022, 15 (2): 257−270.

Janine Natalya Clark. Re-thinking memory and transitional justice: A novel application of ecological memory [J]. Memory studies, 2021, 14 (4): 695−712.

Jeffrey K Olick, Joyce Robbins. Social memory studies: from collective memory to the historical sociology of mnemonic practices [J]. Annual review of Sociology, 1998, 24 (8): 105−140.

Jeffrey K Olick, Aline Sierp, Jenny Wüstenberg. The memory studies association: ambitions and an invitation [J]. Memory studies, 2017, 10 (4): 490−494.

Jihoon Kim. The archive with a virtual museum: The (im) possibility of the digital archive in chris marker's souvroir [J]. Memory studies, 2020, 13 (1): 90−106.

Kirsten A Foot, BarbaraWarnick, Steven M. Schneider. Web-Based memorializing after September 11: toward a conceptual framework [J]. Journal of Computer-Mediated Communication, 2005, 11 (01): 72−96.

Landsberg A. Prosthetic memory: total recall and blade runner [J]. Body & Society, 1995, 1 (3−4): 175−189.

Larissa Hjorth. The place of data: mobile media, loss and data in life, death and afterlife [J]. Memory studies, 2021, 14 (3): 592−605.

Leonie Wieser. Placeless and barrier-free? connecting place memories online within an unequal society [J]. Memory studies, 2021, 14 (3): 650−662.

Lindsey A Freeman, Benjamin Nienass, Rachel Daniell. Memory | Materiality | Sensuality [J]. Memory Studies, 2016, 9 (1): 3−12.

Lisa Ellen Silverstri. Start where you are: building cairns of collaborative memory [J]. Memory studies, 2021, 14 (2): 275−287.

Lital Henig, Tobias Ebbrecht-Hartmann. Witnessing Eva stories: media witnessing and self-inscription in social media memory [J]. New media & society, 2022, 24 (1): 202−226.

Lucas M Bietti, Michael J Baker. Collaborating to remember collaborative design: An exploratory study [J]. Memory studies, 2018, 11 (2): 225−244.

Marije Hristova, Francisco Ferrandiz, Johanna Vollmeyer. Memory worlds: reframing time and the past-An introduction [J]. Memory studies, 2020, 13 (5): 777−791.

McEwen R N, Scheaffer K. Virtual mourning and memory construction on Facebook: Here are the terms of use [J]. Bulletin of Science, Technology & Society, 2013, 33 (3−4): 64−75.

Michela Ferron, Paolo Massa. Beyond the encyclopedia: collective memories in wikipedia [J]. Memory studies, 2014, 7 (1): 22−45.

Michael Welker. Memory, imagination and the human spirit [J]. Memory studies, 2016, 9 (3): 341−347.

Niels Van Doorn. The fabric of our memories: Leather, kinship, and queer material history [J]. Memory studies, 2016, 9 (1): 85−98.

Palina Urban. Blogs' archives and revision of the past: a case study [J]. Memory studies, 2022, 15 (2): 318−331.

Penelope Papailia. Witnessing in the age of the database: viral memorials, affective publics, and the assemblage of mourning [J]. Memory studies, 2016, 9 (4): 437 − 454. Pieter Vermeulen, Stef Craps, Richard Crownshaw, et. Al. Dispersal and redemption: the future dynamics of memory studies-a roundtable [J]. Memory studies, 2012, 5 (2): 223−239.

Piotr M Szpunar, Karl K Szpunar. Collective future thought: Concept, function, and implications for collective memory studies [J]. Memory studies, 2016, 9 (4): 376−389.

Richard Heersmink, J Adam Carter. The philosophy of memory technologies: Metaphysics, knowledge, and values [J]. Memory studies, 2020, 13 (4): 416−433.

Stone C B, Zwolinski A. The mnemonic consequences associated with sharing personal photographs on social media [J]. Memory, Mind & Media, 2022, 1 (12): 1−11.

Susanne Bruckmüller, Peter Hegarty, Karl Halvor Teigen, et. al. When do past events require explanation? insights from social psychology［J］. Memory studies，2017，10（3）：261－273.

Thomas Birkne，Andre Donk. Collective memory and social media：Fostering a new historical consciousness in the digital age？ ［J］. Memory studies，2020，13（4）：367－383.

Wulf Kansteiner. Finding meaning in memory：a methodological critique of collective memory studies［J］. History and theory，2002，41（2）：179－197.

Yadin Dudai，Micah G Edelson. Personal memory：Is it personal，is it memory？［J］. Memory studies，2016，9（3）：275－283.

三、其他类

We Are Social. Digital 2022 China［EB/OL］［2022－02－08］. https：//wearesocial. com/cn/wp-content/uploads/sites/8/2022/01/DataReportal-GDR100－20220208－Digital－2022－China－v01.

微博数据中心. 2023 年微博年轻用户发展报告［R/OL］.（2024－03－12）［2024－03－12］. https：//data. weibo. com/report/reportDetail?id＝471.

中国互联网络信息中心. 第 54 次中国互联网络发展状况统计报告. 北京：社会科学文献出版社，2024：13－16.

后　　记

指尖轻点，"后记"跃然而出。两年来的点点滴滴，纷涌而至，感慨万千。

对记忆问题的关注，伴随着我从硕士到博士的学习和研究经历。2022年夏天，在导师的推荐下，和师妹一起随著名的文化心理学家钟年老师参加了王明珂先生主持的中华族源神话研究项目，第一次正式接触到记忆研究。在长阳对土家族族源神话进行实地调研的过程中，一位老奶奶讲述了很多关于抗日战争期间的故事，给我留下深刻印象。正是这次经历，促使我在博士论文选题时，想到了历史记忆问题，与所学的新闻传播学相结合，确定了大众传媒的历史记忆研究。该选题得到恩师秦志希教授的充分肯定，由此在老师指导下开始在记忆领域的学习和探索。完成博士论文后，老师也一直鼓励我继续在媒介记忆领域展开研究，这才有了本书的写作。

我曾向老师请求，希望在未来出版专著时，能邀请他作序，老师欣然应允。然而，不幸的是，两年前，老师因病离世。无法请恩师为本书撰写序言，这成了无法弥补的遗憾。因此，经考虑，决定本书不撰写序言，就以后记的形式，简要介绍本书的相关事宜，并在此庄重地表达我对老师的深切怀念与哀思，愿吾师千古！

在社交媒体时代，记忆呈现出纷繁复杂的特征。首先是记忆场域发生变化。一个公开的、数字化的、虚拟性的社交媒体记忆场域出现，改变了传统媒体时代媒介与记忆之间的关系，导致记忆的主体、内容及形式均发生了根本性的改变。其次，个体在社交媒体时代获得了媒介赋权，个体记忆由以往多数情况下的隐匿状态，转变为外显的、数字化的、媒介化的存在。再者，集体记忆的形成过程变得更加具有可见性，普通个体能够直接参与到集体记忆的建构之中，例如，他们可以通过各种社交媒体平台参与公共议题的交流与讨论。最后，各类记忆之间呈现出更为紧密且复杂的交织状态。比如个体记忆与集体记忆之间、集体记忆与文化记忆之间、线上记忆与线下记忆之间、传统媒体记忆与数字媒体记忆之间，均以社交媒体为中介发生互动与交流，共同形成社交媒体时代记忆的新生态。凡此种种，传统的媒介记忆理论难以阐释。因此，本书期望对上述问题的某些方面予以探索。

然而，由于个人能力和精力的限制，仅对记忆场域与核心概念进行了初步探讨，并结合三个案例对社交媒体时代记忆的复杂性进行了浅要分析和阐释，未能就这些议题展开深度探索，只能以未来继续探索为目标。

全书共七章，其中第一、二、三、七章由本人独立完成。第四、五章的案例研究由我的学生黄胜蓝参与完成，她现已成为我的同行，在武汉晴川学院任职。第六章的案例研究由我的学生温姗姗参与完成，她目前在北京香山革命纪念馆工作。这三章在我的指导下由两位同学完成初稿，然后我们共同进行讨论，并由她们各自进行相应的修改。最终，由我修改定稿。在此，非常感谢两位同学在研究生期间与我产生共同的学术兴趣，并在工作后继续与我一起将研究进一步修改完善。我期待她们今后在这一领域能够有新的发现和成果。

本书写作过程中，获得了许多亲友的支持。进入记忆研究领域并一直驻足在这片土地上，与亦师亦友的钟年老师密不可分。特别感谢他不嫌弃我的愚笨，一直无私地鼓励、指导和帮助我这个编外学生。从传统媒介记忆研究到现在的社交媒体记忆研究，离不开原商务印书馆的李静婷女士的支持，她小我很多岁，成为我的忘年交好友，她以丰富的视野、敏锐的洞察力给了我很多的启发。我的师妹陈昕博士也是我要特别感谢的人。在我困扰于一本书稿暂时无法出版时，她鼓励我开始新的探索，尽力给我各种帮助和支持。本书的写作还要感谢我的家人，特别是我的女儿雅萱，很多时候，她社会学视角的建议和浓浓的情感支持是我继续写作的动力。写作此书时，她也正在撰写博士学位论文，期待她能够尽快顺利完成学业。在书稿的校对过程中，研究生刁洁、田疏墨、高晓诺、向俊霖、杨子怡、曾梦凡等都参与了具体工作，感谢几位同学的帮助。身为老师，最开心的事莫过于和各位努力上进、聪明可爱的同学相遇。祝福每一位同学，期待大家学业顺利。还有许多亲友在本书写作过程中给了我各种帮助，恕不一一列举，谨在此一并致谢。

本书得以完成，还有一位最应该感谢的朋友，那就是本书的责任编辑四川大学出版社的孙明丽老师。写作过程中，碰到许多波折，遭遇许多考验。几次因为严重的颈椎病想要放弃，或者其他原因没有动力继续写作，孙老师一直耐心鼓励我、支持我，帮我寻找解决问题的办法。对此，感激不尽。

最后，还想将本书献给我最爱的爸爸妈妈，非常怀念有他们的岁月。

在本书讨论了那么多的社交媒体时代的数字记忆之后，行文至此，忽然觉得附着在我身体上、独属于我自己的这一部分记忆此刻是如此鲜活、生动地浮现于脑海和心田，似乎可以唤起每一个细胞的感受。所以，我想说，数字记忆的未来是什么？在人类对数字记忆依赖日渐加深的同时，我相信，独属于我和你，属于我们人类自身的记忆依然无可替代，具有永恒的魅力。

余　霞
2025 年 2 月